参加型メディア教育の理論と実践

バッキンガムによるメディア制作教育論の新たな展開をめざして

時津 啓

明石書店

参加型メディア教育の理論と実践
―バッキンガムによるメディア制作教育論の新たな展開をめざして―

目 次

| 序　　章 | 研究の課題と先行研究の検討 | 9 |

- 第1節　研究の課題 …………………………………………………… 10
- 第2節　先行研究の検討 ……………………………………………… 15
  1. 日本におけるメディア教育、メディア・リテラシー研究の特徴 …… 15
  2. バッキンガムのメディア教育理論を批判する先行研究 ………… 17
  3. 教育実践におけるバッキンガムの「有効性」を検討する先行研究 … 20
  4. カルチュラル・スタディーズの延長上にバッキンガムを
     位置づける先行研究 ………………………………………………… 24
  5. 先行研究のまとめと本研究の意義 ……………………………… 27
- 第3節　各章の概要 …………………………………………………… 28

| 第1章 | イギリスのメディア教育におけるバッキンガムの位置 | 33 |

- 第1節　バッキンガムの立場とイギリスにおけるメディア教育の特徴 … 34
- 第2節　イギリス文化／労働者階級の文化を保護するメディア教育論 … 38
  1. イギリス文化を保護するメディア教育―リーヴィス― ……… 38
  2. リテラシーの必要性と労働者階級の文化―D.トムソン、ホガート― … 40
  3. 保護主義をこえて ………………………………………………… 44
- 第3節　メディア教育を取り巻く1980年代、1990年代の政治的・
  　　　　文化的状況 ………………………………………………………… 48
  1. メディア環境の変化と対抗文化 ………………………………… 48
  2. サッチャリズムとメディア教育のカリキュラム化 …………… 49
- 第4節　バッキンガムによる参加型メディア教育の歴史的位置づけ … 52
- 小　　括 …………………………………………………………………… 53

第2章　メディアの教材利用と文化形成の連続性 57
第1節　初期ホールの理論的立場—「ポピュラー芸術」運動へ至る経緯— 58
1. ジャマイカ時代、オックスフォード時代 58
2. ニュー・レフト運動から「ポピュラー芸術」運動へ 59
第2節　「ポピュラー芸術」運動の歴史的な位置づけ 61
1. 文化の識別—リーヴィス、D.トムソン、ホガートとの連続性— 61
2. 文化の識別をこえて—1960年代の中の「ポピュラー芸術」運動— 64
第3節　ウィリアムズとホール 67
1. ウィリアムズとホールの共通点—「感情構造」という概念をめぐって— 67
2. ウィリアムズとホールの相違点—コード概念をめぐって— 70
3. 二つの「エンコーディング／デコーディング」モデルの差異 71
第4節　批判的なメディア利用へ向けて 75
1. 二つの「エンコーディング／デコーディング」モデルのあいだ 75
2. 対抗文化における批判的なメディア利用 76
小　括 80

第3章　バッキンガムにおける抑圧／自律の二元論とその学校教育論としての可能性 83
第1節　バッキンガム・マスターマン論争 84
1. バッキンガム・マスターマン論争の基本枠組み 84
2. 特性論と関係論の混在 86
第2節　学校教育論への応用 88
1. 学校教育論のスタンス 88
2. メディア制作の教育実践—ポピュラー音楽の広告を制作する— 93
3. 二元論の社会的条件 95
第3節　二元論の両義性 96
1. バッキンガムの両義性とマスターマンの両義性 97
2. 「解放」から「参加」へ 99
小　括 102

第 4 章　メディアの拘束に対する抵抗可能性 ……………………… 105
第 1 節　参加型文化論とメディア教育―ジェンキンスとの比較― …… 106
　1．メディア教育に求められる能力 ………………………………………… 106
　2．社会的スキルとしてのメディア・リテラシー ………………………… 110
第 2 節　バッキンガムの着眼点とメディア制作の教育 ………………… 114
　1．イデオロギーから関係へ ………………………………………………… 114
　2．メディア制作の教育実践―アイデンティティ・ポスターの制作― … 117
第 3 節　教育哲学におけるメディア概念―今井康雄を中心に― ……… 119
　1．メディア概念の拡大による教育行為の再解釈 ………………………… 119
　2．コミュニケーション・メディアというメディア概念の可能性 ……… 123
第 4 節　（マス）メディア内存在の生徒によるメディア教育 ………… 125
　1．振り返りの不可能性 ……………………………………………………… 125
　2．不均衡な制度的関係 ……………………………………………………… 128
　3．制度への介入 ……………………………………………………………… 131
　小　括 ………………………………………………………………………… 133

第 5 章　参加型メディア教育の政治的展開
　　　　　―イギリス黒人の文化形成とバッキンガムによる教育実践の再解釈― … 137
第 1 節　言語とシティズンシップ教育 …………………………………… 138
　1．シティズンシップ教育論におけるバッキンガムの位置づけ ………… 138
　2．教育学におけるハーバーマス受容とコミュニケーションを通した
　　公共圏の構築 ……………………………………………………………… 143
第 2 節　言語と人種 ………………………………………………………… 146
　1．ニュー・カマーという問題 ……………………………………………… 146
　2．カルチュラル・スタディーズにおける人種問題 ……………………… 149
第 3 節　政治的参加型メディア教育の実践 ……………………………… 153
　1．メディア制作の教育実践―人種の表象― ……………………………… 153
　2．イギリス黒人の文化形成ともう一つの公共圏―ギルロイからの示唆― … 155
　小　括 ………………………………………………………………………… 160

第 6 章　参加型メディア教育の文化形成的展開
―フレイレの理論展開とバッキンガムによる教育実践の再解釈― ……163

- 第 1 節　ジルーのポピュラー文化への接近
  ―境界教育学におけるポピュラー文化論― ……164
  1．抵抗理論から境界教育学へ ……164
  2．ジルーのポピュラー文化論 ……166
- 第 2 節　バッキンガムとジルー ……168
  1．バッキンガムの批判的教育学批判 ……168
  2．感情的傾斜と快楽を通したポピュラー文化との接触
     ―バッキンガムとジルーの共通点― ……170
- 第 3 節　フレイレの意識化概念とフェミニストからの批判に伴う理論展開 ……173
  1．意識化による現実構成 ……173
  2．意識化概念の拡大―現実の認識から現実の変革へ― ……176
- 第 4 節　文化形成的参加型メディア教育の実践 ……180
  1．メディア制作の教育実践―広告制作― ……180
  2．「編集者」としての生徒―フレイレからの示唆― ……182
- 小　括 ……184

第 7 章　政治的／文化形成的参加型メディア教育としての可能性 ……189

- 第 1 節　もう一つの公共圏における／「編集者」としての生徒による
  メディア教育 ……190
  1．イギリス黒人、黒人女性、「編集者」としての生徒 ……190
  2．参加型メディア教育の二層構造 ……194
- 第 2 節　メディア教育における学習概念の再考 ……197
  1．振り返りから文化的作業へ ……197
  2．メディア制作の教育実践をこえて ……201
- 小　括 ……204

終　章　参加型メディア教育の可能性と課題
　　　　—新たなメディア教育のために— ……………………………… 207
第1節　総括—参加型メディア教育の特徴— …………………………… 208
1. イギリスのメディア教育におけるバッキンガムの位置 ……………… 208
2. メディアの教材利用と文化形成の連続性 ……………………………… 209
3. バッキンガムにおける抑圧／自律の二元論とその学校教育論としての可能性 …………………………………………………………………… 210
4. メディアの拘束に対する抵抗可能性 …………………………………… 211
5. 参加型メディア教育の政治的展開
　—イギリス黒人の文化形成とバッキンガムによる教育実践の再解釈— … 213
6. 参加型メディア教育の文化形成的展開
　—フレイレの理論展開とバッキンガムによる教育実践の再解釈— …… 214
7. 政治的／文化形成的参加型メディア教育としての可能性 …………… 215
第2節　新たな示唆 ………………………………………………………… 216

参考文献 ……………………………………………………………………… 223
関連年表 ……………………………………………………………………… 241
本書の関係図 ………………………………………………………………… 249
謝　辞 ………………………………………………………………………… 255
索　引 ………………………………………………………………………… 259

序　章
研究の課題と先行研究の検討

第 1 節　研究の課題

　本研究の目的は、イギリスのメディア教育学者デイビッド・バッキンガム (David Buckingham 1954-) のメディア教育の理論に注目し、メディア・テキストを批判的に読み解くメディア教育をこえて、生徒がメディア・コンテンツを制作する参加型メディア教育の可能性と課題を解明することにある。とりわけ、イギリスのメディア教育論上にバッキンガムの試みを歴史的、理論的に位置づける。そしてバッキンガムによる教育実践を再解釈することを通して、抑圧からの解放としてのメディア教育ではなく、現実構成としてのメディア学習が有する可能性を明らかにする。

　まず、バッキンガムの簡単なプロフィールを紹介する。彼はイギリスを代表するメディア教育学者であり、ロンドン大学に長く勤務した。1980年代からメディア・テキストを批判的に読み解くメディア教育（メディア・リテラシー論）の限界を指摘し、それに代わるメディア教育として生徒がメディア・コンテンツを制作する教育理論（メディア制作教育論）とその実践を推奨してきた人物である。

　次に、本研究で取り上げるメディア、参加型メディア教育という概念について定義づけを行う。本研究におけるメディアとは、基本的にはマスメディアを指している。テレビや新聞それ自体、あるいはテレビ局や新聞社、通信社等が商品として提供する情報、コンテンツのことである。さらに、本研究が言う参加型メディア教育についてである。バッキンガムは、1980年代にメディア制作 (media production)、1990年代には実践的作業 (practical work) という言葉を使用して、生徒自らがメディア・コンテンツを制作するメディア教育の必要性を唱えた[1]。本研究が言う参加型メディア教育とは、バッキンガムが言うメディア制作教育論も含めた教育であり、生徒自身が記者やプロデューサーに扮して経験的、擬似的にメディア・コンテンツ（テレビ番組や新聞・雑誌記事等）の制作に参加する教育である。

もちろん、本研究が言うメディア、参加型メディア教育についてはこれまでも視聴覚教育をはじめ、多くの教育理論や教育実践で検討されてきた。例えば、教育学における典型的なメディアの捉え方は道具というものだろう。視聴覚教育におけるテレビの教育利用に注目しよう。その根幹には、テレビというメディアを利用して生徒の授業参加を促し、より効率的な教授やより充実した学びを実現しようとする意図を確認できる（佐藤 2008）。新たな情報端末が登場するたびにその教育利用が問われることも同様の意図によるものと思われる（例えば Prensky 2007、今津他 2001、水越敏行他 1996）。

　このような考えに対して、メディアは政治的に中立ではなく、イデオロギー性を有しているのではないかという批判が登場する。メディア・リテラシー論である[2]。この立場にしたがうと、より効果的な教授とより充実した学びを提供する道具（教材）としてのみメディアを捉えることはできない。メディアは、虚偽や欺瞞も含めた一定の偏りをもつ。そしてこのイデオロギー性によって、一定の方向へ視聴者や読者を導こうとしている。そのため、そのような情報に日々接する生徒らは、メディアの偏向やイデオロギー性を読み解き、メディアによる情報操作を認識するべきとされる（Masterman 1989 (1985)、上杉 2008、カナダ・オンタリオ州教育省 1992）。

　詳細は「第1章第3節」で述べるが、イギリスにおいてこの考え方が本格的に登場するのは、1980年代のM.サッチャー（Margaret Thatcher）政権下である。S.ホール（Stuart Hall）が詳述するように、既存の労働者階級が保守党のサッチャーを支持し、既存の労働者階級はこの時に解体された。同時にこれまで労働者階級の支持を基盤にしてきた労働党も新たな局面を迎えた（Hall 1988a）。この解体に際して、サッチャーはメディアを利用する。このような政治状況がメディア・リテラシー論により説得力を与えていた。むしろ、メディア・リテラシー論はイギリス左翼によるサッチャー政権の政治運営や政治手法への抵抗と捉えることもできる。

　しかしながら、1980年代後半から1990年代前半のイギリスにおいて、メディア・リテラシー論のようにメディア批判に終始しないメディア教育が登場

する。この立場を代表する人物がバッキンガムである。例えばバッキンガムは初の著作において生徒（子ども）へインタビューを行い、彼らはメディアからの情報に対して十分に懐疑的・批判的であり、メディアと自律的に接触することができていると考えている（Buckingham 1987）。そのため、彼はメディアに対して批判的に接触することを目指すメディア・リテラシー論をこえて、生徒がすでに有する自律性に基づくメディア教育を不可欠なものと考えた。そこで彼はテレビ番組や新聞記事を制作する教育実践を提唱する。

　バッキンガムは、メディア・リテラシー論が生徒によるメディアとの自律的な接触を看過していると批判する。彼にしたがえば、生徒はメディアからの情報に対して十分に懐疑的・批判的であり、メディアと自律的に接触することができている。そのため、生徒がその自律性に基づき、テレビ番組や新聞記事を制作する参加型メディア教育の実践へ転換すべきと唱える。この立場にしたがうと、例えば生徒たちは、主に学校教育の授業実践——英語やシティズンシップ、ICTの教科——において、テレビ番組やニュース（新聞）記事を制作する。バッキンガムは次のように考えている。メディア教育は「批判的理解と能動的な参加の両方の発達を目指している。メディア教育は若者たちが消費者としてメディアを解釈し、十分な情報を得た上で判断することを可能にする。しかしまた、自分の力でメディアの創り手になることも可能にする。メディア教育は、若者たちの批判的な能力と創造的な能力の両方を発達させるものである」（Buckingham 2003c:4＝2006:9-10）。

　詳細は「第1章第3節」で述べることとして、ここではバッキンガムの試みを取り巻く社会環境と理論的背景を簡単に整理しておこう。まず社会環境についてである。サッチャー政権の最終年（1990年）、メディア批判に終始しないメディア教育がイギリスの学校教育に組み込まれた。すなわち、メディア教育は、教科内容の一部としてカリキュラム化された。さらに言えば、生徒たちを取り巻くメディア環境も変化した。インターネットが普及し、多くの生徒たちが情報発信者として社会とかかわるようになる。このことは、メディア・リテラシー論が考える「情報送信者（メディア）——情報受信者（生徒）」といった単純

な図式では捉えることができないコミュケーションをもたらした。

　次に理論的背景について言えば、カルチュラル・スタディーズという考えが1980年代に浸透し始める。バッキンガムは、言語論的転回以降の教育理論がほとんど検討していないカルチュラル・スタディーズを教育学的に受容しようとする。具体的には、オーディエンスの自律性という視座に基づいたメディア教育論を展開した。

　このように考えるならば、本研究がバッキンガムのメディア制作教育論、あるいは参加型メディア教育に注目する意図は次のようにまとめることができる。第一に、カルチュラル・スタディーズが一時的な流行を終え、歴史的にその成立・発展過程を検討することが可能となった。だからこそ、バッキンガムによるカルチュラル・スタディーズ受容の過程を検討し、その意味を明らかにする必要がある。第二に、バッキンガムが参加型メディア教育を唱えた時期は、サッチャーが政権を握り、メディア教育のカリキュラム化を進行させた時期である。インターネットの普及という技術革新とも呼応して進行したこのカリキュラム化に教育学者はいかに対応したのか。彼の参加型メディア教育を問うことは、戦後イギリスの重要な契機であるサッチャーの時代に進められた教育論を問うことを意味する。第三に、彼の試みは彼単独で進行したわけではない。1990年代の現職教員らとの共同研究 (Buckingham, Fraser and Mayman 1990、Buckingham and Sefton-Green 1994、Buckingham, Grahame and Sefton-Green 1995、Buckingham and Scanlon 2003)、ユネスコの活動とも接続する (Buckingham 2003e)。つまり、彼の試みはメディア教育を一定の方向へと導くものであった。彼は自らと活動を共にする研究者、現職教員、彼の教え子と共同してメディア教育、リテラシー研究において一定の影響力を有する流れを作り出した。その活動拠点がロンドンであったことから「ロンドングループ」と呼ばれるものである (小柳他 2002:203)。この意味でもバッキンガムの存在は、イギリスのメディア教育論において重要なものと言えよう。

　1980年代後半から2000年代前半のイギリス固有の社会状況や思想的流れの中で、バッキンガムはいかにメディア教育理論を刷新し、いかなる教育実践を

展開したのか。本研究は、彼の参加型メディア教育の理論と実践を歴史的に位置づけ、理論的にその意味を検討する。イギリスにおけるメディア教育の理論的背景やイギリス固有の社会的状況を踏まえたバッキンガム解釈を行うことで、参加型メディア教育の可能性と新たなメディア教育の展開を検討できると考える。

　これまで述べてきたことを図式化しておこう。サッチャー政権の誕生とその政権運営は、戦後イギリスの歴史において一つの重要な契機であった。さらにメディア教育のカリキュラム化は、そのサッチャー政権下で進められ、その後実施された。インターネットの登場とも呼応してこの動きは生じた。また思想的に見るならば、カルチュラル・スタディーズは、1960年代の対抗文化（カウンター・カルチャー）、1970年代の黒人文化の隆盛と密接にかかわり登場した。ここには、サッチャーを自発的に支持する労働者階級、対抗文化や黒人文化を自ら作り上げる若者たちの姿を見出すことができる。

　オーディエンスは、メディアの被害者ではなく、メディアからの自律性を有しつつ、メディアとの関係の中で自己表現する。バッキンガムはこのようなオーディエンス像を上述した社会的動向の下で作り上げていった。その他にも、言語論的転回という考えの浸透も影響していると考えられる。具体的には、メディアや言語の捉えなおしを通した、メディア内存在、言語内存在としての主体像は上述したオーディエンス像に決定的な影響をもたらした。本研究がバッキンガムに注目するのは、上述してきたような歴史的、社会的、思想的結節点に彼が位置づくと考えるからである（250頁 関係図1参照）[3]。

　最後に本研究の課題を具体的に述べておこう。本研究は、まず1980年代後半から2000年代前半におけるイギリスの社会状況に注目し、その中でバッキンガムがいかなるメディア教育の理論と実践を展開したのかを検討する。1980年代におけるL.マスターマン（Len Masterman）との対立、1990年代におけるカリキュラム化への対応、2000年代におけるメディア教育理論の確立がいかなる歴史的社会的文脈で立ち上がってきたのか。バッキンガムの試みをイギリス固有の社会状況と結びつけて解釈していく。次にカルチュラル・スタ

ディーズ、言語論的転回以降の教育理論（とりわけ教育哲学者今井康雄のメディア概念）を踏まえながら、参加型メディア教育の理論と教育実践の含意を考察する。言語論的転回以降の教育理論におけるメディア概念に焦点を当て、バッキンガム理論との共通点、相違点を明らかにしていく。そして、その連続性と非連続性を踏まえたバッキンガム理論の可能性と課題を明らかにする。最後に、それらを踏まえてバッキンガムによるメディア制作教育論を含む参加型メディア教育の新たな展開を目指す。ホールやその後のカルチュラル・スタディーズをリードするP.ギルロイ（Paul Gilroy）、教育学においてカルチュラル・スタディーズを積極的に受容する批判的教育学（H.ジルー（Henry Giroux）、P.フレイレ（Paulo Freire）等）を検討し、バッキンガムの教育実践を再解釈する。そして、新たなメディア教育の方向性を探究する。

第2節　先行研究の検討

1．日本におけるメディア教育、メディア・リテラシー研究の特徴

　本研究の独自性と意義を明示するために、バッキンガムのメディア教育理論に関する先行研究を整理し、本研究の位置づけを述べておこう。その前に、まず日本におけるバッキンガム研究の問題点を検討する。1990年代日本におけるメディア教育、あるいはメディア・リテラシー研究が本格的に開始される。その中心を担ったのは、社会学やジャーナリズム研究であった。そのためバッキンガムに関する研究も、当初はその領域を中心に行われた。

　例えば、元ジャパン・タイムズの記者だった鈴木みどりに注目しよう。彼女は、いち早くメディア・リテラシーの必要性を唱え、カナダのオンタリオ州における試みを紹介した（カナダ・オンタリオ州教育省 1992）。さらに、鈴木が組織したFCT（市民のメディア・フォーラム）は、バッキンガムの主著『メディア教

育』(鈴木らによる邦訳のタイトルは『メディア・リテラシー教育』)、彼の論敵であるマスターマンの主著『メディアを教える』の邦訳を行った。彼女は日本におけるメディア教育、メディア・リテラシー研究のパイオニアであったと言えよう。鈴木らの取り組みは、ジャーナリズム研究にとどまらず、日本におけるメディア・リテラシー研究全般をリードしてきた。とりわけ、鈴木は市民概念に注目し、市民教育(シティズンシップ教育)の必要性を1990年代から唱えていた。このことは、その先見性から見ても評価できよう。

しかしながら、鈴木らの試みには市民運動としての側面や諸外国のメディア・リテラシー研究を紹介する側面が強かった点は否定できない。例えば文学者の山田雄三は、鈴木らがバッキンガム、マスターマンの著書を邦訳している点に注目して次のように述べている。「彼女(鈴木)は原文の『メディア教育(media education)』をことごとく「メディア・リテラシー(media literacy)」と置き換えている。これは明白な操作である」(山田 2005:59)。山田は次のように続ける。「人々の読みとそれを通した教育の問題をリテラシーの問題に収斂させることはつねに危険である。そのこともまた、『スクリューティニ』[4]の時代からニュー・レフト[5]の時代に移行する際に、さんざん議論された問題である。その過程で、ユネスコの機能的リテラシーが換骨奪胎されて多様なリテラシーが論じられてきた[6]。メディア・リテラシーが標語になった今日だからこそ、なぜリテラシーなのか根本から考える必要がある」(注は引用者)(山田 2005:60)。

さらに言えば、鈴木らは「受け手」から「読み手」へのパラダイム移行を唱えた(鈴木みどり 1997:3-4)。そして、メディア・リテラシーという考えがそのような転換をもたらしたと主張する。これに対しても山田は次のように指摘する。「情報を受動的に買い漁るマス＝大衆がどうしたら能動的な読み手になれるかという問題は、ノースクリフ卿の新聞革命を経験した20世紀初期イギリスの知識人たちが、つねに頭を悩ませてきた問題である。1930年代の『スクリューティニ』の時代から60年代のニュー・レフトの時代、それに70年代のバーミンガムの『現代カルチュラル・スタディーズセンター』(現代文化研究センター：Centre for Contemporary Cultural Studies：CCCS：引用者)[7]の時期まで連綿とつ

づく課題であった」（山田 2005:57-58）。

　確かに鈴木らが紹介した同時期にメディア・リテラシーは世界的に展開され、それがメディア技術の変化とも重なり合うことで、メディア・リテラシーは注目を集めた。「メディア社会を主体的に生きる上で必要になっているこれらのコミュニケーション能力を『メディア・リテラシー』と呼ぶなら、その獲得のための取り組み（広義の教育）は、すべての人たちにとって、子どもと大人の別なく、生涯を通して追求するべき市民教育の根幹をなすものであり、今日の社会におけるデモクラシーの確立と深くかかわっていることが理解できる」（鈴木みどり 2001:3-4）。この鈴木の言葉に異を唱えることは難しい。

　しかしながら、やはりメディア・リテラシーという新しい概念が「受け手」から「読み手」へのパラダイム移行をもたらすとまで言われるとその視野を疑いたくなる。山田が鈴木らを批判することで見出すのもまた、この視野の狭さだろう。より具体的に言えば歴史性の欠如である。例えば、山田の言うようにイギリスにおけるメディア教育は、「スクリューティニ」派やニュー・レフトの延長線上に立ち上がってきた。それらを踏まえると、そもそも鈴木らのようにメディア・リテラシーという言葉とメディア教育をイコールで結ぶことはできそうにない。さらに言えば、リテラシー研究やメディア教育の歴史的文脈を踏まえずに理論的概念としてだけメディア教育やメディア・リテラシーという言葉が使用されるならば、視野が狭くなるのは当然である。必要なことはバッキンガムも含めたメディア教育の理論と実践それ自体、さらにはそこで使用されている諸概念を精緻に歴史的文脈に位置づけ検討することである。

2．バッキンガムのメディア教育理論を批判する先行研究

　バッキンガムの試みは、メディア情報の虚偽やメディアの情報操作の問題を考える研究、すなわちメディア・リテラシー論との関連で取り上げられてきた。これらの研究にしたがえば、バッキンガムの問題点はメディアによって生徒の意識や行為が規定されていることを唱えつつも、メディアのイデオロギー

性を批判しない点にある。バッキンガムは、生徒がメディアから自律している点を強調し過ぎていると批判されている。

例えばバッキンガムとロンドン大学時代の同僚だったR.ファーガソン（Robert Ferguson）は次のように指摘する（R. Ferguson 1998:262-263）。バッキンガムのメディア教育理論の中でテキスト分析は軽視されている。R.ファーガソンによれば、それはバッキンガムがテレビと子どもに対して、極端な考えを持っているからである。それは、テキスト分析を強調する考えをイデオロギー決定主義と見做して拒否するからである。R.ファーガソンによれば、このようにバッキンガムは明らかにイデオロギーに対して敏感な傾向にはない。またバッキンガムはテレビが子どもに影響を及ぼさないと確信しており、テレビ番組について、大人としての判断もできると思っている。そして、R.ファーガソンは次のように述べる。「私がこの本を通して訴えたいのは、私たちが意味の標準化に対して敏感でなくてはならないということである」（R. Ferguson 1998:263）。その他にも、バッキンガムが唱える教育実践において、生徒は批判的な分析の視点を失い、プロの模倣をするだけであると批判する研究もある（B. Ferguson 1981:44-45、Stafford 1990:81）。

教育学者の上杉嘉見も同意見である。上杉によれば、バッキンガムが重視するのは経験と多様な感性であって、人権や社会的公正といった教育課題はバッキンガムにとって二次的なものである。上杉によれば、このようなスタンスに基づく教授法を採用する限り、多くの生徒は漠然と消費を続けるだけだろう（上杉 2008:83-86）。その他にもバッキンガムのような経験重視の教育は、結果的に教育実践において安易な「風刺への誘導」（Duncan 2007）を招いてしまうのではないかと危惧する者もいる。上杉によれば、バッキンガムは「社会の現状に対する批判を第一の目標に掲げることはない。それよりも現状を追認し、社会に適合する人間を育てる教育」を展開してしまっている（上杉 2008:10）。バッキンガムの試みは、政治経済的な観点からの考察を阻むことを目的としている。「進歩的」に見えるオーディエンスの多様性への注目は、むしろ社会の現状を肯定するだけである。つまり、きわめて「保守的な」メディア教育学を生

み出す結果となる(上杉 2008:81)。「社会に対して批判的眼差しを向ける人間を育てる教育」ではなく、「社会に適合する人間を育てる教育」(上杉 2008:10)ではないかと批判する。これではメディア教育の本質、すなわちメディア批判を失うことになると言うのだ。

　しかしながら、これらの研究がしたがう解釈枠組みに目を向けるべきと考える。それはメディアのイデオロギー性／生徒の自律性を対立的に捉える解釈枠組みである。この枠組みは1980年代にバッキンガム自身が論敵であるマスターマンとの差異を強調するために提示したものである。そして、1990年代以降中等教育学校の教員らと共同で教育実践を組織、実施する中で、バッキンガムはこの解釈枠組みを反省的に修正している。この経緯を踏まえるならば、1980年代の解釈枠組みを踏襲し、二者択一を迫るだけでは不十分である。むしろ、次のような歴史的な問いこそ重視すべきである。そもそもバッキンガムは、なぜこの解釈枠組みを導入したのか。そして、1986年のマスターマンとの論争がその後の理論展開にいかなる影響をもたらしたのか。これらを明示することを通して、社会状況を踏まえたより詳細なバッキンガム解釈が可能になると考える。

　このことは、例えば次のようなバッキンガム批判に応答することにもつながる。J.マーシュ(Jackie Marsh)とE.ミラード(Elaine Millard)の研究に注目しよう。マーシュらによれば、生徒とメディアとのかかわりを理解するには、複雑で矛盾した要素を認識する必要がある。それにもかかわらず、バッキンガムはメディアへの抵抗、あるいは真正な経験としてそのかかわりを特定しようとする(Marsh and Millard 2000:25)。つまり、バッキンガムは生徒のメディア経験の複雑性を看過しているというわけである。マーシュらの言うように、生徒とメディアのかかわりは複雑である。このことはメディア研究をもち出すまでもなく、日常的に経験されているはずである。それにもかかわらず、マーシュらにしたがえば、バッキンガムも含めたメディア教育の議論の多くは、このかかわりを単純化してしまう。つまり、メディアのイデオロギー性／生徒の自律性として二者択一化してしまう。それはなぜだろうか。このことにバッキンガムや

論敵マスターマンがいかに関与しているのか。この点を詳述するべきと考える。

確かにバッキンガムは、マーシュらに次のように反論している。マーシュらの唱える複雑性という概念自体がメディアやポピュラー文化をどこまで受容し、どこから批判するかというバランスについて確信が持てていない証拠である（Buckingham 2003c:158=2006:195）。しかしながらこの反論こそ、逆にバッキンガムがメディアと生徒のかかわりを受容または批判としてのみ捉えている証拠となっている。つまり、マーシュらの研究が明示するのは、バッキンガムもバッキンガムを批判するR.ファーガソンらもメディアのイデオロギー性／生徒の自律性という解釈枠組みに依拠しているということである。

バッキンガムによるマーシュらに対する反論が2003年の主著『メディア教育』であることを考慮するならば、バッキンガムはメディアのイデオロギー性／生徒の自律性という解釈枠組みを2000年代に入っても維持したままと言えよう[8]。このことは先述した歴史的な問い——バッキンガムがなぜメディアのイデオロギー性／生徒の自律性という解釈枠組みを導入したのか——がますます重要であることを示している。1990年代においてメディアのイデオロギー性／生徒の自律性という解釈枠組みに対する反省的修正を経た後も、なぜバッキンガムはその基本的エッセンスを踏襲した（できた）のか。つまり、先行研究が踏襲する解釈枠組みの構成過程と理論展開に際した修正過程を明らかにするべきと考える。それによって、歴史的状況を踏まえたバッキンガム解釈が可能になるはずである。

3．教育実践におけるバッキンガムの「有効性」を検討する先行研究

わが国における教育方法学、教科教育学の領域におけるバッキンガム研究を取り上げよう。ここでは映像教材の特性にしたがった国語科教育を行う際（砂川 2011）、あるいは批判的な能力を評価する際（森本 2014）、いかにバッキンガムが利用可能なのか。その「有効性」を検討している。

例えば森本洋介は、メディア（・リテラシー）教育の理論的な要素の中で中核となるのは「批判的」な視点であったと述べ、生徒がメディアに対して「批判的」になること、もしくはメディアを「批判」することをあらゆるメディア・リテラシー研究者が重視していると考えている（森本 2014:248）。それにもかかわらず、多くの研究者はそれをどのように評価するのかという具体的な評価方法について検討していないと指摘する（森本 2014:251）。バッキンガムもその例外ではない。森本は丁寧にバッキンガムとマスターマンのメディア教育理論を比較し、そこから得られた理論的視座に基づいてカナダのオンタリオ州での教育実践を検討している。森本が言うように、バッキンガムをはじめ多くのメディア教育学者がメディアに対する批判を主眼としたことは事実であろう。さらに言えば、森本の主眼である批判的思考の学習評価について、バッキンガムは具体的にその方法や基準を描き出していない。

　しかしながら、森本のバッキンガム解釈は──これは上杉にも言えるのだが──その前提に理論はイギリス、実践はカナダという二分法があるように思えてならない。詳細は次章で検討するが、例えば森本はマスターマンとバッキンガムの決定的差異として制作活動の位置づけをあげている（森本 2014:87）。ただし、この違いはメディアに対する批判概念の差異へとつながっているわけではないと言う。森本によれば、両者は共に、基本概念（生産・制作、言語、表象、オーディエンス）の習得を重視し、テクストについての判断、評価を「批判」の内容としている（森本 2014:86）（カッコ内：引用者）。果たしてそうだろうか。

　確かにバッキンガムが基本概念の修得を重視したのは事実だし、メディア批判を決して軽視したわけでもなかろう。しかしながら、そのようなメディア批判という理論上のキーワードが具体的な教育実践に落とし込まれていくとき、バッキンガムの考えるメディア批判とマスターマンの考えるメディア批判はその内実も同じだったのだろうか。森本のバッキンガム解釈は教育評価における「有効性」を模索することには適しているにちがいない。しかしながら、そもそもなぜバッキンガムがマスターマンと対峙したのか。またマスターマンの教育理論に代わるものとして提案されるメディア制作の教育理論はどのような文

脈で提案されたのか。そこにおけるメディア批判の内実は何か。森本はそのようなイギリス固有の歴史性を踏まえたバッキンガム解釈を行おうとはしない。理論はイギリス、実践はカナダという二分法は、理論展開の中心を担った人物たちを一括りにしてしまい、安易に教育実践への応用につなげてしまい兼ねない。

　この点に注目すると、小柳和喜雄らが今日のメディア教育におけるテーマ——メディア制作の実践、批判的読み取りと教師の関係——をイギリスの歴史的文脈を踏まえて検討している点は重要である。小柳らはマスターマンとバッキンガムの教育思想を辿り、やや概略的ではあるが、バッキンガムの思想的影響関係を素描している。具体的には、バッキンガムのメディア教育論が、テレビ研究、リテラシー研究、教室での授業実践、子どもの文化研究、文化的ポストモダニズム、カルチュラル・スタディーズと影響関係にあることを明示している。小柳らの研究は、日本におけるメディア教育のあり方を示すためになされたものだが、結果的にはバッキンガムの試みが複雑な理論と実践の組み合わせによって構成されていることを明らかにしている。その点に意味がある。

　しかしながら、教育理論と教育実践がバッキンガムにとって重要であることは論証されているものの（小柳他 2002:204-205）、日本におけるメディア教育へイギリスのメディア教育を受容することにその主眼はある。森本が批判的な思考力を評価する際、バッキンガムも含めたイギリスのメディア教育がいかに有効かを問うたように、小柳らもイギリスにおけるメディア教育が日本における教育実践へいかに寄与するのかを問うている。つまり、ここにも教育理論はイギリス、教育実践は日本という森本と同様の機制、つまり二分法を確認することができる。

　森本や小柳らが教育方法の領域でバッキンガムを検討しているのに対して、砂川誠司は国語科教育の領域でバッキンガムの「有効性」を問うている。砂川は「振り返り」概念に注目し、バッキンガムがかかわった教育実践を解釈する。そのことを通して、彼の学習理論を次のようにまとめている（砂川 2011:188）。まずバッキンガムは、生徒がすでに知っていることから学習を始めることを提

唱する。砂川によれば、この点を出発点にすることで、生徒の感情的な部分を取り上げることが可能になる。さらに、生徒は学習のコミュニティへ参入することもできるようになった。そしてこのコミュニティでの学びも含めた体系化を行う際に、生徒は「メタ言語」を発達させる必要がある。この発達が結果的に「振り返り」による理解をもたらすことになる。

　砂川にしたがえば、バッキンガムは合理的な領域に制限されない感情を伴う「振り返り」概念を有していると言えよう。この点に国語科教育におけるバッキンガムのメディア教育理論の可能性があると砂川は考えている。具体的には、バッキンガムはメディア教育の実践が学習として成立する状況を説明している。子どもたちが感情を発露にして、コミュニティへ参入し、学んだことを体系化していく中で、いかに言語を使用し、いかにメディア・リテラシーを修得していくのか。バッキンガムのメディア教育理論、とりわけその「振り返り」概念に注目することで、映像メディアを教材として活用する授業実践は、これまで以上に説明可能となったと言うのだ（砂川 2011:216）。

　砂川が言うように、バッキンガムにとって「振り返り」概念は鍵となる概念である。とりわけ教育実践への示唆を探究するならば、生徒の「振り返り」は学びや学習内容の体系化という観点からも重要であろう。さらにバッキンガムのメディア教育理論が国語科における具体的な授業実践へ応用可能であるとの考えも示唆に富んでいる。

　しかしながら、刻々と変わりゆくメディア環境、そして国や地域によって異なる制度を考慮すると、追求している「有効性」には政治性を見出すことができる。例えば、誰が誰のために「有効性」の基準を設定するのだろうか。その基準は国や地域によっても異なるはずである。さらに言えば、その「有効性」を可能にする教育制度などの諸条件にも左右されるにちがいない。つまり、「有効性」の問題は、メディア環境の変化やそれが配置される政治的文脈を踏まえずに問うことはできないはずである。そして、政治的文脈を踏まえた「有効性」の問題は、バッキンガムにも影響を与えたカルチュラル・スタディーズがその誕生当初から問い続けてきた問題に他ならない（この点は「第1章第2

節」、「第2章」で検討)。「有効性」に関する議論を進めるためにも、まずもって彼の理論や教育実践自体、そしてその展開がいかなる社会的、思想的な影響関係で生じたのかを解明すべきと考える。それによって、バッキンガムのメディア教育理論の応用可能性や教育実践における「有効性」を問う議論は二分法に陥ることなく、理論が立ち上がり展開されたイギリス固有の文脈を踏まえたものとなる。バッキンガムに関する「有効性」の議論をより生産的なものにするためにも、イギリスの固有性に目を向けるべきと考えられる。

4. カルチュラル・スタディーズの延長上にバッキンガムを位置づける先行研究

　G.ターナー (Graeme Turner) は、バッキンガムの初の著作である『パブリック・シークレット──「イーストエンダーズ」とそのオーディエンス』に注目する。『イーストエンダーズ』とは英国放送協会 (British Broadcasting Corporation：BBC) で放送されているソープオペラである[9]。バッキンガムはこのテレビ番組の制作スタッフ、そしてそのオーディエンスに注目してオーディエンス研究を行った。ターナーは、この試みがホール、D.モーレー (David Morley) らが展開したオーディエンス研究と重なり合うことを指摘する。

　モーレーらの研究の詳細は「第4章第4節2.」で検討するが、具体的には次のようなものである。モーレーは、ホールの見解と実際にオーディエンスへのインタビューを手がかりにして次のことを明らかにした。オーディエンスは自らの人種やジェンダーなどの社会的布置によってメディア・テキストを読解している。つまり、オーディエンスとメディアの間に存在する「せめぎあい」を明らかにした (Morley 1980)。ターナーによれば、バッキンガムはモーレーらの作業と「自らの作業の隔たりを──非論理的なところがしばしばあるものの──示すべく、テキストの意味の問題をめぐる最近の議論や、近年におけるオーディエンスのカテゴリーの復活にも十分に関心を向けている」(Turner 2003 (1990):124=1999:192)。バッキンガムの試みは、モーレーらによって開かれた議論へ参画している。「(テレビ・) ソープオペラというジャンルが、その意味と楽

しみをどのように生成させるのか。あるいは、子どもたちが(テレビ・)ソープオペラをどのように理解するのか。これらのことについて、議論を発展させている」(Turner 2003 (1990):125=1999:192)。

その他にもC.ルーク (Carmen Luke) は、カルチュラル・スタディーズが1980年代初めにテキスト分析からオーディエンス分析へシフトしたことに触れ、オーディエンス像が変化したことを指摘する (Luke 2003:106-107)。そしてバッキンガムも含めイギリスのメディア教育学者はメディアとオーディエンスの再概念化を試みたと考えている。J.マルチネス・デ・トダ (Jose Martinez-de-Toda) は、ルークよりも直接的にバッキンガムとカルチュラル・スタディーズの関係を検討している。マルチネス・デ・トダによれば　バッキンガムは保護主義的アプローチを拒否している (Martinez-de-Toda 2003:159)。ここで言う保護主義とは、メディアが子どもへ悪影響を与えている。そのため、教育によってその悪影響から保護しなくてはならないという考えである。メディアと接触する時間に制限を設け、接触の是非を大人が決めるのも保護主義であるが、バッキンガムは教育によるエンパワーメントによって子どもを保護しようとする試みも保護主義と考えている (Buckingham 1998)。

マルチネス・デ・トダは、ここにバッキンガムのメディア教育に対する一貫した考えを見出す。それは、子どもや若者が、受動的で、画一化された集合体ではなく、アクティブで、差異に満ちた、複雑な集合体であるという考えである。そして、この考えがバッキンガムに三つのステージから構成された教室研究のモデルをもたらしているとする。第一に、メディア教育のプログラムを実施する前に生徒らが事前に知っていることを明確にすることへコミットする。第二に、これらの知っていることをシステム化し、一般化するための機会を提供する。第三に、自己評価する。計画を前へと進めるために、生徒は自らすでに知っている知識の基本を問う (Martinez-de-Toda 2003:160)。ルークとマルチネス・デ・トダの見解を手がかりにすれば、バッキンガムは、カルチュラル・スタディーズにおけるオーディエンス研究の成果をメディア教育の文脈に応用したと言えよう。具体的には、子どもや若者のメディアからの自律性を尊重

し、彼らが日常生活において修得した知識やスキルを授業実践へ活用していることを論証することにバッキンガムの主眼はあると解釈できよう。

ルークとマルチネス・デ・トダは、カルチュラル・スタディーズがいかに教育実践の中に組み込まれていったのかを解き明かしている。とりわけマルチネス・デ・トダは、「メディア教育がカルチュラル・スタディーズと同じように、ポピュラー文化の一部としてメディアを理解し、認識するために参加することを助ける」と述べている（Martinez-de-Toda 2003:158）。メディア教育は、「メディアの文脈における他者との対話を通して自らのアイデンティティを発見し、肯定し、展開する能力を提供するために参加を助長するのだ」（Martinez-de-Toda 2003:158）。マルチネス・デ・トダは、バッキンガムも含めたメディア教育理論の中に参加型という特徴を見出している。

確かに、本書もまたバッキンガムのメディア教育理論の基本的視座をカルチュラル・スタディーズ、オーディエンス研究の延長上に位置づける。しかしながら、マルチネス・デ・トダがあくまでバッキンガムのメディア教育理論全般に参加型という特徴を見出していることは重要である。その証拠に、マルチネス・デ・トダやルークの研究においてバッキンガムの教育実践が具体的に検討されることはない。マルチネス・デ・トダが言う参加概念は、一般化された生徒の授業参加を指示している。

本研究は、バッキンガムが1990年代に進めた教育実践に注目する。そしてこの教育実践は、現実世界への介入を促す意味でカルチュラル・スタディーズとの連続性を有する。具体的に言えば、バッキンガムは中等教育学校を中心にどのような教育実践を行ったのだろうか。その構築へ彼のメディア教育理論はどのように関与したのだろうか。また逆に、彼のメディア教育の実践は、メディア教育の理論的展開へいかに影響を与えたのだろうか。とりわけ、1990年代にバッキンガムが現職教員らと共同で試みている教育実践がバッキンガム理論に与えた意義は決して看過することはできない。ルークらは、メディア教育理論としての歴史的な位置づけを重視する。それゆえに、このような教育理論と教育実践の双方向性を看過してきた。本研究はこの点にも焦点を当てる。

5．先行研究のまとめと本研究の意義

「2．バッキンガムのメディア教育理論を批判する先行研究」に関して言えば、1980年代にバッキンガムがマスターマンとの対立のために用意したメディアのイデオロギー性／オーディエンスの自律性という解釈枠組みの構成過程を明らかにすべきと考える。そして1990年代において、バッキンガムはいかにこの解釈枠組みを克服しようとしたのか。具体的には、この理論展開に教育実践がいかに関与していったのかを明らかにすべきと言えよう。これらを通して、単純な解釈枠組みに基づく二者択一（メディアのイデオロギー性／生徒の自律性）を回避し、解釈枠組みの構築過程を明らかにできるはずである。

「3．教育実践におけるバッキンガムの『有効性』を検討する先行研究」に関して言えば、バッキンガムの諸分野での「有効性」を明示するためにも、バッキンガム理論が有するイギリス固有の文脈を踏まえるべきである。具体的には、理論はイギリス、実践はカナダ（日本）といった安易な二分法を避け、イギリス固有の歴史的社会的文脈を重視すべきである。そしてその文脈にバッキンガム理論を位置づけ、彼の実践も踏まえたバッキンガム解釈、バッキンガム理論の応用可能性を検討すべきと考える。

「4．カルチュラル・スタディーズの延長上にバッキンガム理論を位置づける先行研究」については、バッキンガムがカルチュラル・スタディーズ、オーディエンス研究の成果を積極的に教育実践へ取り込んでいく際、この教育実践は彼の理論展開へいかに影響したのだろうか。これまでカルチュラル・スタディーズにおいて、この点はほとんど注目されてこなかった。事実生徒にとって、教育（授業）実践は生徒の現実認識や行為に決定的影響を与える。それにもかかわらず、カルチュラル・スタディーズ全般においてその意義はほとんど検討されていない。本研究は、カルチュラル・スタディーズが看過してきた教育実践の意味を明らかにする。

これらの作業を通して、彼の参加型メディア教育の理論それ自体、あるいは

理論と実践の双方向性がいかなる歴史的・社会的文脈から立ち上がってきたのかを明らかにできるはずである。単にバッキンガムの可能性と課題を理論的に検討するだけではなく、思想史的アプローチによってバッキンガムの前提や議論の土台を明示する。そして本研究は、このような思想史的アプローチによって明示したイギリスのメディア教育論の前提や土台に基づき、理論的にバッキンガムの可能性と課題を検討する。そして、この可能性と課題を踏まえて新たに参加型メディア教育を展開させることを目指す。

第3節　各章の概要

以下、各章の概要を述べておこう。大枠を述べるならば、本研究は大きく四つのブロックで構成する。第一ブロック（第1章～第3章）、第二ブロック（第4章）、第三ブロック（第5章、第6章、第7章）、第四ブロック（終章）である。第一ブロックは、主に思想史的アプローチを採用する。残りのブロックは、理論的アプローチを採用する。

第一ブロックでは、バッキンガムがメディア・テキストを批判的に読み解くメディア教育をいかに参加型メディア教育へと移行させたのかを明らかにする。第二ブロックではバッキンガムの参加型メディア教育の可能性と課題を検討する。第三ブロックでは、参加型メディア教育の教育実践を再解釈し、バッキンガムの課題を踏まえメディア教育の新たな方向性を模索する。そして、それらをまとめて参加型メディア教育の新たな展開可能性を示す。第四ブロックはこれまでの考察を総括し、参加型メディア教育の可能性と課題、そしてメディア教育に対する示唆を明示する。以下、各章の概要を述べる。

第1章では、バッキンガムの理論的立場、イギリスのメディア教育の歴史、そしてバッキンガムが活躍した1980年代、1990年代のイギリスの政治的文化的状況を整理する。それらを通してバッキンガムのメディア教育論を歴史的に位置づけ、バッキンガムは何を不十分と捉え、自らのメディア教育を展開した

のか。さらに、それはいかなる社会状況の中で立ち上がり、展開されたのか。本章は、バッキンガムのメディア教育論が有する政治的、歴史的文脈を捉え、バッキンガムによる参加型メディア教育論の歴史的位置づけを明らかにする。

　第2章では、カルチュラル・スタディーズをリードしたホールの初期の活動――中等学校教諭、雑誌編集者時代――を取り上げ、バッキンガムのメディア教育理論とカルチュラル・スタディーズの関連を1960年代まで遡行して考察する。とりわけホールの理論展開に焦点を当て、ウィリアムズとの関係、テレビの登場のはざまで、ホールがメディアの教材化をいかに行ったのかを明らかにする。ホールは、メディア・テキストの分析とは異なるメディア教育のあり方を模索している。ホールはなぜ一時期であれ、このような試みに取り組んだのか。第2章では、彼の出自や当時の社会状況を踏まえて、メディアの教材利用の意味を検討し、参加型メディア教育の原型を見出す。

　第3章では、ホールとの連続性を踏まえた上で、バッキンガムとマスターマンの論争を取り上げる。そのことを通して、先行研究も依拠するバッキンガムの二元論、すなわち抑圧／自律の二元論の構築過程を明示する。さらにその後の理論展開に注目し、彼が学校教育論として二元論をいかに応用したのかを検討する。とりわけ、メディア教育のカリキュラム化に焦点を当て、二元論が学校教育論として応用されていく過程に社会状況が影響していることを明らかにする。参加型メディア教育がいかなる社会状況で立ち上がり、時代の要請に応えようとしたのかを明示する。そして、その教育学的意味について考察する。

　第4章は、バッキンガムの参加型メディア教育とH.ジェンキンス（Henry Jenkins）の参加型文化論との比較を通して、バッキンガムによる参加型メディア教育の学習論としての可能性を明らかにする。他方で今井康雄のメディア概念に注目し、言語を中心とした広義のメディア概念を採用した際、バッキンガムの試みがどのように解釈可能であり、いかなる課題を有するのかを明らかにする。論点を先取りすれば、メディア内存在として生徒を捉えた際、バッキンガムのメディア教育論の鍵となる諸概念にいかなる限界があるのかを考察する。

　第5章では、バッキンガムによる人種の表象をめぐる授業実践を再検討す

る。その際に、参照点とするのはJ.ハーバーマス（Jürgen Habermas）の多文化主義に関する考えとギルロイによるイギリス黒人の文化形成論である。そして、この文脈にバッキンガムのメディア制作の教育実践を再配置する。言語活動を中心として合意や承認によって成立するハーバーマス的公共圏をこえて、言語も含めた多様なメディアを使用する共同的かつ文化的作業によって成立するもう一つの公共圏の可能性を明示する。そして、情報の送受信の枠組みへ介入する政治的参加型メディア教育の可能性を考察する。

第6章は、バッキンガムによる広告制作の授業実践を再検討する。ここではバッキンガムのメディア教育とジルーのポピュラー文化論との比較を通して、両者の共通点と相違点を明らかにする。そして、フレイレ、b.フックス（bell hooks）を手がかりに[10]、バッキンガムとジルーの共通の地平を乗りこえ、意識化概念とその拡大による理論展開を検討する。それらを通して、これまでのメディア教育に関する議論では提示されていない形で、現実構成に参加する生徒像を提示し、文化形成的参加型メディア教育の可能性を考察する。

第7章は、第5章と第6章を踏まえて新たな参加型メディア教育の構造を記述し、その可能性と課題を明らかにする。具体的には、これまでの検討を通して見出した参加型メディア教育の特徴をまとめる。見通しを述べるならば、参加型メディア教育が政治的プロジェクトと文化形成的プロジェクトが並列する二層構造を有することを明らかにする。前者は新たな公共圏を構築する側面があることを、後者は生徒がメディア教育とは異なるメディア文化を形成する側面があることを明らかにする。このように参加型メディア教育を構造的に記述し直すことを通して、新たなメディア教育の展開可能性を明示する。

以上を踏まえ終章では、各章を再度整理し、バッキンガムによる参加型メディア教育の特徴を明らかにし、その可能性と課題を明確にする。そして新たな示唆として、批判的読解を通したメディア批判でも、メディア・コンテンツの制作を通したメディア制作でもなく、政治的プロジェクト／文化形成的プロジェクトとしての参加型メディア教育の可能性を示す。

注
1) 2018年2月20日、筆者はロンドンでバッキンガムへインタビューを行った。そこで彼は、メディア制作と実践的作業の両者に違いはないと回答している（David Buckingham, interview by author, London, February 20,2018）。
2) メディア・リテラシーという言葉は、主にアメリカやカナダで使用されており、イギリスではメディア教育という呼び方が一般的である。詳細は「序章第2節」で検討するが、本研究では双方の含意の違いに留意しつつ、次のように使用する。マスメディアやポピュラー文化の虚構性や権力性を批判・懐疑することを目的とした教育の場合はメディア・リテラシー論を、イギリスにおける学校教育や成人教育などの教育活動を指す場合はメディア教育を、それによって習得する能力や技術を指す場合は、メディア・リテラシーを使用する。
3) 本研究は、論点を明確に示すために、末尾に関係図を添付している。さらに本研究に関連する項目に限定して整理した年表も添付している。
4) ここで山田の言う『スクルーティニ』とは雑誌名である。1930年代にケンブリッジを中心にF.R.リーヴィス（Frank Raymond Leavis）らが発刊した（山田 2005:20）。詳細は「第1章第2節1.」で取り上げる。
5) ここで言うニュー・レフトとは、1950年代のイギリスでE.P.トムソン（Edward Palmer Thompson）、R.ウィリアムズ（Raymond Williams）、ホールによって始められた思想的潮流を指している。彼らは、スターリン主義を批判し、同時に労働党に代表される社会民主主義も否定し、マルクス主義を再解釈しようとしている（大嶽 2007: 196）。
6) 機能的リテラシーとは、単なる文字や記号の読解能力としてではなく、社会の成員として生活するための不可欠な能力としてリテラシーを位置づける。ここでは社会生活における「機能」を重視した点にその特徴がある。
7) この研究所は1964年に設立された。初代センター長がR.ホガート（Richard Hoggart）、続いてホールが担ったことからも明らかなように、イギリスにおけるカルチュラル・スタディーズをリードした研究施設である。
8) 2018年2月20日にロンドンで、2018年10月12日広島で実施した筆者によるインタビューに基づけば、バッキンガムはメディア批判の重要性をより強調するようになっている。批判の対象は、テレビなどのマスメディアからソーシャル・メディアへ変化している（David Buckingham, interview by author, London, February 20,2018/David Buckingham, interview by author, Hiroshima, October 12,2018）。
9) ソープオペラとは、テレビやラジオの連続テレビ番組である。アメリカでスポンサーに石鹸会社が多かったことに由来している。日本で言えば、毎週1回決まった時間に放送されるテレビドラマがこの典型であろう。
10) b.フックスはペンネームであり、本名はGloria Jean Watkinsである。彼女によれば、頭文字を小文字にしたのは仕事をする上で大切なことは「自分がどんな人間かというよりも、本の内容」（大類 2010: 320）と考えるためである。

第 1 章

イギリスのメディア教育における バッキンガムの位置

本章は、バッキンガムの経歴、イギリスのメディア教育の歴史、そしてバッキンガムが活躍した1980年代、1990年代のイギリスの政治的文化的状況をおさえ、バッキンガムのメディア教育論を歴史的に位置づける。バッキンガムはだれの何を不十分と捉え、自らのメディア教育を展開したのだろうか。さらに、それはいかなる社会状況の中で展開されたのだろうか。本章は、バッキンガムのメディア教育論が有する政治的、文化的文脈を描き出し、バッキンガムの参加型メディア教育論を歴史的に位置づける。

第1節　バッキンガムの立場とイギリスにおけるメディア教育の特徴

　バッキンガムは1954年ロンドンに生まれ、1972年からケンブリッジ大学で英語を学んだ。彼によれば、ケンブリッジ大学の英語教育は、「想像通りの伝統的な文学研究の教育だった」。だから、「私が卒業するころには、このような教育のポイントは何かと自問するようになっていた。他に付け加えることはないだろうかと」(Buckingham 2010:2)。さらに筆者とのやり取りにおいて、「ケンブリッジで英語を学んだが、カルチュラル・スタディーズを発掘して以降、ケンブリッジで学んだ英語の多くを拒否した」(David Buckingham, November,2,2017,e-mail message to author)と述べている。

　バッキンガムは、中等教育学校の英語教員になるためのトレーニングを受け、同時に「私は、テレビと映画と共に成長した」(Buckingham 2010:2)と言うほどポピュラー文化に対して強い関心をもち続けた。ケンブリッジ大学を卒業後、バッキンガムはまず1976年にロンドン大学で教員養成資格(Post Graduate Certificate in Education: PGCE)を修得する。その後、セントラル・ロンドン・ポリテクニックで映画研究を行い1982年に修士号を修得する。そして1993年ロンドン大学で教育学の博士号を修得している。論文タイトルは『幼少中期と青年期におけるテレビリテラシーの発達』である。この成果は、初期バッキンガムの著作『テレビについて話す子どもたち―テレビリテラシーを身につける』

の中に一部おさめられている。この著作は、特定の人物や理論に依拠してテレビリテラシーを検討したというよりも、テレビリテラシーの分析のために、様々な理論を活用していると言えよう。このスタンスは一貫しており、彼は自らの研究について理論的な立場を厳格には規定せず、「自らの理論のために取捨選択してきた」と述べている（David Buckingham, November,2,2017,e-mail message to author）。

職歴として、バッキンガムは、1984年から2011年までロンドン大学教育学研究所で勤務し、同研究所内子ども・若者とメディア教育センターの所長を歴任

David Buckingham（筆者撮影）

した。その後、2012年からラフバラー大学社会科学学部メディア・コミュニケーション学の教授に就任した。2014年にフルタイム勤務からは退き、ラフバラー大学名誉教授、ロンドン大学キングスカレッジなどのイギリス国内の客員教授、ノルウェーなどでも客員教授を勤めている。さらに、2019年からは国家助成財団（Leverhulme Trust）の名誉研究員に着任し、歴史的アプローチを採用して、アメリカにおける子どもとメディアの問題に取り組んでいる。

2019年6月の時点で著作、共編著の著作は30冊、論文は220本をこえて現在も増え続けている[1]。彼の仕事は現在15か国語に翻訳され、彼は世界35か国のカンファレンスに出席している。さらにバッキンガムは25個以上の研究プロジェクトを企画・立案し、ユネスコや国連のプロジェクトにも参加している。2008年からはイギリス政府の二つの調査にかかわっていた実績もある。

一見グローバルに活躍しているバッキンガムであるが、彼は一貫してイギリスのメディア教育にかかわってきた。その意味でバッキンガムも「歴史的にはイングランドの文脈に限った説明をしているに過ぎず、世界的な潮流にはあま

り言及していない」と言えよう(森本 2014:31)。この指摘は妥当である。バッキンガムはユネスコの仕事にかかわりつつも、基本的にはイギリス社会においてメディア教育論を展開し、その文脈で理論を構築しているからである。しかしながら、このことはバッキンガムの限界を示すと同時に次のことを示している。バッキンガムがイギリス社会の内部で、言い換えるとイギリス固有の歴史的、社会的、政治的文脈でメディア教育論を展開したことをこれまでのメディア教育研究やメディア・リテラシー研究は十分に考慮してこなかったのではないか。例えば、次のような上杉の記述に注目しよう。

> 「イギリスのメディア教育は、70年代にはイデオロギー論の導入により、マスメディアが政治経済的な観点から議論されるようになったものの、80年代末の制度化によってメディア産業復興策に組み込まれ、社会批判的な方法論は後退することとなった。
> しかしこれによって批判的なメディア教育が世界的に見て力をもたなくなったわけではない。80年代前半にピークを迎えたイギリスの批判的メディア教育学は、カナダ・オンタリオ州の教師たちによって受け継がれたのであった。
> オンタリオでは、メディア・リテラシー教育実践に対して影響力を持つ研究者がほとんど現れなかったことで、教師たちの関心は否応なしに英語圏の外国に向けられた。具体的には彼らは、イギリスで形成されたメディア教育の思想やカルチュラル・スタディーズの成果を学び取り、それを日々の教育活動に翻案することに努めていたのである」。(上杉 2008:86-87)

このような認識は正しいだろうか。例えば、カナダのメディア・リテラシー教育がアメリカ発のポピュラー文化が大量に入り込むことへの危惧から生じたことは周知の事実である。このことがカナダのメディア・リテラシー教育において批判的思考やメディアに対する懐疑を生徒へ要求することへと結実したことも当然だろう。カナダのメディア・リテラシー教育をリードしたB.ダ

ンカン（Barry Duncan）がバッキンガムの実践を安易な「風刺への誘導」（Duncan 2007:105）と判断しているのはその証左である。

　その他にも、カナダのメディア・リテラシー論とイギリスのカルチュラル・スタディーズには影響関係を見出すことができるだろう。メディア産業というメディア観やメディア・テキストの批判的読解の強調はそのことを示している。しかしながら、理論と実践の関係や受容の仕方を具体的に記述せずに、「翻案」という言葉のみで片付けるならば、それはあまりに乱暴だろう。

　そもそも制度化されることでなぜ批判的メディア教育学は形骸化したのだろうか。この形骸化にもイギリスの社会的、歴史的、政治的固有性があるのではなかろうか。さらに言えば、上杉が言う批判的メディア教育学は、カナダのメディア・リテラシー教育の専売特許なのだろうか。むしろ、バッキンガムらはその制度化の中で、メディア批判／メディア制作という枠組み自体を問い直した可能性はないだろうか。つまり、上杉の解釈から読み取れるのは――この点は森本も同様なのだが――、先述した通り理論はイギリス、実践はカナダという短絡的な解釈枠組みである。

　バッキンガムは主著『メディア教育』の日本語版刊行に際して次のようなコメントを寄せている。「必然的に、私の事例の大半はイギリスのメディア・リテラシー教育（ママ）者の実践から引用しています。日本のような国の状況はかなりイギリスとは異なっているはずです。（中略）他のどこかの国の教育モデルを輸入し、単にそれを真似するという考え方は明らかに危険です」（バッキンガム 2006:i-ii）。むしろ着眼すべきは、バッキンガムがイギリス、厳密に言えばイングランドの文脈に根づいてメディア教育を展開したことである。この文脈にこそ彼の可能性も課題も存在する。この文脈を無視し、カナダにとって好都合な理論がイギリスから輸入され、カナダの教師らはそれらを「翻案」することを通して、そのまま継承したとの説明は困難である。

　本研究においても、ジェンキンス、今井康雄、ハーバーマス、ジルー、フレイレといったイギリスの文脈に限定されない人物の教育思想や教育論を取り上げ検討する。しかしながら、本研究はそれらをバッキンガムの課題を明確にす

る、あるいは参加型メディア教育の新たな展開のために取り上げる。あくまで目的はイギリスの文脈を踏まえたバッキンガム理解にある。理論が配置されるそれぞれの国や地域の文脈をカッコに入れ、理念や思想が直接輸入されて実践へ還元されたという理論と実践の二分法に基づく理解とはスタンスを異にしている。

第2節 イギリス文化／労働者階級の文化を保護するメディア教育論

1．イギリス文化を保護するメディア教育
　　―リーヴィス―

　1920年代のイギリスでは、映画やラジオ、広告産業が供給する大衆商品やそれに伴って形成されるポピュラー文化の影響を危険視する動きが活発化する。イギリス固有の文学や芸術を保護しようとする立場（以下、保護主義）の登場である。代表的な人物として、リーヴィスを取り上げよう。彼は1932年ケンブリッジ大学を中心に『スクリューティニ』という同人誌を発行した。F.ムルヘルン（Francis Mulhern）によれば、「創刊号は50ポンドの資金を元手に750部しか刷られなかった」（Mulhern 1981 (1979):45）。その発行は商業主義に基づく広告収入を求めなかった（Mulhern 1981 (1979):45）。精緻な文学批評を展開するとともに、タブロイド紙や商業ジャーナリズムを敵対視し批判した。リーヴィスは創刊から約10年後『スクリューティニ』を創刊した経緯について次のように述べている。「『スクリューティニ』に込めた意味とは、特定の宗教的信条に陥らずに育まれる人間的な伝統であった。また私たちは、批判的知性を自在に働かせる能力を涵養することが、その伝統に欠かせないと考えた。この意味で、『スクリューティニ』には自由な教養という形容を与えてもよい」（Leavis 1968 (1940):175）。「批判的知性を自在に働かせる能力を涵養する」という言葉だけを聞けば、メディア・リテラシーの先取りと考えることも可能である。しかしな

がら、リーヴィスの言葉の背景にはメディア・リテラシー研究やメディア教育が求めるものとは全く異なった文脈がある。

1933年にリーヴィスとD.トムソン（Denys Thompson）は共著で『文化と環境』を出版する。そこには次のような記述がある。「閑談の文化もあった。忘れてはいけない。かつてのイギリスの村落社会において話すことは、技（art）であった。（中略）人々は新聞を読んだり映画に出かけたりレコードをかけたりする代わりに閑談した」（Leavis and D. Thompson 1977（1933）:71-72）。リーヴィスには古き良きイギリスの村落社会への憧憬が残っている。そして、娯楽（entertainment）はその対立項となる。「娯楽の伝統は、娯楽とは切り離せない古いかたちの労働とともに消え去ってしまった。今や人々は働くことで、余暇の時間を『人間的な』娯楽に使うことができなくなっている」（Leavis and D. Thompson 1977（1933）:69）。イギリスの村落社会の文化と商業主義に彩られた娯楽という対立図式こそ、リーヴィスやD.トムソンが見出したものである。

娯楽はイギリスの伝統的な文化を保護するために排除すべき対象と言えよう。とはいえ、リーヴィスのユニークな点は村落社会の文化と商業主義的な娯楽を区別しつつも、その娯楽を排除するのではなく、別の形で変革していこうとする点にある。『スクリューティニ』の廃刊の翌年、第二次大戦中の1943年、リーヴィスは『教育と大学』を出版する。彼によれば、ケンブリッジ大学で実施される英語に関する学位の優等試験（Tripos）の基本的な目的にはジャーナリストの供給も含まれている（Leavis 1979（1943）:44）。山田雄三にしたがうならば、この言葉からリーヴィスは自らの英文学科では作家や記者、編集者やジャーナリストを輩出することを念頭に置いていたことが分かる（山田 2005:37-38）。

大学教育を想定している点を差し引いても、注目すべきはその着眼点である。リーヴィスは、自らの保護の対象である村落の文化と対立する娯楽を排除することを目指していない。むしろ娯楽を提供するメディア産業へ人材を送り込もうとする。教育からメディアを排除することでイギリス固有の文化を保護するのではなく、記者、編集者、ジャーナリストとしてメディア産業で働き、

実際にメディア・コンテンツを制作する人材を育成し、良質な文化を作り出す。リーヴィスの独自性はここにあると言えよう。

　一見すると、リーヴィスの考えにメディア教育の「原風景」を見出すことができるように思われる。なぜなら、批判的知性を自在に発揮することでメディアと対峙することに教育の可能性を見出しているからである。この点はメディア・テキストを批判的に読解するマスターマンのメディア教育と通底する。リーヴィスは娯楽を学校教育へもち込むことで教育改革を行い、娯楽を提供する人材の資質・能力を変えようとした。そのため、カルチュラル・スタディーズの延長上にメディア教育を位置づけようとしている研究者――序章の整理に基づけば（3）に該当する――は、リーヴィスからメディア教育の歴史を始める[2]。

　しかしながら、ここに問題はある。なぜなら、バッキンガムらが言うメディア教育とはこのような専門的な職業教育を主とするものではない。むしろ、メディア社会に生きる人間にとって必要不可欠な基礎的な能力・資質の育成を目指している。学校教育へ娯楽をもち込み、教材化する。このことにメディア教育とリーヴィスの試みとの連続性を見出すことはできる。換言すれば、ポピュラー文化の教材化という教育方法のレベルでは今日のメディア教育とリーヴィスらの試みには共通点を見出すことができる。しかしながら、リーヴィスらの試みはあくまで保護主義に貫かれた、イギリスの伝統的な文化を保護しようとする試みである。彼らにとって、メディア教育はそれを保護するための手段の一つに過ぎない。

2．リテラシーの必要性と労働者階級の文化
　　　―D.トムソン、ホガート―

　リーヴィスの弟子であるD.トムソンにも注目しよう。1960年に開催された「ポピュラー文化と個人の責任」に関する教師たちの会議をまとめた論文集でD.トムソンは次のように述べている。「第一級の美術、文学、音楽など、広く認められているものにできるだけ多く接するようにさせる。その目的は子どもに基

準（最初は日常生活のささいなことから始めよう）を与えることである。それに照らすと、メディアの提供するものは小さく見えるだろう」(D. Thompson 1964:20)。

　マスターマンは、リーヴィスとD.トムソンについて次のように述べている。「イギリスのメディア教育は事実上、1933年、リーヴィスとD.トムソンによる小さな本『文化と環境』の出版に始まったと言える」(Masterman 1989 (1985):38-39=2010:52)。それにもかかわらず、「メディア教育に果たしたリーヴィスとD.トムソンの貢献の再評価が遅れている。例えば、ほとんどリーヴィスだけの影響を、その他を退けて強調することは、いささか見当違いである。というのは、学校に対してD.トムソンが与えた影響も、リーヴィス以上ではなかったとしても、同様に重要であると主張する根拠が確かにあるからである」(Masterman 1989 (1985):41=2010:55)。マスターマンによれば、リーヴィスだけが評価される、具体的にはメディア教育の「原風景」として評価されるのは妥当ではない。D.トムソンは学校教育に対してより示唆を与えた存在ではないかと言う。

　確かに、マスターマンはリーヴィスとD.トムソンの共通点を見出している。「『スクリューティニ』プロジェクトが全体として革新的であり、その反功利主義的精神、批判的読解の強調、反資本主義と市場価値の拒否、文化的・社会的正統派への挑戦、闘争的な教育のポリティクスと支配的秩序を再生産するよう設計された教育概念の拒否など、メディア教育者たちは今でもそこから学ぶことができる」(Masterman 1989 (1985):46=2010:61)。マスターマンにしたがうならば、リーヴィスとD.トムソンは『スクリューティニ』プロジェクトを共同で進め、エリート教育を推奨した人物としてのみ捉えることはできない。両者には批判的読解の重視など今日のメディア教育にも通底する多くの示唆が含まれている。

　しかしながら、D.トムソンの次のような言葉を見ると、果たしてリーヴィスとD.トムソンの共通点だけを見るだけで十分だろうか。D.トムソンは言う。「広告業者を非難するばかりでは不十分だ。消費者がもっと意識的に抵抗力を養い、広告業者が消費者をどんなに探し求めても、儲けにはつながらないよう

な状態を保持しなければならない」(D. Thompson 1944 (1943):134)。D.トムソンは、リーヴィスのように、メディア産業で働く人材育成を求めているわけではない。求めているのは、情報を受け取る側をいかに教育するのか。これがD.トムソンの問いであった。

> 「もし学校が生徒たちに情報型の広告と説得型の広告との区別は最低でもできるような教育ができれば、それは著しい進歩になるだろう。読み方を教え続けていけば、きっと自然にその段階に達するはずだ。今日の小学校では、読み方に関して一歩踏み込んだ方向付けが求められる段階で、読み方の教育は終わってしまう。14歳で卒業した子どもたちはお金を稼ぐことに躍起となり、大人の習慣を時期尚早に身につけている。これはよくあることだ。さらに突っ込んだ読み方の教育は、商業的な私利私欲に付け込まれないためだけでなく、政治的プロパガンダに洗脳されないためにも必要なのだ。なぜなら、B.ラッセル(Bertrand Russell)も言ったように『近代が生みだしたもっとも有害な政治技術は広告に由来している』からだ。広告の方法と機能を理解するのが本来の目的ではない。読み方教育は子どもの発達を着実に助け、子どもたちが環境と積極的にかかわっていくように促す教育の一環なのだ」。(D. Thompson 1944 (1943):186-187)

ここで鍵となるのは二つのことである。第一にD.トムソンは、商業的なものに対する抵抗ではなく、政治的なものに対する対応に求めていることである。繰り返せば、メディア教育は「商業的な私利私欲に付け込まれないためだけでなく、政治的プロパガンダに洗脳されないためにも必要なのだ」。第二に、そのためにはリテラシー(読み方)が重要になる。リテラシーは子どもの発達をサポートし、同時に環境と積極的にかかわることを促す。リーヴィスが情報・娯楽を提供する側を変えるために、少数派のメディア教育を提唱するのに対して、D.トムソンはあくまで情報・娯楽を受け取る側を変えるために、学校教育におけるメディア教育を唱える。ここには大きなちがいがあったと言え

よう。

　この点を重視するならば、D.トムソンに後続する1950年代後半から1960年代に登場するケンブリッジ大学のウィリアムズ、バーミンガム大学現代文化研究センターのホガートとの連続性も顕在化してくるように思える。ウィリアムズは次章で取り上げるため、ここではホガートに注目しよう。

　ホガートは、1957年出版の主著『リテラシーの使用』の中で、自らが生まれ育ったリーズ市郊外を中心とした労働者階級の言葉や文化に注目し、詳細な分析を行っている。例えば、労働者階級に浸透している『ペッグ新聞』についてこう言う。『ペッグ新聞』は「うすめられない幻想とセンセーションのみを与えるだけと思われている。しかし、そうではない。こうした労働者階級の雑誌の方が、新しい雑誌よりもいいところがある。確かに粗野な側面はあるが、それ以上のものがある。本物の雑誌は、生活の肌触りのような感覚を持っているのだ」（Hoggart 2009（1957）:103＝2003:103）。ホガートは、「通俗新聞や映画が活躍し始めてから半世紀が経とうとしているのに、労働者の日常会話は、わずかな影響しか受けていない」と言う（Hoggart 2009（1957）:16＝2003:28）。彼は、アメリカ資本に基づき商品化された文化が人々の生活に入り込みつつも、その文化に回収されない、労働者文化の根深さと労働者たちの自律性を記述した。

　以下は労働者階級の人たちの新聞に対する反応である（Hoggart 2009（1957）:249＝2003:219）。

　　「新聞に載っているのはみんな嘘だ」
　　「新聞は嘘でいっぱい」
　　「新聞のやつはみんな宣伝さ」

　ホガートは自らの子どものころを次のように回想している。当時、労働者階級にとって、新聞の掲載は事実の正しさを示すものだった。「でもそれは新聞に載っている」と労働者階級の古い世代が口にしていたことをホガートは回想している。つまり、新聞は事実を伝えており、それは事実の根拠であった。し

かしながら、「この言葉は現在ほとんど使われていないように思える」とホガートは述べる（Hoggart 2009 (1957):249=2003:219）。上述した労働者階級の新聞に対する反応は、その証拠である。「労働者階級の人々は、搾取され続けているが、同時に少なくとも今では納得しており、形の上だけであるにせよ同意を求めてから搾取され続けている」（Hoggart 2009 (1957):313=2003:268）。ホガートが描き出すのは、労働者階級のしたたさとその文化の独自性である。

確かに、ポピュラー文化に対する危機意識を軸にするならば、リーヴィスとD.トムソンは分類として同じ側に属するだろう。しかしながら、教育の対象を軸にするならば、リーヴィスとD.トムソンは異なっている。前者は少数派を対象としたジャーナリスト教育を、後者は大衆を対象とした学校教育を想定しているからである。さらに、ホガートはD.トムソンの伝統を継承しつつも、D.トムソンの教条的で啓蒙的なものを拒否している。そして労働者階級の文化に焦点を当て、リテラシーの修得ではなく、リテラシーの使用(use)を説く。すなわち、ホガートにとって学校教育は、労働者階級にリテラシーを修得させる場所ではない。学校教育はすでに労働者階級が有しているリテラシーを使用する場所として必要なのである。

イギリスのメディア教育の源流とされてきたリーヴィス、D.トムソン、ホガートを中心に検討してきた。これらを踏まえると、バッキンガムのメディア教育理論はどのように位置づけることができるのだろうか。

3．保護主義をこえて

バッキンガムは、1998年の論文「イギリスにおけるメディア教育―保護主義をこえて」の中で、イギリスにおけるメディア教育の歴史的傾向を二つの言葉で表現している。一つは「民主化」であり、もう一つは「防衛(defensiveness)」である。ここで言う「民主化」とは「学校外の文化が次第に正当なものであると認められ、学校のカリキュラムにおいて考慮に値するものであると考えられる過程」である（Buckingham 1998:35）。バッキンガムによれば、この傾向は、

1960年代および1970年代に広く受容され始めた「進歩的な」教育戦略と見做すことができ、メディア教育はその延長上に位置づけることができると言う（Buckingham 1998:35）。

「進歩的」な教育戦略とは何だろうか。上述した論文の中でバッキンガムは具体的にそれが何を指すのかを述べているわけではない。しかしながら、2003年に出版した主著『メディア教育』においてこの論文の一部を「イギリスのメディア教育の進展」という一節に転用している。ここでは英語科の「進歩的」な教育戦略を取り上げている。「例えば、英語科では、子どもは日常経験について書くことやポピュラー音楽の歌詞について話し合うこと、また現代の社会問題について討論することをますます奨励されるようになっていった。このような戦略は、子どもの文化を正当に評価し、学校文化と家庭や仲間文化のつながりを築きあげるための試みであった」（Buckingham 2003c:9＝2006:16）。「進歩的」な教育戦略とは、何もJ.デューイ（John Dewey）を中心としたアメリカ教育哲学で言う進歩主義を指しているわけではない。「進歩的」な教育戦略とは、子どもたちが日常生活で接しているポピュラー文化を教師たちが学校教育内にもち込み、教材として利用することを指している。

もう一つの側面である「防衛」に注目しよう。バッキンガムによれば、「防衛」とは、メディアの否定的な影響に対して、様々な方法で子どもに予防接種（inoculate）を施し、保護しようというものである（Buckingham 1998:36）。ここでバッキンガムが保護主義者としてあげるのがこれまで検討してきたリーヴィスとD.トムソンである。彼らは、ジャーナリズムや通俗小説、広告に素材を求め、授業課題を設定している。バッキンガムによれば、その使命は「文学的遺産と、それが体現・表象している言語、価値、国家繁栄といった文化の保存（salvation）であった」（Buckingham 1998:34）。

この記述に誤解があるのは言うまでもない。これまでに検討してきた通り、リーヴィスが保護しようとしたのは、イギリスの村落文化であった。さらには、D.トムソンの位置づけはリーヴィスと同一視できるものではなく、むしろ教育学的に捉えるならば、エリート主義／学校教育というリーヴィスと

D.トムソンとの差異こそが重要であった。このように考えると、バッキンガムがメディア教育の歴史を「防衛」と特徴づけたのはあまりにも単純化な歴史認識と言えよう。

しかしながら、バッキンガムはこのことを自覚している。彼は論文「イギリスにおけるメディア教育」でリーヴィス、ホール、マスターマンのメディア教育論を簡単にまとめた後、「このような簡単な歴史では、様々な立場の複雑な側面や、そうした側面が形成されてきた歴史的な文脈を軽視することになる」と述べている (Buckingham 1998:35)。そして「そうはいっても、こうした留保条件を念頭に置いた上で、この歴史を互いに矛盾する二つの傾向の歴史として読むことは可能」と述べる。その二つが、先述した「民主化」と「防衛」である。

バッキンガムの誤解を正す必要はある。しかしながら同時に、本研究にとって必要なことは、このようなバッキンガムの歴史認識から明らかになる彼のメディア教育論のスタンスとイギリスのメディア教育における位置づけである。もちろん、教育史研究としてデューイの教育哲学も含めた新教育との関係でバッキンガムやマスターマンの試みを再解釈することも可能である。例えば、イギリスの新教育を代表するA.S.ニイル (Alexander Sutherland Neill) は、「自由学校」思想を説く一方で、同時に固有の社会批判も強調していた (山﨑 1998)。管見の限り、バッキンガムやマスターマンがニイルの試みを取り上げている論考は見当たらない。このことを考慮すると、イギリスのメディア教育とニイルらを中心とした新教育に密接な関係を見出すことには無理があるだろう[3]。しかしながら、そもそも「市民社会の形成理論とその実践の歴史において、イギリスが世界史上もっとも先駆的かつ重要な役割をもつことは万人の容認するところだろう」(鈴木正幸 1985:10)。ニイルもこの延長線上から外れる存在ではない。

ニイルは、サマーヒル学校を教育制度の内部で展開し、同時に社会批判との両立を目指した。このことは、バッキンガムやマスターマン自身は自覚していないが、ニイルらの新教育運動に内在していた「子どもの自由」「子どもの解

放」「権威の放棄」（山﨑 1998:75）の諸要素をバッキンガムやマスターマンは継承していると考えることもできる。むしろ、この継承のあり方が両者の差異をもたらしたと考えることも可能である。

　しかしながら、バッキンガムの経歴や歴史認識から考えて、このような教育史的なアプローチを採用することで明示されるものは、副次的なものと考えられる。なぜなら、先述したように彼らはイギリスの教育史を十分に踏まえて理論を形成したとは考えられないからである。むしろ、バッキンガムの単純な歴史認識から導き出すべきは次のことである。彼は自らが「防衛」と特徴づけた保護主義の試み、具体的にはリーヴィスやD.トムソンの試みを乗り越えようとしている。そして、その戦略こそ「進歩的」な教育戦略、すなわち新たなメディア教材を学校教育にもち込み、生徒らの既存の知識を活用しつつ展開するメディア教育である。

　先述したリーヴィスとD.トムソン、ホガートの間にある差異を手がかりにすれば、バッキンガムの立場はより鮮明になる。繰り返せば、リーヴィスが少数派を対象としたジャーナリスト教育を推奨するのに対して、D.トムソン、ホガートは、大衆や労働者階級を想定し、彼らの既存の知識や技能を活用したメディア教育を提唱した。この差異にしたがうならば、バッキンガムは明らかに後者の側に属する。しかし同時にその教育方法に注目すれば、大衆や労働者階級を教え導く教授法を採用するというよりも、制度内部で独自の教育方法を考案してきたと言った方が適切だろう。彼自身は明示していないが、ニイルらが展開したイギリスにおける新教育とホガートらカルチュラル・スタディーズの延長上にバッキンガムのメディア教育論は位置づけることができる。

　バッキンガムのメディア教育論とこれらとの連続性はあくまで部分的なものであり、その文脈やメディア教育を必要と考える理由も異なっていると考えるのが妥当であろう。このことは、あらゆる理論を「自らの理論のために取捨選択してきた」（David Buckingham, November,2,2017,e-mail message to author）というスタンスからも明らかである。そこで次に、バッキンガムが活躍した1970年代後半から1990年代における政治的、文化的状況を見ていこう。それによって、

彼がいかなる時代状況や社会的な状況の中で参加型メディア教育を展開し、いかにそのような状況に応答しようとしたのかを明らかにできると考える。

第3節　メディア教育を取り巻く1980年代、1990年代の政治的・文化的状況

1. メディア環境の変化と対抗文化

　イギリスのメディア環境を確認しておこう。イギリスのテレビ環境は、原則BBCという公共放送によって独占されてきた (Buckingham 2011:185-186)。このような事態は、1970年代から継続しており、イギリスにおけるメディア環境にとってBBCは極めて重要な存在と言える。このような寡占状態にあるため、イギリスにおいて、レゲエ、ブルース、ファンクなどの若者文化との接触は制限されていた。とりわけアメリカと比べると、このことは顕著であった。イギリスにおいて若者文化は、テレビ、ラジオから周縁化されてきたのである。

　そのため多くの若者は、都市部を中心とした「海賊ラジオ局」を通して、これらの文化と接触した。さらに1970年代のイギリスは、レコードのプレス費用が低下し、インディペンデント・レーベルの創生期でもある。またコピー機の普及は、容易なビラやチラシ作りを可能にした。1970代後半から1980年代に生じたパンクロックの登場、レゲエの浸透、そしてクラブ文化の発展は、このような技術的・社会的与件に大きく突き動かされたものと言えよう (毛利 2003b:226)。

　このようなBBCの寡占状態におけるメディアとの接触、すなわち一定の制限を有しているメディア環境は、皮肉にも対抗文化の進展をもたらした。例えば、1950年代のテディ・ボーイズ[4]、1960年代のモッズ[5]、ロッカーズ[6]、1970年代のパンク[7]、スキンヘッズ[8]などはその典型である。彼らの行動は、伝統的な家族の価値、犯罪の増加と結びつけられ、教師、新聞、裁判所といった権威に対する対抗と理解された。そして、恐怖として描き出された。このような若

者の行動は「危機」と捉えられ、負のレッテルを繰り返し貼られ、剥がされた。メディアはそのレッテル貼りの中心的な役割を担っていく。ここに若者たちが文化をめぐってメディアと折衝する姿を見出すことができる。

　また、1990年代になるとメディア技術が劇的に変化した。イギリスにおいても1990年代はインターネットが普及していく。バッキンガムは、このメディアの変化をデジタル技術の普及と捉え、次のように言う。デジタル技術は、あらゆるメディアを統合し、「制作者と消費者の境界線を曖昧にしている」(Buckingham and Sefton-Green 1994:215)。それに対してマスターマンは、当初から新たな情報機器の使用やメディア制作の教育実践に消極的であった。対照的にバッキンガムは、1970年代の終わりから、VHSを使用した教育実践を模索し、彼自身もミニフィルムのアニメを制作した (Buckingham 2010:7)。

　バッキンガムとマスターマンの新たなメディアに対するスタンスの違いは、論点を先取りすれば、1980年代に本格的に展開されるバッキンガムとマスターマンの論争と呼応している。具体的には、マスターマンにとってメディアとは、テレビ局に代表されるメディア産業と言える。それに対して、バッキンガムはデジタルメディアも含めたマスターマンよりも広義のメディア観を有している。バッキンガムにとって、デジタルメディアはイギリスの制約されたメディア環境から解き放ってくれるメディアであった。そのため、それを利用して制約を解くメディア教育を構想した。それに対してマスターマンは、制約されたメディア環境ゆえに生じるメディアの影響力を問題にしている。オーディエンスには限定されたチャンネルしか用意されておらず、メディア産業の影響力は強力であった。だからこそ、マスターマンはその権力へ抵抗するためのメディア教育を構想したと言えよう。

2．サッチャリズムとメディア教育のカリキュラム化

　1979年、保守党のサッチャーは首相に就任し、1990年の退陣まで戦後最長記録を更新する。サッチャーは、まさに1980年代イギリスの中心に位置づく。

小笠原博毅の言うように、サッチャーの新保守主義の言説戦略との闘争は、同時代の文化分析を解読していくためには絶対不可欠の次元である（小笠原博毅 1997:50）。ホールは、サッチャーの政治姿勢や政権運営を総称して「サッチャリズム」と名づけた。景気後退期、首相に選任されたサッチャーは、景気回復等の実績を残したわけではない[9]。しかし、彼女は三度の選挙で圧倒的勝利をおさめる。ホールはこの「ねじれ」に注目し、サッチャリズムは「危機の反映ではなく、危機への応答である」と述べる（Hall 1988:43）。そして、人々が能動的に状況を危機的と認識し、能動的にサッチャー支持という応答をなしたと考えている。「サッチャリズム」は、人々の選択に基づく政治学であり、人々の社会参加、政治参加という時代風潮の結節点であるというわけである。

　メディア教育学者たちもこのような時代を生きていた。マスターマンに注目しよう。彼は主著『メディアを教える』の中で次のように述べている[10]。「フォークランド紛争を経験し、私は学校だけではなく、社会のあらゆるレベルにおいて、メディアに対するクリティカルな理解を広めていく必要性を強く確信した」（Masterman 1989（1985）:7=2010:12）。

　フォークランド紛争は、1982年にサッチャー政権下でイギリスとアルゼンチン間に生じた領土紛争である。マスターマンによれば、国民の60％が紛争終結に向け軍事的行動をとることに反対していた。そのためサッチャー政権は、その世論を変える必要があった。メディアは、国際的なスポーツ・イベントや王室の行事などを報道することで、過剰なナショナリズムを作り上げた。「政府の大義の正当性を国民へ納得させるには、嘘、隠ぺい、誤報を含むすべての報道情報、管理技術が必要であった」（Masterman 1989（1985）:7=2010:12）。マスターマンは次のようにまとめている。「メディア教育は緊急の課題である。なぜなら、メディアが民主主義プロセスの中心にまで浸透しているからである。普通選挙はメディアがたまたま取り上げる『外的な』出来事であることをすでにやめている。むしろ、選挙日程、演説、討論会、遊説などはメディアの優先順位や締め切りを考慮して計画され、本質的にメディア・イベントとなっている」（Masterman 1989（1985）:11=2010:17-18）。

マスターマンは、サッチャー政権誕生後の1980年に『テレビを教える』、フォークランド紛争後の1985年『メディアを教える』を出版する。2010年に行われたバッキンガムのインタビューを見よう。「1970年代の政治風土があなたの興味に何か関係していますか？」との質問に、バッキンガムは「当時私が読んだ本で影響を受けたのは、1980年に出版されたマスターマンの『テレビを教える』でした」と答えている（Buckingham 2010:2）。サッチャーの時代、その後17年間保守政権が継続したことを考慮するならば、『テレビを教える』という本は「あらゆることに左翼的な見解を提示していた。（中略）だから、政府方針が示すのとは正反対の方向で、このような広いラディカルな政治学によってラディカルな教育学がもたらされたことは素晴らしいことであった」（Buckingham 2010:2-3）。

　メディア教育にとって、サッチャリズムはその契機となるだけでなく、展開にも影響を与えた。そして、本来批判の対象であったはずのサッチャー政権下でメディア教育のカリキュラム化は進行する。具体的に言えば、メディア教育はこのサッチャー政権下でスタートしたナショナル・カリキュラムの中に位置づいていく。

　1990年、サッチャー政権は終わりを迎えた。そして同年、メディア教育はキーステージ3以上（11歳〜14歳）の英語科ナショナル・カリキュラムの「読解」領域にはじめて組み込まれる。ここでは「議論や作文の中で、文学以外のメディア作品における表現テクニックと決まりごとを評価し、その利用がもたらす効果を判断する能力」を育成するように求めている（Department of Education and Science and the Welsh Office 1990:11）[11]。

　イギリスのメディア教育固有の文脈を考慮するとき、イギリス映画研究所（British Film Institute: BFI）とBBCには注目すべきだろう。BFIは、もともと映画に関する情報提供、映画鑑賞の奨励などを目的としており、設立当初からメディア教育へ積極的に関与した。BFIではメディア教育に関する情報提供や教材提供はもちろん、教員研修も実施した（浅井他 2009:39-40）。次に、BBCもまた教師向けのレッスンプラン、メディア教育に対するジャーナリストたちのコメントやアドバイスを提供してきた。現在でもBBCは指導員を配置し、生徒

たちが街頭取材やカメラの使い方を学ぶ講習を積極的に実施している。

第4節　バッキンガムによる参加型メディア教育の歴史的位置づけ

　1970年代後半から1990年代にかけてのイギリスは、人々の社会参加や政治参加が活発に行われ、それに裏打ちされた既存のメディアあるいは伝統文化へ抵抗する新たな文化が創造される時代であった。同時にサッチャーという個性的政治家が登場し、これまでの保守党と労働党の対立を前提とした政治風土とは異なり、双方の差異を越境した国民の政治参加が実行された。さらに先述した通り、イギリスのテレビ環境は、BBCの影響力が強く、他国よりもチャンネルは限定されており、その権力のあり方は多数のチャンネルを有するアメリカやカナダとは全く異なっていた。

　イギリスにおけるメディア教育はそのような時代状況の中で立ち上がってきた。マスターマンはサッチャリズムに対する抵抗を掲げて、メディアのテキスト分析を中心としたメディア教育論を唱える。それに対して、教育政策レベルでメディア教育はカリキュラム化が進行し、メディア教育学者は、「抵抗としてのメディア教育」から「制度としてのメディア教育」へとシフトチェンジを求められた。新たな教育方法、新たな教材がBFIやBBCによって次々と提供された。そしてデジタル技術の普及はそれ以前とは比べものにならないほど、生徒たちがメディア・コンテンツを制作する教育実践を可能にした。バッキンガムはそのような時流にのる形でマスターマン批判の急先鋒として頭角を現すことになる。複雑かつ矛盾した社会的な諸条件が偶発的かつ政治的に結びつき、バッキンガムのメディア教育論は展開されたと言えよう。

　メディア教育論はこれまでリーヴィス、D.トムソン、ホガートにその源流を見出してきた。しかしながら前節で考察したように、リーヴィスはジャーナリスト教育、D.トムソンは学校教育における民主的なリテラシー教育を基軸としている。これらは学校教育においてポピュラー文化を取り扱う意味でメ

ディア教育の「原風景」と捉えることも可能だが、文脈を異にすることに十分に配慮する必要がある。このことはホガートにも言えることであり、労働者階級の文化の自律性を説き、ポピュラー文化と労働者階級の人々の関係を問うた意味で、メディア教育との連続性を有するが、その文脈はあくまで労働者文化の保護にあった（250頁 関係図2参照）。

そこで次章では、リーヴィスとD.トムソン、ホガートの延長上に位置づけられてきたホールによる「ポピュラー芸術」運動を再考し、その着眼点から参加型メディア教育を捉えなおす。

小　括

本章では、バッキンガムの試みをカルチュラル・スタディーズ、イギリスの新教育の流れに位置づけると同時に、バッキンガムの試みが立ち上がる社会的動向との関連を明らかにした。メディアやポピュラー文化を教材化する点でリーヴィスの延長上にバッキンガムの試みを位置づけることは可能である。同時に、学校教育に新たな領域を切り開こうとする点でD.トムソンやホガートとの共通点を見出すこともできる。さらに、生徒の経験や既有の知識や技術を重視する点、社会批判を唱える点でイギリスにおける新教育運動との連続性も確認することができた。

他方で社会的文脈に注目するならば、メディア環境（メディア接触の制約、インターネットの普及など）、サッチャリズム、メディア教育のカリキュラム化が同時進行する中にバッキンガムの試みを位置づけることができる（251頁 関係図3参照）。若者たちが次々と対抗文化を形成し、政治に関する関心が高まった。社会参加を可能にするインターネットなどの情報ツールがこの風潮を強力にサポートした。バッキンガムの試みはこのような社会状況の中で立ち上がってきた。

注

1) バッキンガムは、筆者とのメールのやり取りにおいて、インターネット上の会員制サービス（例えばFacebook、Twitterなど）のソーシャル・メディアに関する著作を準備していると語っている（David Buckingham, June,6,2017,e-mail message to author）。その本が『The Media Education Manifesto』であり、2019年8月に出版された。

2) 例えば、ターナーは「カルチュラル・スタディーズ小史」をリーヴィスから始め、ホガート、ウィリアムズ、ホールという順番で説明している。他にも、D.ドーキン（Denys Dworkin）は、「スクリューティニ」派の独自性について次のように述べている（Dworkin 1997:82）。第一に、これまで主に文学研究で使用されていた批判的方法を、ポピュラー音楽、メディア、商業主義の批判的な検証に利用できるようにした。第二に、既存の学問領域では操作することができないコミュニティ、文化、言語、歴史、伝統の間で生じたこじれた関係にリーヴィスが興味を示した。第三に、「スクリューティニ」派の教育改革への関与は主たる目的として少数派の啓蒙にあったとはいえ、より民主的な方向付けへ拡大することを要求していた。ドーキンによれば、これら三点は「スクリューティニ」派が文学研究を拡大し、メディア研究の先駆的存在であったことを示している。

3) 筆者はバッキンガムへ次のように質問した。「バッキンガムの試みとニイルらの試みの連続性があるのではないか」。その質問に対するバッキンガムの回答は以下である。「子ども中心主義という考えは影響を受けたが、ニイルの試み、あるいはその後のサマーヒル学校は彼の意図は別にしても、有産階級の子どもを対象にした教育実践になってしまった。それに対して私の実践は主に労働者階級の子どもへ向けたものであり、その点は明らかに異なる」（David Buckingham, interview by author, Hiroshima, October,12,2018）。

4) テディ・ボーイズとは1950年代に、1900年代初頭のエドワード朝のファッションを愛好したロンドンの不良少年たちを指している。

5) モッズとは、1960年代に出現したロンドン近郊の労働者階級の若者を指しており、その特徴はミラーが過剰に装着されたスクーターに乗り、細身の三つボタンスーツを着用するなどである。デビュー当時のビートルズがこのファッションをまねたことは有名である。

6) ロッカーズは1960年代に、アメリカのロックンロール、とりわけE.プレスリー（Elvis Presley）に多大な影響を受け、黒の革パンと革ジャンをまとった若者たちを指している。

7) パンクは、もともとアメリカのボヘミヤン的なロックを起源としており、1976年にセックス・ピストルズがデビューし、爆発的な広がりを見せた。赤やオレンジに髪を染めて逆立てるなど奇抜なファッションで知られる。

8) スキンヘッズは、反体制の思想を共有しつつ、剃髪した集団を指している。主に、軍用のジャンパーとジーンズ、そして軍用のブーツを履いている点に特徴がある。

9) 実際、1979年から1983年までの第一次サッチャー政権では、イギリスのGDPは4.2%、工業生産は10%、製造業生産は17%もそれぞれ下落している。さらに、失業率は同時期141%上昇し、失業者は300万人に達している（Procter 2004: 97= 2006: 157）。
10) 本書は、1985年にコメディア出版社より出版され、その後1989年にルートリッジ社がペーパーバックで再版した。本研究ではこの再版を使用する。
11) 現在でもメディア教育は、英語科等の選択科目の一つとして位置づいている。英語科では、「メディアの日常における役割」「メディアの批判的理解」「メディアの制作過程、技術」などが学習内容とされている。教科ICTやシティズンシップなどの新たな教科の中でも、メディア教育は展開されている。例えば、シティズンシップにおいては、「誰がニュースを報道するのか」「ニュースを制作する」ことが学習内容となっている（浅井他 2009: 40）。

第 2 章
メディアの教材利用と文化形成の連続性

本章は、1960年代半ばから1970年代後半におけるホールの理論展開に焦点を当て、メディアの教材利用と文化形成の連続性を明示する。前章で示したイギリスにおけるメディア教育が伝統的に有していたメディアの教材化、学校教育、生徒の経験の重視、社会批判、文化形成といった要素をホールはいかに結びつけたのか。その結びつきを可能にしたものは何か。本章ではその構成過程を明らかにし、参加型メディア教育の原型を見出す。

第1節　初期ホールの理論的立場
―「ポピュラー芸術」運動へ至る経緯―

1．ジャマイカ時代、オックスフォード時代

　ホールは1932年ジャマイカのキングストンで生まれた。彼の両親は共に中産階級の出身だが、その境遇は大きく異なったものであった。父親は、有色の下層中産階級でキングストンの貧しい村でドラッグストアを経営する祖父のもとで育った。父親は、アフリカン、イースト・インディアン、ポルトガル人、ユダヤ人の混血であった。母親は叔母の養女になり、自らが生まれた家を見下ろす家庭で育てられた。叔母の息子たちはイギリスで教育を受け、一人は弁護士、一人は医者になった。母親は、肌の色も白人に近く「その土地の白人 (local white)」と呼ばれるほどであった。ホールによれば、「母親は自らを『イギリス人』と思い、自分の母国はイギリスであると思っていた」(Hall 1996:485=1996:9)。1951年、ローズ奨学金でホールはオックスフォード大学へ進学する。友達のほとんどは移民であったとホールは回想している。彼らと同様に、ホールもジャマイカに戻って政治的なキャリアを築き、西インド連邦を目指す政治に参加するか、それとも西インドの大学で教鞭をとるかと考えていた (Hall 1996:492=1996:17)。ただ奨学金が取れたこともあり、ホールは大学に残ることを決める。そして、2014年2月10日に亡くなるまでイギリスにとどまることになる。

1956年は、ホールにとって重要な年となった。というのも、1956年2月にフルシチョフが党20回大会でスターリン主義の恐怖政治を批判する。そして、10月にはソ連がハンガリーに侵攻する。同時期、イギリスはスエズに侵攻した。この三つの出来事は決定的な意味を持ったとホールは考えている。「世界は変わったのです。それがまさにニュー・レフトが結成される瞬間の、世界構造でした。私たちは何か従来とは別のものの中に突入していったのです」（Hall 1996:493＝1996:18）。ここで言う「従来とは別のもの」とは何か。ホールは明言していない。しかしながら、これら三つの出来事が既存政党への失望感をもたらしたことは想像に難くない。繰り返せば、大嶽秀夫の言うように、ニュー・レフトは、スターリン主義を批判し、同時に労働党に代表される社会民主主義も否定し、マルクス主義の再解釈から立ち上がっている（大嶽 2007:196）。それ以降、ホールはR.サミュエル（Raphael Samuel）の誘いを受けて、『ユニヴァーシティズ・アンド・レフトレビュー』を創刊し、その編集に熱中する。同じ編集者の中には政治哲学者C.テイラー（Charles Taylor）もいた。

2．ニュー・レフト運動から「ポピュラー芸術」運動へ

　1957年、ホールはオックスフォードを離れることを決断する。そして、ロンドンへ行き、ブリクストン、南ロンドンのオヴァールの中等学校で、補助教員として教職に就いた。「4時に学校を終えると、雑誌編集のためにロンドン中心部のソーホーにある事務所に行ったものです」（Hall 1996:493＝1996:18）。ここで言うソーホーにあった事務所とは、『ユニヴァーシティズ・アンド・レフトレビュー』のものである。彼は1958年にはフルタイムの編集者になっていた。しかしながら、同時にそれはホールにとってイギリスにおける労働者階級の運動、それと一体感をもつ労働党や労働組合との奇妙な関係の始まりであった。「私はニュー・レフトの中でも、ディアスポラ的な位置をとったのです。たとえその時ディアスポラについて書かなかったとしても、また黒人の政治について書かなかったとしても（イギリスの黒人定住者はまだそれほど多くなかったのです

が)、私は異質な構造をもった者として、イギリス政治の光景を見つめていたのです」(Hall 1996:493-494=1996:19)。

　ホールは、自らの半生を振り返るインタビューのタイトルを「あるディアスポラ的知識人の形成」と付けている。もともとディアスポラとは、ユダヤ人の離散者を意味している[1]。ホールはこの言葉を使って、元の国 (ジャマイカ) を離れ、離散先 (イギリス) に定住する自らを形容したと言えよう。彼は単にイギリスという土地を離れなかっただけではない。T. イーグルトン (Terry Eagleton) は次のように述べている。

　　「(ホールの) 遭遇あるいは対立あるいは理論的変遷のさまざまな時期を見てみると、そこには必ず、マルクス主義と他の何かとの間の両義的な関係があるように思うのです——その他の何かというのが、文化であれ、ポピュリズムであれ、民族性であれ、フェミニズムであれ、民主主義であれ、ポスト構造主義であれ、カルチュラル・スタディーズであれ。思うに、さかのぼれば、こうしたことはポストコロニアル移民としての彼の経験に行きつくのではないか。つまり、そもそものはじまりから、マルクス主義はホールには重要な関連性を持っていたものの同時にその関連性はまだ充分なものではなかったのです。彼の経験には、マルクス主義が捕捉できないような側面が多々あったのです」。(Eagleton and Beaumont 2009:254=2012:410)

　イーグルトンは、ホールをポストコロニアル移民と呼んでいる。管見の限り、ホールは自らのことをポストコロニアル移民とは言っていない。しかしながら彼は、「異質な構造をもった者」(Hall 1996:494=1996:19) としてイギリス政治の光景を眺める。この眼差しは、旧植民地から旧宗主国としてのイギリスへ向けられたポストコロニアルな眼差しであった。

　1960年1月、『ユニヴァーシティズ・アンド・レフトレビュー』はE.P.トムソンやA.マッキンタイア (Alasdair MacIntyre) らが率いる『ニュー・リーズナー』と統合して一つの雑誌になる。『ニュー・レフト・レビュー』である。L.チェン (Lin

Chen)によれば、『ニュー・リーズナー』の寄稿者は、ホールらの有するソ連へのやみくもな敵意、西欧地域主義を、逆にホールらは『ニュー・リーズナー』の硬直したトーンやイギリスの現状変革に密着していないことを批判していた（チェン1999:50）。ホールは「エドワード（トムソン）の立場が私との関係で曖昧だったために、編集部内の緊張感の原因となった」(Hall 1996:496=1996:22)と述べている。『ニュー・レフト・レビュー』もまたホールの居続ける場所ではなかった。「私が『（ニュー・レフト・）レビュー』を離れたのは、ロンドン大学のチェルシー・カレッジでメディア、映画、ポピュラー文化を教えるためでした」(Hall 1996:497=1996:23)。

ポストコロニアルな眼差しをもちディアスポラとして生きる中で、ホールは「ポピュラー芸術」運動へ参入していく。

第2節 「ポピュラー芸術」運動の歴史的な位置づけ

1．文化の識別
　　―リーヴィス、D.トムソン、ホガートとの連続性―

ホールはロンドン大学の教壇に立つ傍ら、BFIの支援を受け、映画とテレビの研究をP.ワネル (Paddy Whannel) と共同で進めた。先述したように、BFIはメディア教育がカリキュラム化された際、教材を積極的に提供する。ホールの「ポピュラー芸術」運動もこのBFIの支援で遂行していた。一年足らずの中等教育学校の補助教員としての仕事、その後の編集者としての仕事、1962年から1964年までのワネルとの共同研究の成果が、『ポピュラー芸術』(1964) である。メディア教育における『ポピュラー芸術』の解釈を見てみよう。例えば、バッキンガムは次のように述べている。「高級文化とポピュラー文化の区別は消滅することなく、むしろ形を変えて残存していた。（中略）最も優勢なメディアになっていたテレビは、依然として無視されたままだった」(Buckingham

2003c:8=2006:14)。同様の指摘は、マスターマンにも確認できる。マスターマンがバッキンガムよりも早く同様の指摘をしている。そのため厳密に言うならば、バッキンガムがマスターマンによる『ポピュラー芸術』に関する解釈を踏襲したと考えた方がいいだろう[2]。

　マスターマンは主著『メディアを教える』(1985)の中で、『ポピュラー芸術』並びにそれに付随して教育現場で生じた「ポピュラー芸術」運動について次のように述べている。「長期的に見た場合、より深刻なのは『ポピュラー芸術』運動の実践家によっては、授業の進歩が実現しなかったことである」(Masterman 1989 (1985):55=2010:72)。そして、結果的に三つのことをもたらしたと指摘する(Masterman 1989 (1985):58=2010:76)。第一に、他のメディア研究から映画を分離させてしまった。第二に、そのような分離の結果テレビや報道研究が看過され、一世代にわたりそれらの研究が進展しなかった。そして第三に、「この運動はメディアを理解したり、研究したりするための一貫した哲学を生み出さなかった」(Masterman 1989 (1985):58=2010:76)。

　マスターマンやバッキンガムの解釈を裏づけるのは、ホールの次のような言葉である。「最良の映画は、最先端のジャズ同様、高級文化へと向かっている。しかしながら、平均的な映画やポップ・ミュージックはマス芸術となってしまっている」(Hall and Whannel 1964:78)。つまりバッキンガムらは、ホールもリーヴィスらと同様に、保護の対象（映画）を特定し、美学的なメディア理解を行ったと見做している。『ポピュラー芸術』におけるホールの現状認識は、次のようなものである。

　　「教師の仕事の中には、子どもたちが生きている世界を理解させることも含まれている。しかしメディアは、自らが引き起こす変化の研究が公式の教育の一部をなすのに十分なほど世界を変容させている。さらに言えば、若者の態度も変化している。彼らは早熟であり、彼らの反応は洗練されている。そして、彼らは事実、教室内の変化、仕事、レジャーの間に存在する差異についても気づいている。このことは教育への期待や教育に対

する態度を変えてしまう。

　社会の中で、とりわけ若者の生活の中で重要な役割を、マスコミュニケーションのメディアが担っているという認識が広がっている。だから、学校は組織、そのコンテンツ、インパクトを包含しなければならないのだ」。(Hall and Whannel 1964:21)

　学校はメディアの組織、それらが提供するコンテンツ、インパクトを教育内容として包含しなければならない。学校教育におけるメディアの教材化がホールの主旨だろう。メディアには影響力があるから、メディア教育が必要であると言わんばかりである。この点にリーヴィスとの連続性を見出すことはできるだろう。学校教育にその対応を求めている点を重視するならば、D.トムソンとの共通点を見出すこともできる。さらにホガートは、1964年バーミンガム大学へホールを招き入れた人物であり、1968年にはホールへ現代文化研究センター長を引き継ぐ。また、理論的にも労働者階級の自律性を説くホガートと学校教育においてメディア問題を取り扱うべきと主張するホールの立場は遠くない。上述の引用でも分かるように、ホールもまたメディアに対する若者の自律性を説いている。

　何よりも、マスターマンの言うように、保護するものとそれと異なるもの（メディア、ポピュラー文化）を設定する点で、リーヴィス、D.トムソン、ホガート、ホールは連続性を有している。マスターマンの言うように、四者ともに「価値の問題は中核に維持されたまま」(Masterman 2001 (1997):23)であると言えよう。これらの試みには、文化の優劣を一定基準で設け、その識別を生徒や読者に求めているという前提がある。

　「現代ポピュラー芸術は個人的なスタイルを媒介にした時にだけ成立する。対照的に、マス芸術は没個性的である。その代わりに、高度なキャラクター形成が行われる。C.チャップリン (Charlie Chaplin) は彼の個性をフルに活用して、彼の作品の中に決定的な印象を刻み込んだ。その個性こ

そ、彼の芸術だと言い換えることができるだろう。対照的にマス芸術は、個性や特異性の痕跡を消してしまった。そのため、その作品には観客を引き込みわくわくさせる要素が何もない。没個性、もしくはスタイルがない」。(Hall and Whannel 1964:68)

このようにホールらはミルクホールやパブなどの民俗芸術を継続している「ポピュラー芸術」と、消費文化産業が売りつける「マス芸術」を区別する。さらに注目すべきは、ホールがこのような文化の識別の原型をH.アーレント(Hannah Arendt)に求めていることである(Hall and Whannel 1964:51)。

2．文化の識別をこえて
―1960年代の中の「ポピュラー芸術」運動―

アーレントによれば、「文化は事物に関係し、世界の現象となる。娯楽は人々と関係し、生活(life)の現象となる」(Arendt 1993(1960):208=1994:280)。アーレントはこの文言に続けて文化の基準として持続性を見出し、その対概念として機能性を提示する。つまり、文化は持続性、娯楽は機能性を有するとされるのだ。ホールらは、この区別を手がかりにして、「ポピュラー芸術」と「マス芸術」を区別する。例えばホールらは、ジャズのトランペット奏者M.デイヴィス(Miles Davis)の即興(ポピュラー芸術)とアメリカで活躍したピアニストであるリベラーチェ(Liberace)が演奏中に行う繰り返し(マス芸術)を明確に区別した(Hall and Whannel 1964:70-72)。

このようなアーレント受容は妥当だろうか。例えば、アーレントの上述した区別には亡命先のアメリカで当時進行していた大衆社会への危惧があったにちがいない。その証拠に彼女は、ポピュラー文化の危険が「社会の生命過程が文化の対象を文字通り消費し、食い尽くし、破壊してしまうという点にある」(Arendt 1993(1960):207=1994:279)と述べている。「複製や映画化に際し書き換えられたり、短縮されたり、ダイジェストにされたり、キッチュに還元されたりする場合には、文化対象の本性は影響を免れない。つまり、文化が大衆に広がるのではな

く、娯楽の産出のために文化が破壊されるのである。その帰結は、文化の解体ではなく文化の腐敗である」と言う（Arendt 1993 (1960):207= 1994:279）。

これまでの考察に結びつけるならば、その主張は文化の識別を重視する点でリーヴィス的である。初期ホールは、自らの教育実践において文化の識別——マス芸術とポピュラー芸術の識別——を重視している。その意味で、ホールの中にもアーレント的（リーヴィス的）なポピュラー文化を危険視する考えはあったにちがいない。

しかしながら、ホールが1960年代にポピュラー文化を教材化しようとした点はより丁寧に捉える必要がある。なぜなら、同時期のイギリスでは次のような社会変化が生じていたからである。第一に、対抗文化や若者文化の台頭である。例えば、ビートルズは『ポピュラー芸術』が出版される2年前の1962年に『ラブ・ミー・ドゥー』で、ローリングストーンズは1963年に『カム・オン』でデビューしている。つまり、対抗文化や若者文化をリードするグループが次々とデビューし、生徒たちは新たな文化に熱狂し、その形成に参加する。第二に、1964年に政権を奪取した労働党は1965年に各地方当局へ送った通達の中で、中等教育総合計画の提出を求めた。それまでのイギリスの中等教育は11歳の時に受けるテスト（イレブン・プラス）の成績に応じてグラマー・スクール、テクニカル・スクール、モダン・スクールへと振り分けられていた。全体的な傾向は次の通りである。上流階級は私立のパブリック・スクール、中産階級はグラマー、テクニカル・スクールへ、労働者階級はモダン・スクールへ進学していた。それに対してこの総合計画において示された中等教育学校改革は、このような複線型教育制度を抜本的に見直し、単線型教育制度へ移行させようとする動きと理解することができる。

これまでとは異なったスタイルとテイストをもった若者文化が社会の反発を受けながら登場した。そして、同時に教育の民主化が生じて、従来ならば異なった種類の学校に通っていたはずの生徒らが同じ教室で学習するようになった。教師たちは、否応にもそのような生徒たちが形成する文化、彼らの興味関心に敏感になったはずである。そして、学力も含め複雑化した生徒らに共通し

たものを探究せざるを得ない。そのような時代状況の中でホールはメディアの教材化をテーマにした『ポピュラー芸術』を書いた。果たして、マスターマンの言うように、ホールもまた「メディアに抗するのではなく、メディアにおける区別」を主要な課題と考え、「メディア教育は保護主義者になるための試みとして継続していた」(Masterman 2001 (1997):23) のだろうか。

この問題を解く鍵は、先述したマスターマンによる「ポピュラー芸術」運動に関する三つの指摘にある。マスターマンによれば、ホールらは映画を特権化した（第一の指摘）ため、テレビや報道に関する分析を看過した（第二の指摘）とされる。しかしながら次のような同時代性を考慮する必要がある。例えば、アーレントが「文化の危機」を書いた1960年にカナダのメディア研究者M.マクルーハン (Marshall McLuhan) は、テレビを明確に意識して、教育に関する短いエッセイ「壁のない教室」を書いている。さらに言えば、ホールらが『ポピュラー芸術』を出版したのが1964年である。その同年マクルーハンは主著『メディア理解』(1964) を出版する。

マクルーハンは「壁のない教室」の中で次のように述べている。「多くの教師は当然のことながら新しいメディアが提供するものを、教材としてよりも娯楽としてみることになる。しかしこれでは学生たちを信服させることはできない。いったい最初に軽い娯楽ものと考えられなかったような古典があるだろうか」(マクルーハン 2003 (1960):106)。当時新たなメディアであったテレビが提供するものも、いずれ時間が経過すれば、教育実践において重視されるようになるということだろうか。現在古典と見做されているものも、当時は娯楽だったではないか。これがマクルーハンの主張である。

先述したように、アーレントは亡命先のアメリカで生じた大衆社会を危惧した。文化の識別が必要という反応は、その象徴的な存在であるポピュラー文化に対する危惧であろう。それに対してマクルーハンは、異なった反応を示す。マクルーハンは、むしろメディア利用の可能性を説く。

ホールは『ポピュラー芸術』の中で次のように述べている。「ジャズ音楽や映画にはそれ自体の特殊な美徳があるのに、それが趣味の階層における試金石と

してのみ見做されてしまうと、そのときそれらの美徳が明らかにされるかどうか疑わしい」(Hall and Whannel 1964:37)。ホールらはメディアのそれぞれが有する美徳を階層的に捉え、優劣をつけることを求めているわけではない。マクルーハンの「メディアはメッセージ」という言葉が種類によって異なるメディアの個別性を主張するものであったことを考慮すると、ホールもまたマクルーハンと同時代の価値を共有していたということなる。

　確かにホールには、アーレント的な文化の間に境界線を引き、識別する思考がある。しかしながら同時に、その後の論考においてもほとんど使用しない「芸術」という言葉をホールが使用し、メディアやポピュラー文化を教材化しようとした。その際にはマクルーハン的な思考も有していた。つまり、種類によって異なるメディアの個別性を重視する思考もホールは有していた。そして、このようなメディア移行期固有の思考は、マクルーハンを痛烈に批判したウィリアムズにも確認できる[3]。そして、ホールとウィリアムズを並べてみるとき、メディア移行期固有の思考がメディア教育へ新たな観点をもたらしたように思えてならない。

第3節　ウィリアムズとホール

1. ウィリアムズとホールの共通点
　　―「感情構造」という概念をめぐって―

　ウィリアムズは1921年ウェールズで生まれた。父親は鉄道信号手であり、ウィリアムズは労働者階級の文化の中で生まれ育った。彼はケンブリッジ大学在学中に、陸軍の志願兵となり、実際にノルマンディー作戦の初期に対－戦車指揮を担った経験を有する。陸軍への志願は当時のイギリス共産党の方針に反するものであり、彼は除籍となっている。彼は第二次世界大戦後ケンブリッジ大学に戻り大学を卒業する。その後、1946年から1961年まで労働者教育協会

(Workers' Educational Association: WEA) に所属し、成人教育に従事した。

　1980年代、カルチュラル・スタディーズが浸透する時期にウィリアムズは次のように述べている。「最近の百科事典をみると、1950年代後半にこれこれの本が出版されることでカルチュラル・スタディーズが始まったという説明にお目にかかる。こんな説明を真に受け止めないでほしい。芸術や文学をとりあげ、それらが歴史と現代社会にどのようにかかわるかを教えるなかで、物の見方が大きく転換したのは成人教育が最初であった。それ以外のどんな場所でも、物の見方が変わることはなかった。成人教育でこの経験を積んだ人たちが大学に移って再現したとき、カルチュラル・スタディーズはにわかに科目として認識されたのだ」(ウィリアムズ 2016(1983):238)。成人教育はウィリアムズにとって自らの実践の場であると同時に、理論構築の場でもあった。大学へ成人教育で積み上げた経験をもち帰り再現した人たちによって、カルチュラル・スタディーズは立ち上げられた。その一人が外ならぬウィリアムズであった。ウィリアムズは1961年にケンブリッジ大学へ戻り、1974年から1983年までケンブリッジ大学の演劇学部教授を勤めた。『文化と社会』『長い革命』といった著作を発表し、ニュー・レフトを牽引した人物と言えよう。

　ウィリアムズは、ケンブリッジ大学に戻った1961年に『長い革命』を発表する。その中で、文化分析に必要な概念として「感情構造」という概念を提示する。「これ(感情構造)は、『構造』という言葉が示しているように、きちんとした明確なものである。しかし、それは私たちの活動の一番繊細で、一番感知しにくい部分で働いている。ある意味では、この感情構造は一つの時代の文化である。それは、あらゆる要素が生きて動いている特定の結果である」(Williams 2013(1961):69=1983:49)。「感情構造」とは、一つの時代の文化であるとされる。とりわけ伝統などの歴史的なものやその時代の共有された価値、つまり諸要素が複雑な関係を結ぶことで、表出されるものである。ウィリアムズは、この概念を用いて「日常生活」の外部ではなく、その内部で文化を捉えた。そして、文化とは、内的諸要素の重なり合いと考えたのだ。ウィリアムズによれば、文化の理論とは生活の仕方(way of life)に内在する諸要素の関係に関する研究で

ある。「文化の分析は、この様々な関係の複合体である組織の性格を見つけ出そうとする試みである」（Williams 2013 (1961):67＝1983:48）。

ウィリアムズは——おそらくホガートも同じであろうが——、「生活の仕方」や「感情構造」と呼ばれる日常生活の中に埋もれたものが存在し、研究者はそれを抽出することができるはずと考えていた。ウィリアムズは、次のように述べる。「感情構造は初めのうちは個人的な感情だと考えられる。実際それは、それぞれの作家に特有の、ほとんど伝達不可能な孤独な感情に思われる。しかし何度もこの感情構造が社会に吸収されるにつれて、それはつながりになり、やがて瞬間的に目に入るようになる」（Williams 1973 (1968):10）。個人の感情は「書くこと」を通して社会へ表出し、社会に吸収される。そしてその積み重ねの中で「感情構造」が形成される。ウィリアムズはこのように認識する。

それに対して、同じ「感情構造」「生活の仕方」という言葉を使用しつつもホールの使用方法はウィリアムズとは異なったものとなっている。『ポピュラー芸術』から引用しよう。

> 「メディアの内部では、意味はいつでも同時代の生活に固有のものである。情報は（単に何が起こったかだけではなく、どのように起こったかは）重要な意味で『新しい』態度や価値観に呼応しながら、情報源から視聴者へ伝達される。その中で、選ばれたいくつかの生活の仕方と感情構造が他の生活の仕方や感情構造をおさえて強化され、承認される。同時代の生活は同時代の意味を完全には受け止められないかもしれないが、こうしたチャンネルを通して視覚化され表現されることがよくある」。(Hall and Whannel 1964:46)

ウィリアムズは、人々の生活が所与のものとして存在し、それを「書くこと」を通して社会へ表出すると考える。それに対して、ホールは情報が「情報源から視聴者へ伝達され」、同時代の生活は「チャンネルを通して視覚化され、表現される」と考える。ここでホールが想定しているのは、明らかにテレビで

ある。ホールとウィリアムズの差異はここにある。

2．ウィリアムズとホールの相違点
　　―コード概念をめぐって―

　ホールは『ポピュラー芸術』の中で、「研究項目」をあげて、教材となり得るテキストの分析を行っている。その中にはコミック分析も含まれている。コミックは、ウィリアムズが主たる批評・分析の対象とした小説、当時新たに登場したテレビの中間に位置付けられるものだろう。例えば、恋愛コミックには「キスや抱擁がいつも付加しているが、誘惑やベッドシーン、予期せぬ妊娠にまで行き着くことはない。コードが若い読者の慎みの感情を保護しようと介入してくるからだ。しかし、このコードは直接喚起されることはない。完全に内部化されてしまっている。そのコードは、この物語の総合的な感情構造の一部に過ぎない」(Hall and Whannel 1964:186)。

　このようにホールは、ウィリアムズの言う「感情構造」をコードの集合と捉えなおす。裏を返せば、ホールの言うコードという概念は「感情構造」をより細分化するための概念と言えよう。例えば恋愛コミックに見出すことができるコード――ホールは「10代のコード」と呼ぶ――は、確かに性交渉や妊娠を遠ざけている。しかしながら、同時に「この状況(恋愛している状況)にいないことは思春期と言えるほど成熟していないことを意味し、10代のコードに属していないことを意味する」(Hall and Whannel 1964:187)。ホールが恋愛コミックのコードに見出すのはこの二重性である。すなわち、コードは沿わないもの――恋愛コミックのコードで言えば性交渉や妊娠――を排除する。同時に、コードは沿うもの――恋愛コミックのコードで言えば思春期――を積極的に作り出す。

　テキスト分析によって導き出されたコード概念の二重性は、1980年代にホールが展開したメディア研究の中核をなしている。例えば、彼は1982年に発表された「イデオロギーの再発見」論文において、犯罪報道を取り上げ分析している (Hall 1988b (1982):62-64)。ホールによれば、メディアで報道される犯罪や殺人は逸脱と同時に情勢を定義づける。メディアは逸脱者を描くことで、既存

の合意を反映したり、表現したりするだけではない。物事に関する既存の構造を裏付け、正当化する情勢の定義を再生産する。概念は社会的に構築され、正当化のプロセスに利用される。メディアの情報は人々の間で規範的な合意を形成し、人々の意味形成（signification）に作用すると言えよう。

　ホールにとって文化の分析は、ウィリアムズのように「感情構造」を抽出することにあったわけではない。コードがいかに重なり合って「感情構造」を構成するのか。あるいは、構成する以前に、コードが諸価値をいかに排除し、「感情構造」の構成にいかに影響したのか。ウィリアムズが抽出できると確信していた「感情構造」を、ホールはより細分化し、構成されたもの、すなわち構成概念として編み直したと言えよう。

　コード概念は、このような編み直しのために活用した概念である。ホールは、教材分析を通してコードの二重性を謳った。次節で検討するように、ホールのコード概念は1980年代のメディア研究において大きなインパクトをもたらす。『ポピュラー芸術』の段階で、ホールがこの概念を含意もそのままに構築していた点は強調してもよかろう。換言すれば、コード概念は、ホールが教育実践に携わり、教材分析を行う中で構成したものである。ホールは教育実践のためにテキスト分析（教材分析）を行い、その過程の中でウィリアムズとの差異を作り出していった。

3．二つの「エンコーディング／デコーディング」モデルの差異

　コード概念を使用した本格的な成果が1973年に発表された「テレビ言説におけるエンコーディングとデコーディング」（以下1973年版）である。これは、ホールがレスター大学マスコミュニケーション研究センターでの研究会議に謄本刷りでもち込んだものである。その後、この論文は1980年に「エンコーディング／デコーディング」（以下1980年版）として修正して発表される。

　この論文では私たちの一般的な考えを次のように説明する。制作者やキャスターらが「送り手」となり情報を発信し、私たち視聴者は「受け手」となり、そ

のメッセージを受け取る[4]。一般的にテレビによる情報伝達は特定少数の「送り手」と多数の「受け手」の間でなされる「一方的」な情報受信（送信）と見做されている。ホールはこのような一般的理解を回路（circulation）あるいは円環（loop）モデルと呼ぶ。

　ホールにしたがえば、このコミュニケーション・モデルの問題は、本来三つに分割できるそれぞれの局面——送り手・メッセージ・受け手——が結合されていることにある。三つの局面とは、「送り手」がメッセージを生成する局面（メッセージの生成）、そのメッセージが「受け手」の元へ伝達される局面（メッセージの伝達）、それを「受け手」が受容する局面（メッセージの受容）である。回路あるいは円環モデルにおいて、これら三つの局面は無批判に結びつけられ理解されている。ホールはこの結びつきを批判し、次のように指摘する。「コミュニケーションのいかなる局面も、次へつながる局面を保証するものなど存在しない」(Hall 1980:129)。ホールの関心は、三つの局面がいかに結合されているかではなく、いかに断絶されているかである。このような認識の下でホールは「コード化／脱コード化」モデルを提示する。つまり、ホールのメディア研究は情報を提供するメディアとそれを受け取り解釈するオーディエンスの間に存在する関係を問う研究であったと言えよう。1973年版と1980年版はその問題を正面から取り上げた論文である。

　彼はメディアを通した情報伝達を「エンコーディング」と呼ぶ。「制作の制度的社会的関係は、それがモノとして現実化されるためには言語の言説的なルールを通過する必要がある」(Hall 1992 (1980):130)。メディアが情報の伝達に際して言説的なルール——例えば、ニュースキャスターのフォーマルな衣装——にしたがい刷り込むプロセスが「エンコーディング」と言えよう。他方で、「エンコーディング」された言説は視聴者による解読、すなわち「デコーディング」によってはじめて意味をもつ。効果を作り出すのはデコーディングという視聴行動である (Hall 1992 (1980):130)。視聴者は自律性をもった「デコーディング」を行なう。オーディエンスは同じメッセージであったとしても、おのおの異なった解釈を行う。このような意味付与のプロセスが「デコーディング」であ

る。ここにL.アルチュセール (Louis Althusser) やA.グラムシ (Antonio Gramsci) の影響を見出すことができる。というのもホールは、アルチュセールやグラムシに依拠し、人間の経験が根源的であるのではなく、コード化作用の効果としても理解されるべきであると説くからである (Hall 1986 (1980):42-45)。

ところで、1973年版には例えば次のような記述がある。「記号論的視点を適用することはあっても、だからといって私には、テレビ言説の内在的仕組みへの閉じられた形式的な関心があるということではない。それ (記号論的視点) は、伝達過程の『社会的諸関係』にも注意を払わなければならないからである」 (Hall 2007 (1973):386)。1973年版がテレビ言説に焦点を当て、1980年版がコミュニケーション一般を取り扱ったものだったからだろうか。ホールは上述の部分、すなわち「社会的諸関係」の重要性を説いた部分を1980年版には掲載していない。さらに言えば、西部劇に関する分析もまた1980年版には掲載していない。1973年版においてホールは、西部劇にある暴力的要素——例えば銃撃戦——が他の記号的ユニットとの関連の中ではじめて意味をもつと考えている。それはメッセージ全体の中で意味を付与される。メッセージ全体として構造化された意味が違えば、具体的な場面——1つの要素——の意味は変わってしまうのだ。意味付けは、他の要素やユニットを有したメッセージ全体との関係次第なのである (Hall 2007 (1973):390-391)。

この削除は何を意味するのだろうか。確かにホールはグラムシやアルチュセールの影響の下で、記号論的視点を適用しテレビ言説を分析する。「感情構造」というウィリアムズの鍵概念もホールはコードの集積として捉え直していた。しかしながら、1973年版において、ホールは全体と諸要素との関係において文化を捉えよう (捉えることができる) としている。ウィリアムズが「生活の仕方」全体に内在する諸要素の関係を分析することが、文化の理論 (文化の分析) の課題と考えたように、ホールも「生活の仕方」全体との関係の中でポピュラー文化を捉えようとする。

1980年版と同年にホールは「カルチュラル・スタディーズ——二つのパラダイム」(1980) を発表している。その中で、ホールは自らの立場 (構造主義) とウィ

リアムズらの立場（文化主義）を比較し、双方の強みと弱みを検証している（Hall 1986 (1980):43-45)。確かにホールが双方を比較している点を考慮するならば、吉見俊哉が言うように、ホールはウィリアムズがこだわってきた問題を自らの立場に立てば解消されるとは考えていなかったのかもしれない（吉見 2001:25)。しかしながら、ホールがウィリアムズやホガートを含めた文化主義者を次のように批判している点を看過することはできない（Hall 1986 (1980):35-36)。ウィリアムズら文化主義者らは「生活の仕方」を強調するが、それは結果的に文化に対して政治性を無化する。そして、ある種の人類学的な定義としてしまう傾向がある。さらに、文化を構成する諸要素の関係から導出される「感情構造」という概念も、特定の場所と特定の時代の総体的なものへあらゆるものを吸収してしまう。

　思い出すべきは、『ポピュラー芸術』におけるコード概念と感情構造の関係である。先述したように、『ポピュラー芸術』に確認できるのは、コード概念を駆使してウィリアムズとの差異を作り出そうとするホールの姿であった。ホールにとってコード概念は、「感情構造」を細分化し、構成概念として捉え直すために不可欠なものであった。しかしながら、その差異はあくまで萌芽に過ぎず、1973年の段階でホールは、ウィリアムズ同様に全体―諸要素の関係で文化を分析しようとしている。1973年版に記載されてある西部劇分析からも分かるように、ホールはこの時点では文化を構成する諸要素の関係に注目した感情構造論を唱えているのだ。すなわち、テレビ言説に注目し教育実践のためにウィリアムズとの差異を作り出しつつも、その根本となる理論はウィリアムズのものであった。

　ウィリアムズとホールの差異は1973年時点では本質的なものではなかった。それに対して、1980年版や「カルチュラル・スタディーズ―二つのパラダイム」論文においては、諸要素の関係よりも、諸要素が決定される条件を強調する。そして文化の全体性ではなく、文化の複雑性を強調する。1973年版を発表した時点で、ホールは未だウィリアムズの延長線上にいたが、1980年版においてはそれを乗り越えようとしているのだ。

このように考えるならば、問題となるのはこの差異、つまり1973年と1980年の期間に生じたことだろう。ウィリアムズの延長線上にいたホールはなぜウィリアムズから決別したのだろうか。そしてこの決別は、メディアの教材利用という観点から見た際、いかなる意味があるのだろうか。

第4節　批判的なメディア利用へ向けて

1．二つの「エンコーディング／デコーディング」モデルのあいだ

　1972年11月5日、アイルランド出身の季節労働者ロバート・キーナンは、パブを出て、バーミンガムのハンズワース街で、15歳から16歳の若者3人に呼び止められた。その後、空き地で暴行を受けた後、30ペンス、キーホルダー、煙草を数本盗まれた。いわゆる「ハンズワース事件」である。
　この事件を契機にメディアは、マギング（路上強盗）という言葉を頻繁に使用するようになる。黒人定住者の増加を防ぐために、1971年に移民法が改正されたばかりであった。バーミンガム大学現代文化研究センターのメンバーらは、この事件を契機に二つの共同研究を発表する。それらをまとめたのが『儀礼による抵抗』(1976)と『危機を取り締まる』(1978)である。マギングの問題と直結するのは、後者である。
　『危機を取り締まる』は1972年8月から1973年8月までの報道を徹底的に調べ上げている。ホールらは「マガー（強盗）はマグ（強盗）したし、マギングは現実の社会的歴史的出来事であった」と認めている (Hall, Critcher, Jefferson, Clarke and Roberts 2002 (1978):186)。しかしながら、「結局何を言ってもやっても、マガーは強盗し、警察は彼らを捕まえ、裁判所に入れて、それでおわり」(Hall, Critcher, Jefferson, Clarke and Roberts 2002 (1978):186)と考えるべきではない。ホールは言う。「現実的に考察すれば、『マギング』と『黒人犯罪』という

二つの語が今ではほとんど同義である、ということを否定する人はいないだろう」(Hall, Critcher, Jefferson, Clarke and Roberts 2002 (1978):327)。「ハンズワース事件」の加害者3人はいずれも混血で白人ではなかった。メディアは恐怖と不安をあおり、人々の認識を固定化していく。

　1970年代までホールの活動は労働者階級と共にあった。それはニュー・レフトの時代から「ポピュラー芸術」運動に至るまで一貫したものであった。このスタンスは、1973年から1980年の間、つまり二つの「エンコーディング／デコーディング」モデルの間に変更したのではないか。この期間にホールが直面したのは、これまで活動を共にしてきた労働者階級とイギリス有色人種、とりわけ黒人のあいだに引かれた境界線であった。マギングに顕著なように、労働者階級というカテゴリーからイギリス黒人は排除されてしまう。同時に黒人は、黒人犯罪という新たなレッテルを貼られ、新たなカテゴリーに分配された。メディアは社会の反応を代表的に表象する。黒人犯罪とマギングを同一視することはその典型だろう。

　イーグルトンの言葉を思い出す必要がある。ホールには「必ず、マルクス主義と他の何かとの間の両義的な関係がある。(中略)さかのぼれば、こうしたことはポストコロニアル移民としての彼の経験に行きつくのではないか」。ホールは、資本家と労働者階級の関係、労働者文化からも排除された黒人の存在を重視する。これこそ、ウィリアムズとの距離を生んだ一つの要因だろう。毛利嘉孝の言うように、ホールがここで見ているのは、「危機」に直面したとき、それまで統一的に見えていたカテゴリー（労働者階級）がバラバラにほどけ、別のカテゴリー（人種）を軸にヘゲモニー的な再編成がなされる事態だった（毛利 1998:215）。

2．対抗文化における批判的なメディア利用

　前章で確認したように、「ハンズワース事件」の時期はパンク、スキンヘッズなどの白人労働者階級の若者たちが対抗文化を形成した時期と重なる。ここ

で言う対抗文化とは、サブカルチャーという概念と類似していると本研究では捉える。両者は共に、支配的な文化、あるいは高級文化との相対的な関係において定義づけられる。しかしながら、その強調点は異なっている。対抗文化は、支配文化へ対抗するその行為自体に強調点がある。それに対して、サブカルチャーはむしろ文化形成を担う対象にその強調点がある。具体的には、エスニック・マイノリティーや若者が文化形成を担っていることにサブカルチャーという概念は着眼していると言えよう。

　ホールは、白人労働者階級の若者を分析する際に次のような視点を用いている。

　　「私たちは、労働者階級があらゆる場面での対応を準備するために、どのような条件の下でどのようにその物質的文化的『原材料』（raw materials）を使用することができるのかを理解しなければならない。（中略）労働者階級の歴史の中に幾度も繰り返し現れてきた物事さえ、改良か革命かといった固定化された代替策ではなく、その闘争の歴史の中で極めて異なる環境で使用されかつ適用された潜在的な歴史的な『空間』なのである」。(Hall and Jefferson 2006 (1975):34)

　ここで「原材料」とは例えば次のようなものである。パンクはピアスの代わりに安全ピンを使用し、ワッペンの代わりに破れた服にも付ける。またスキンヘッズは、ドクター・マーティンのブーツを着用し、靴をそろえることで集合意識を形成する。ホールの言う「原材料」とは、安全ピンであり、ドクター・マーティンのブーツのことである。ホールは言う。「商品はまた、文化的記号でもある。商品はすでに支配文化によって意味と、連想と、社会的な暗示で満たされてしまっている」(Hall and Jefferson 2006 (1975):42)。本来商品は、支配文化の内部において意味やその利用方法が決定されていた。例えば安全ピンは学校文化の中では名札を制服などにつける際に利用される。パンクがピアス代わりに、あるいは破れた服のアクセントとして安全ピンを使用したことは次のこ

とを意味する。すなわち、この行為は若者たちによる支配文化へのカウンター（対抗）であると同時に、労働者階級の若者という「下位（サブ）集団」による文化形成であった。

　ホールは次のように考えている。安全ピンが使用され、ブーツや服が着こなされるという物事がスタイルを作り上げるのではない。活動と眺望を有した対象を能動的に組織化する「スタイル化の活動」がスタイルを作り上げる（Hall and Jefferson 2006 (1976): 42）。対抗文化やサブカルチャーへ傾斜する若者たちも、ウィリアムズらの想定する文化という概念からはこぼれ落ち、排除の対象となる存在であった。

　ホールは、彼らの活動に可能性を見出している。具体的には彼らは、安全ピンやブーツなどの使用可能な「原材料」を自由にアレンジし、スタイル化を通して抵抗する。このような批判的なメディア利用こそ、ホールにとっては可能性であった。ここで言う批判的なメディア利用とは、物質レベルでメディアを捉え、その利用を通して積極的に文化の形成にかかわることを指している。ここでは様々なモノを「原材料」として使用し、既存のメディア利用とは異なる別の利用法が模索され、それを通した抵抗かつ文化形成が行われる。このことは、『ポピュラー芸術』から一貫していたウィリアムズの延長線上としてのホールをこえて、新たな理論展開を見せたと解釈できるだろう。

　『ポピュラー芸術』を出版した当初、マスターマンが指摘するように、ホールは教育を通した文化の識別を重視していた。具体的には、ポピュラー芸術とマス芸術を明確に識別することを生徒に求めた。しかしながら彼は、このような時代的制約を有しつつも、メディアの教材化を推進した。その背景には、テレビの時代の到来、若者たちによる対抗文化の形成、中等教育学校改革といった複合的な要因の重なり合いが存在する。このような社会的要因と学校教育におけるメディアの教材化を結びつけたのは間違いなくウィリアムズ理論、とりわけ「感情構造」という概念であった。

　しかしながら、「ハンズワース事件」に象徴される人種をめぐる時代風潮の変化に呼応して、ホールがウィリアムズと決別したことは決して看過すること

はできない。なぜなら、このことがホールの理論展開を方向づけていったからである。メディア教育研究の多くが参照する1980年代の記号論への理論展開以前に、ウィリアムズにしたがいながら、ホールもまた物質としてのメディアに注目し、メディアの教材利用を模索した。いわばホールは、ウィリアムズから物質としてのメディアというメディア観を踏襲した。しかしながら同時に、1980年以降のホールは、ウィリアムズの認識からこぼれ落ちる若者たちによる社会批判としての文化形成に新たな可能性を見ていた。

このようなメディアの教材利用と文化形成の連続性こそ、ホールが1964年の『ポピュラー芸術』から、1980年代以降の記号論へ展開する期間に見出したものだろう。マスターマンの言うように、イギリスのメディア教育はリーヴィスらが『文化と環境』を書いたことにその「原風景」を見出すことができる。これを参照するならば、参加型メディア教育の原型は、ウィリアムズの延長線上でメディアの教材利用と文化形成の連続性を説くホールの姿に見出すことができると言えよう。

注目すべきは、ホールがメディアの教材化を通してメディアと生徒の物質レベルの関係に焦点を当て、文化形成へつながると考えている点である。ここで言うメディアと生徒の物質レベルの関係とは例えば次のようなものである。「本を読む」という行為は、物質としての書籍と身体との関係が構築されてはじめて成立する行為である。パラパラめくりや目の動きに合わせたページめくりを想起してほしい（水越伸 2002:83-85 も参照）。これらは、ユーザーが本を読んで内容を理解するという認識レベルに焦点を当てるだけでは十分に理解できない。モノとしての書籍が読者と物質レベルで関係を結ぶことで、はじめて可能となる行為である。さらに重要なことは、パラパラめくりなどの行為は、日々メディア利用する中で、読者が書物と関わり合う中で学習することによって修得した技術である。読者やオーディエンス、そして生徒はこのような技術の修得を通してメディアとの関係を築いている。パンクらが安全ピンを服に装着する対抗的振舞いは、このような技術の修得を通した関係性の構築であると解釈できよう。

テレビ黎明期、中等教育学校改革、対抗文化（サブカルチャー）の形成といった諸要素が重なり合い、その中でホールの試みは実行された。バッキンガムの参加型メディア教育は、メディアの教材化を通して、メディア・コンテンツを制作する試みである。バッキンガムの取り組みは、ホールよりもより実践的かつ具体的な取り組みと言えよう。バッキンガムの取り組みにはいかなる理論的視座があるのか。そしてその社会的背景は何か。次章ではバッキンガムの取り組みについて検討する。

小　括

　本章は1964年から1980年までのホールの理論展開に焦点を当て、テレビの登場、対抗文化の隆盛、中等教育学校改革のはざまで、いかにホールがメディアの教材化を行ったのかを明らかにした。1964年から1973年まで、つまり「ポピュラー芸術」運動期においてホールは——マスターマンの言うように映画だけではなく——、テレビを想定したメディア教育論を展開していた。メディア論的にも、あるいは「感情構造」からコード概念へのシフトからもこの点は明らかである。しかしながら、この時期に注目して明示されたのは、ホールがウィリアムズ理論の範疇でテレビ研究を進めていたことである。
　次に労働者階級内部のカテゴリー再編、対抗文化（サブカルチャー）の形成を背景とし、ホール自身はメディアの教材利用と若者たちの文化形成との連続性を見出す。同時に、この連続性にメディア教育の可能性を見ている。これはジャマイカで生まれた有色人種で、イギリスに留まり続けるホールの社会に対する敏感な反応であったと言えよう。ホールは、テキスト（教材）分析をこえて、メディア利用という若者たちの能動性へ焦点を当てている。その意味で、参加型メディア教育の原型をここに見出すことができるだろう。

注
1) 上野俊哉によれば、ユダヤ人の歴史的な体験に根ざした「ディアスポラ」という言葉は、カルチュラル・スタディーズや社会学の文脈においては次のようなものへと拡大している。「生まれた場所、あるいは『ルーツ』としての起源の場所から切り離され、にもかかわらずその場所との距離、隔たりのなかにあってなお、その起源との文化的、倫理的、宗教的…結びつきを強くもった連帯のあり方」へと拡大している（上野 1999:7）。つまり、「ディアスポラ」という言葉は、「ルーツ」（起源）ではなく、「ルート」（経路）を通した共同性のネットワークを作りだしていると言えよう。
2) この点は、メディア教育に関する他の研究でも同様の認識である。例えば森本洋介は次のように述べている。「1930年代から1960年代にかけての映画やテレビといった映像メディアと、大衆向け雑誌に関する批判の論点は、基本的にはそのメディア・テクストが『良質』か『低俗』かというもので、往々にして商業主義が絡むと『低俗』になりがちだということだった」（森本 2014:36-37）。
3) ウィリアムズのマクルーハン批判の中心は、マクルーハンが技術決定論に陥っているというものである（Williams 1990 (1974):126-130）。ウィリアムズによると、マクルーハンはメディアの変化を原因に、人間や社会の変化を結果と考えている。マクルーハンはメディアを最初から固有の特性を持ったものと見做し、その特性が人間の感覚秩序を一方的に変容させると考えている。ウィリアムズにしたがえば、マクルーハンのメディア論は既存のメディア制度の枠内で働く「メディア人間」には歓迎されるであろう。しかしながら、結局のところ洗練された技術決定論であり、技術革新を肯定するイデオロギーであるとされる。
4) このような理解に基づくコミュニケーション・モデルの典型が、シャノン＝ウィーバー・モデルである。このモデルは、1948年C.シャノン（Claude E. Shannon）とW.ウィーバー（Warren Weaver）という二人の通信工学者の手により開発された。彼らにしたがうと、コミュニケーションは次のように理解できる。情報源から送信されたメッセージが送信機を経由して送信信号化（シグナル化）され、途中でノイズの乱れを受けるものの、受信機を経由して目的地へと到着する（シャノン他 2009 (1948):64-67）。

第 3 章

バッキンガムにおける抑圧／自律の二元論とその学校教育論としての可能性

本章は、参加型メディア教育の原型であるホールの試みから見出された論点、すなわちメディアと生徒の関係に注目し、バッキンガム・マスターマン論争を再解釈する。具体的には、バッキンガムが抑圧／自律の二元論をいかに構成し、学校教育論としてそれをいかに応用していったのかを検討する。そして、メディア教育のカリキュラム化に焦点を当て、バッキンガムの理論展開と社会状況との関連を明らかにする。参加型メディア教育がいかなる社会状況で立ち上がり、時代の要請にいかに応えようとしたのかを明示する。

第1節　バッキンガム・マスターマン論争

1. バッキンガム・マスターマン論争の基本枠組み

　マスターマンの主著『メディアを教える』の中には、次のようなエピソードが登場する（Masterman 1989 (1985):157=2010:190-191）。あるテレビ番組のクルーがマスターマンの授業風景を撮影に来た。対象は、総合中等学校6学年である[1]。ディレクターは、生徒たちに「もし何も話さないならば、放送しないよ」と告げる。生徒たちは何とか放送してもらおうと発言を繰り返した。ディレクターは進行中の討論を撮影することはなく、誰かが面白い発言をするとそのたびに討論を止めた。そして発言した生徒にライトをあて、もう一度その発言を繰りかえすように求めた。討論へのマスターマンのコメントは、生徒が教室からいなくなった後にすべて再録され、最終フィルムに挿入された。マスターマンは、「私たちの日常の授業風景とこれほど異なるものはなかった」と振り返る（Masterman 1989 (1985):157=2010:191）。

　1985年の主著『メディアを教える』においてマスターマンが示そうとするのは「テレビ、新聞、映画、ラジオ、広告、雑誌は作られている」（Masterman 1989 (1985):20=2010:28）ということである。彼によれば、メディアの情報はどんなに自

然に見えても、それは人間による多くの選択が行われた結果である。そしてメディアを批判的に見るためには、この選択を表面化させ、メディアの選択性を認識させる必要がある（Masterman 1989 (1985):137=2010:165-168）。そして同じ著書の中でこう言う。「メディア教育は、自己の利益のために情報を作り出す者と、それをニュースや娯楽として素朴に消費する者との間に存在する知識と権力の大きな不平等に挑んでいく際、教師や生徒が持っている、数少ない手段の一つ」である（Masterman 1989 (1985):11=2010:17）。

バッキンガムは、このようなマスターマンの教育論が虚偽意識としてのイデオロギーという基本的な定義から生じていると指摘する（Buckingham 1986:82）。そして次のようにマスターマンへ問う。「誤ったイデオロギーとは正確な情報の欠如から生じるのか。そしてそれは、『もう一つの現実（alternative realities）』と直面するだけで消えるのか」（Buckingham 1986:82）。バッキンガムによれば、マスターマンは学習のプロセスだけではなく、メディア・テキストの読解のプロセスも犠牲にして、メディア・テキストの内容を明確にすることに夢中になりすぎている（Buckingham 1986:93）。

名指しされたマスターマンは即座に反論する。マスターマンによれば、バッキンガムは「テキストそれ自体に存在するイデオロギー効果」を意識していない（Masterman 1986:98）。マスターマンは言う。「全ての意味は等価ではない。意味は支配の中で組織される。けれどもその意味は決して固定されているわけでも閉じているわけでもない」（Masterman 1986:98）。それにもかかわらず、「バッキンガムはメディアの中に存在するごまかしを否定するのか」（Masterman 1986:98）と問いただす。

バッキンガムは、マスターマンの反論にこたえていない。その代わりに、論争の翌年1987年に初の著作『パブリック・シークレット』を出版する。これは、『イーストエンダーズ』という連続テレビドラマのオーディエンスを分析したものである[2]。以下はバッキンガムによる9歳の子どもたちへのグループ・インタビューである（Buckingham 1987:178）。

ヴィッキー（Vicky）「アンジー（ドラマの登場人物：引用者）は自分が言いたかったことを言ったわけじゃないわ。彼女がそう言わなくっちゃいけないってあいつらが彼女に話したのよ」
バッキンガム「あいつらってだれ？」
マーク（Mark）「台本書いている人」
ヴィッキー「脚本家やそういった人たちね。彼が来て、台本を渡したら、みんなそれを読まないといけないの。暗記するまで何度何度も繰り返し、覚えきるのよ。彼女は、脚本家からもらったものを言わないといけないのよ。彼女は自分の好きなことを言っているわけじゃないの」

ヴィッキーやマークはテレビドラマの構造をメタ的に認知し、メディアの提供するドラマと距離を取りつつ接触している。バッキンガムによれば、「子どもたちは基本的には楽しみながら、異なる位置の間を移動することができるのだが、このことは、テレビとの関係を規定するにあたって、子どもたちがかなりの程度自律性を有していることを示している」（Buckingham 1987:200）。マスターマンがメディアによる生徒の抑圧を説くのに対して、バッキンガムは生徒のメディアに対する自律を唱える。

２．特性論と関係論の混在

一見両者の対立点は、シンプルのように思える。バッキンガムは、生徒たちがメディアのイデオロギー性に対して十分に自律性を有していると考えている（9歳の子どもでも上述した通りなのだから、思春期を迎える生徒らがそうであることは言うまでもない）。それに対してマスターマンは、そのような生徒のメディアに対する自律性の強調が結果的にメディアの虚偽やごまかしを看過してしまうと考える。

しかしながら、より丁寧に考える必要がある。例えば、バッキンガムの主張

に関して言えば、メディアのイデオロギー性に対して生徒が自律性を有していたとしても、そのことはメディアのイデオロギー性を否定することにはならないだろう。逆にマスターマンの主張について言えば、たとえメディアがイデオロギー性を有していたとしても、メディアから生徒が抑圧されているとは限らない。このように考えると、この論争は、メディアの特性論（メディアがイデオロギー性を有している）、メディア－生徒の関係論（生徒がメディアのイデオロギー性に対して自律性を有するかどうか）が混在した論争だったと言える。

　バッキンガムは、メディアの特性論とメディア－生徒の関係論を結びつけ、メディア－生徒の関係論を前提にした論争をマスターマンに仕掛けた。そして、マスターマンはその前提にしたがって論争を進行させていった。両者は、本来別々に論じるべき論点を同じ俎上にのせ、抑圧か自律かという二者択一を迫っている。つまり、両者はメディア－生徒の関係論という前提を共有し、メディアと生徒の関係は抑圧か自律かという単純化した二元論を構成した。これを抑圧／自律の二元論と呼ぼう。抑圧／自律の二元論とはメディアと生徒の関係を抑圧的と捉えるか、それとも自律的と捉えるかにメディア教育の原理を見出す議論のことである。確かに、マスターマンは「意味は固定化されない」と述べ、メディアが意のままに生徒らを抑圧しているとは考えていない。他方でバッキンガムも、別の現実に直面するだけでそのイデオロギーは消えるのかと問うているに過ぎない。つまり、抑圧／自律の二元論のどちらか一方に、バッキンガム、マスターマンの考えを割り振ることはできない。対立点を強調する論争だから生じた差異とも言える。しかしながら、両者はメディアの抑圧と生徒の自律性を比較し、マスターマンが前者を、バッキンガムが後者を強調した。彼らはなぜ異なる強調点を示したのか。ここにはメディア教育特有の事情があったように思える。

　例えば、ホールが提唱したエンコーディング／デコーディングモデルについてである。バッキンガムは、ホールについてほとんど取り上げていない。『ポピュラー芸術』がメディア教育の歴史的契機の一つであると述べる程度である。マスターマンも同様である。メディアのイデオロギー性を強調する際、

ホールのイデオロギーに関する見解を参照するが、エンコーディング／デコーディングモデル自体をほとんど取り上げていない。二人─多くのメディア教育─は、エンコーディング／デコーディングモデルを十分なほど厳密な意味で議論していないと言えよう。それゆえ、抑圧／自律の二元論は生徒の有するジェンダー、人種といった位置性や個人、社会の有する言説（知識、偏見、抵抗など）の複雑性（Morley 1980）を看過してしまう。このようなメディア教育特有の要因もあり、バッキンガムはこの二元論を発展的に継続している。どのような形で継続したのだろうか。

第2節　学校教育論への応用

1. 学校教育論のスタンス

「第1章第3節2．」で述べたように、マスターマンはサッチャー政権誕生の翌年1980年に『テレビを教える』、フォークランド紛争後の1985年『メディアを教える』を出版する。先述の通り、2010年のインタビューにしたがえば、バッキンガムはマスターマンのこれらの著作を肯定的に評価しており、ラディカルな教育学が展開されたことは「素晴らしいこと」と述べている（Buckingham 2010:3）。

しかしながら、同じインタビューで次のようにも述べている。「マスターマンの教授理論と彼の描いた絵は、私の教師としての経験とは異なっていた」（Buckingham 2010:5）。「事実生徒たちは私たちが信じているよりも、このこと（メディア：引用者）についてたくさんのことを知っていました」（Buckingham 2010:5）。2010年になっても、バッキンガムは抑圧／自律の二元論を踏襲している。どのように踏襲したのだろうか。これが本節の課題である。

バッキンガムは、第一に教師の存在に着眼してマスターマンを次のように批判する。「全般的に言って、子どもは特にメディアの否定的な影響の危険にさ

らされ、メディアの力に対抗することができないと(マスターマンは：引用者)考えている。その一方で、教師はどういうわけか、そのような影響の外に立つことができ、子どもを解放する批判的な分析ツールを提供すると仮定している」(Buckingham 2003c:11-12=2006:19)。

　マスターマンのメディア教育論において、教師は子ども(生徒)と異なった存在であり、メディアの影響の外に位置づけられる。その結果バッキンガムによれば、マスターマンらのメディア教育論では「教師自身が重要であると規定するテキストの側面への同一化を生徒へ要求し、ある既定された結論へ導こうとする。分析は教師による読解のレプリカの実践へと退行してしまう。異なる読みは主観的で単に批判的ではないものとして捨て去られてしまう」(Buckingham, Fraser and Mayman 1990:35-36)。このようにバッキンガムは、マスターマンの考えが有する学びの一面性——生徒は謎をもった状態であり、教師がその謎を解くカギをもっているという考え——を見出す(Buckingham 1998:38)。つまりバッキンガムは、マスターマンのメディア教育がテキスト分析を通した謎解き(demystification)の実践と考えている[3]。バッキンガムは、ここにマスターマンのメディア教育論に内在する権威性を見出す。

　第二にバッキンガムは、マスターマンの教育方法を批判し、抑圧／自律の二元論を、教育方法に関する二元論として変換していく。バッキンガムによれば、「メディア教育は、メディア分析、つまり『批判的な見方の技術』という合理的な観念に制限されない。対照的にそれは、若者が制作者として自ら文化の創造へ批判的に参加することを奨励する」(Buckingham 2000:205-206)。

　もちろん、ここで言うメディア分析とはマスターマンのメディア教育論のことである。先述した通り、マスターマンはメディア批判を主眼とする教育論を提唱した。それに対してバッキンガムは、若者がメディア制作に参加して文化の創造へ参加する教育論を提唱する。前者をメディア批判教育論、後者をメディア制作教育論と呼ぼう。ここで言うメディア批判教育論とは、生徒がメディア情報の虚偽や欺瞞も含めた情報操作を読み解く能力を育成する教育理論である。いわば、メディア・リテラシー論である。それに対してメディア制作

教育論とは、バッキンガムが1980年代を中心にマスターマン批判の文脈で使用した参加型メディア教育理論の一形態である。生徒は記者やプロデューサーに扮して新聞記事やテレビ番組を制作し、メディア理解を目指す。抑圧／自律の二元論に基づき、バッキンガムはメディア批判教育論（メディア・リテラシー論）からメディア制作教育論への転換を唱える。

このようにバッキンガムは、教師の権威主義批判、メディア批判教育論（メディア・リテラシー論）からメディア制作教育論への移行を目指した。そしてその理論的視座として抑圧／自律の二元論を活用した。バッキンガムにしたがえば、マスターマンはメディア、あるいはポピュラー文化の「受動的な被害者」として生徒を考える。そのため、教師は真実を示し、生徒を納得させ、ある合意へと導く必要があると考える。バッキンガムから見れば、二元論的に描き出される教授と学習との関係は、教室における実践の「複雑で混乱した（messy）現実」を単純化しすぎていると言えよう（Buckingham 1996: 645）。

そのため、バッキンガムには教師の権威に依拠しないメディア制作教育論を構想する必要があった。2003年に出版された主著『メディア教育』において、メディア制作教育論は次のように理論化されている。バッキンガムにしたがえば、メディア制作教育論は主に二つの柱で構成されている。二つの柱とは、第一に分析（調査活動）であり、第二に実践（経験活動）である。

まず分析について整理しよう。これは調査活動と呼べるものである。「テキスト分析」「コンテキスト分析（contextual analysis）」「ケース・スタディー（case studies）」に分類できる。「テキスト分析」については第6章で取り上げるため、ここではそれ以外を取り上げよう。「コンテキスト分析」から見ていこう。バッキンガムによれば、マスターマンを中心としたメディア批判教育論（メディア・リテラシー論）が重視する謎解きの実践が見落としているのは、分析対象となるテキストが制作されるコンテキストである。例えば、謎解きの実践の中で、テレビ番組や映画で流されるエンディング・ロールやオープニング・ロールが重視されることは少ない。しかし、メディアのコンテキストに注目するならば、これらはテキスト制作の様子にかかわる情報源となり得る[4]。すな

わち、この「コンテキスト分析」によって、メディアがコンテンツ制作に際して「いかなる視聴者（消費者）を想定しているのか」を解明することができると言える（Buckingham 2003c:73-75=2006:94-97）。

　次に、バッキンガムは調査活動において「ケース・スタディー」と呼ぶ実践が必要であると考える。ここでは制作されたポピュラー文化が、いかなる市場を流通し、いかに消費しているのか。特定のテキストを取り上げ生徒自らが、ポピュラー文化の流通経路を調査する。あるいは新聞やテレビなどが特定の話題をそれぞれどのように伝え、相互に利用し合って、情報が広まっていくのかを調査する（Buckingham 2003c:75-77=2006:97-99）[5]。

　このようにバッキンガムは、「コンテキスト分析」、「ケース・スタディー」という調査活動を提唱する。彼は、「謎解き」の実践よりも、多角的にメディアの影響を検証することを求める。そして、メディア・テキストに固執せず、メディア・テキストの制作過程に注目したメディア教育を構想している。

　教師の権威に依拠しないメディア制作教育論のもう一つの柱が実践である。これは、経験活動と呼べるものである。例えば、「翻訳（tranxslations）」「シミュレーション（simulations）」「制作」という実践がこれに当たる。まず、メディアによって変化する表現方法の差異を比較検討する実践である。これは、「翻訳（translations）」という実践である。例えば、新聞とテレビではどのように表現の方法が異なるのだろうか。このちがいへ注目することで、個々のメディアの伝達方法、それぞれのメディアのもつ可能性と限界を明らかにしていく（Buckingham 2003c:77-79=2006:99-100）。次に「シミュレーション」についてである。生徒自身が、プロデューサーやスケジュール管理担当者などに扮して、番組制作のシミュレーションを行う。生徒はこの擬似的な経験を通して、様々な立場に身を置き、ポピュラー文化の精巧でこみいった制作過程を経験する（Buckingham 2003c:79-81=2006:101-105）。

　もちろん、この擬似的な経験は、生徒自身による「テキスト制作（production）」がなされることを意味する。しかしながら、バッキンガムによれば、この「テキスト制作」のテーマは、実際に職業としてメディアの制作を行う人の真似事

ではない。言い換えると、テキスト形式で表象する際に用いられる専門的なメディア言語の習得が目指されるわけではない。ここで目指されるのは、謎解きの実践で奨励されるメディアの「読解」とメディアの「制作」との関係である (Buckingham 2003c:82=2006:105)。例えば表象による他者への伝達行為は、自らの他者とのかかわりである社会の次元とその社会への能動的な参加である「制作」を抜きに、決定し得ない。つまり、表象という概念に対する学習の可能性をバッキンガムは提唱する。バッキンガムによれば、この「概念学習 (conceptual learning)」によって、社会と認識の次元のあいだ、さらに分析と制作のあいだのダイナミックで反省的な関係を理解することが可能になる (Buckingham 1996:645)。

謎解きの実践は、「批判的な読解」を目指している。一方、バッキンガムの教育実践は、「参加」と「理解」を目的とする (Buckingham 2003c:154=2006:192)。バッキンガムの実践は、メディア（ポピュラー文化）の「制作」に注目し、メディア（ポピュラー文化）への「参加」とその「理解」を強調する試みである。

これまでの展開をまとめると次のようになる。

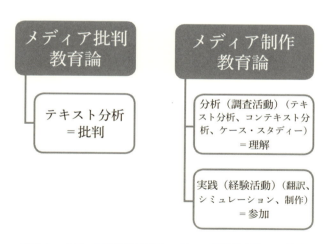

図3-1　メディア批判教育論とメディア制作教育論との差異

2．メディア制作の教育実践
　―ポピュラー音楽の広告を制作する―

　バッキンガムの学校教育論は、デューイの学校教育論を想起させる。デューイによれば、子どもは「すでに徹底的に活動的であって、したがって教育の問題は、子どもの様々な活動を捉え、このような活動に方向づけをする問題である」(Dewey 2008 (1902):36=1998:99)。バッキンガムはI.イリイチ (Ivan Illich) の見解にも注目している。イリイチによれば、学校の存在が市場とリンクし合い、学校に行くことは当然のこととして社会に受け入れられていく。これこそイリイチが言う「学校化」である。さらに、イリイチは次のように述べている。「学習のほとんどは必ずしも教授された結果として生じるものではない。それはむしろ他人から妨げられずに多くの意味を持った状況に参加した結果得られるものである。たいていの人は『参加すること』によって最もよく学習する」(Illich 2002 (1970):39=1977:80)。

　デューイとイリイチは、子どもが積極的に学習活動へ参加する学びを重視する。この点に注目するならば、バッキンガムの試みもこの延長線上に位置づけることができよう。事実バッキンガムは主著『メディア教育』において、イリイチの影響を認めている (Buckingham 2003c:201-203=2006:249-252)。では生徒が積極的に学習活動へ参加し、学習が進行していく教育実践とはいかなるものだろうか。バッキンガムも関与した教育実践を取り上げよう。

　J.グラハム (Jenny Grahame) によるメディア制作の実践を取り上げよう。というのも、バッキンガムは共同執筆者でもあるグラハムの実践へ自らも積極的に関与しており、その解釈を通してメディア制作教育論を理論的に意味づけているからである。この実践は、16歳から17歳の生徒を対象に行われた。まず教師は、生徒らが生まれる以前のポピュラー音楽をジャンル別に示す。そして当時のジャンルの決まりや約束事などを伝える。それを受けて生徒らは、CDのカバーや雑誌、プロモーションビデオ、ラジオ番組を作り、現代のオーディエンス向けに購買を試みる (Grahame 1995:119)。

バッキンガムの解釈を見よう（Buckingham 2003c:135=2006:168）。この実践を通して、生徒らはまず当時のジャンルを現代の市場に位置づけなければならない。そのため、提供されたジャンル別の決まりごとや約束を参照しつつも、それらを操作し、場合によっては変更する。バッキンガムによれば、彼らは、制度上の抑圧と創造性、利益のあいだで葛藤することになったと言う。そして結果的に例えば、彼らは「マーケティング用語」を巧みに、場合によってはアイロニカルに使用するようになった。生徒らは支配的なメディアを利用しつつ、理解に富んだ、内省的な実践を展開したのである。

この実践には二つの段階が存在する。第一の段階は、生徒らが昔のポピュラー音楽を分析——ジャンル別に分類し、その決まりや約束を理解——することである。第二の段階は、現代社会において販売するために、自らの分析結果をアレンジすることである。この二つの段階とバッキンガムの次のような言葉を照らし合わせると、彼の意図が明確になる。「視聴したり読んだりすること、あるいは実際に分析することから生まれる『受動的』知識を、制作したり書いたりするときに必要な『能動的』知識に変換しなければならない」（Buckingham 2003c:132-133=2006:165）。バッキンガムにしたがうならば、この実践を通して生徒らは、受動的知識を能動的知識へ変化させたのである。

先述した通りバッキンガムは、教師の権威の有／無、メディア批判教育論（メディア・リテラシー論）／メディア制作教育論という教育方法の二元論へと抑圧／自律の二元論を変換した。そしてこの教育実践において、バッキンガムは「受動的」知識／「能動的」知識、読むこと／書くことという生徒が身に付ける知識や授業で行う行為にまで拡大し、抑圧／自律の二元論を応用していく。バッキンガムの意義は——マスターマンとの決定的な差異でもあるのだが——、現職教員らと共同でメディア制作の教育実践を実施し、具体的に教育実践へ介入したことにある。もちろん、デューイが1896年にシカゴ大学附属小学校を「実験室学校」（laboratory school）として開設し、自らの教育思想を実践したことは有名であり、この点でもデューイとバッキンガムは重なり合う。

3. 二元論の社会的条件

　「第1章第3節1.」、「第1章第3節2.」で検討したように、1980年代から1990年代におけるイギリスのメディア教育を取り巻く環境の中で注目すべき点はおおよそ二つに集約することができる。第一に、インターネットの普及と対抗文化の形成を中心としたメディア環境の変化である。第二に、サッチャー政権の成立とその運営、並びにメディア教育のカリキュラム化である。詳細を繰り返すことは避けるが、これら二つの事態をマスターマンのメディア批判教育論（メディア・リテラシー論）、バッキンガムのメディア制作教育論の文脈に照らし合わせて解釈すると次のようになる。

　第一に、メディア環境の変化についてである。インターネットの普及と呼応してデジタル化が進行したことで、ユーザー自らがデジタル・コンテンツを制作する可能性は広がった。「第1章第3節1.」で検討したように、マスターマンは、当初から新たな情報機器の使用やメディア制作の教育実践に消極的であった。対照的にバッキンガムは、メディア制作教育論を展開したことからも明らかなように、新たな情報機器を積極的に教育実践の中で活用しようとする。このような両者のスタンスの違いを考慮すると、デジタル技術の普及はバッキンガムのスタンスを社会的にサポートすることに貢献したと言えよう。

　第二に、メディア教育のカリキュラム化についてである。さらに教育政策レベルでメディア教育がカリキュラム化されたことで、メディア教育学者は、「抵抗としてのメディア教育」から「制度としてのメディア教育」へとシフトチェンジを求められた。それに呼応する形で、BFIやBBCが教員研修を実施し、教材や情報を提供した。新たな教育方法、新たな教材がBFIやBBCによって次々と提供されたことで、メディア産業との敵対的関係は異なった方向へ進んでいった。このようにメディア教育のカリキュラム化もまた、バッキンガムのスタンスをサポートしている。なぜなら、マスターマンによるメディア批判教育論（メディア・リテラシー論）は、メディア産業との敵対的関係を前提

とするのに対して、バッキンガムによるメディア制作教育論は、メディア産業が提供するものも教育実践に取り込むことができるからである。

　サッチャーの登場と歩調を合わせてマスターマンが『テレビを教える』を書き、バッキンガムはそれに反応した。サッチャー政権下、とりわけマスターマンが『メディアを教える』を書く契機となったフォークランド紛争のような事態は、マスターマンの唱えるメディア批判教育論（メディア・リテラシー論）の必要性を訴える社会的な出来事であった。マスターマンはBFIを取り上げ次のように述べる。「BFIの枠組みの中で、イデオロギー概念あるいはメディア価値に対する参照点は全くなかった。あなたはこのことのすべてがサッチャリズムの高揚の中で生じたことを思い出さなければならない。そしてBFIの存在は、国家からの実質的には毎年数千ポンドの寄付に依存していた」(Masterman 2010:9)。サッチャー政権がメディアによる情報提供を通して世論の操作を行い、BFIに象徴されるように、サッチャー政権下でメディア産業とメディア教育の緊張関係が無化されていく。それは同時にメディア批判教育論（メディア・リテラシー論）が有していた社会的必要性も無化することになった。

　以上のように、二つの事態に焦点を当てただけでも、複雑かつ矛盾した社会的な諸条件が偶発的かつ政治的に結びつき、バッキンガムのメディア制作教育論は支持されたのである。このような社会的諸条件の重なり合いとしてメディア制作教育論を捉え直すことができるように思われる。

第3節　二元論の両義性

　「子どもは、テレビの麻酔によって精神的慣性に陥っているテレビゾンビではない。さらには性別主義や商業主義、イデオロギーによって条件づけられたイデオロギー的被害者でもない。対照的に彼らは、能動的に、自らの意味を作り出し、自らの目的のためにテレビを利用する。そしてそれらの

目的は、不可避に、文化によって規定されている」。(Buckingham 1993a:20)

　「異なったオーディエンスは同じテキストでも異なった読みと評価を下すという事実は、メディア教育の授業において重要な含意を有している。生徒たちはまたアクティブな意味の創出者である。テキスト分析の目的は、合意的な評価と解釈を供給することではなく、多様性を奨励し、尊重することにある。子どもたちの反応は育成され、真剣に取り上げられなくてはならない。単なる教師好みに従属されるものではない。テキストの主観的な意味、多数派の支配的な考えにも従属するものではない」。(Masterman 2001 (1997):26)

1. バッキンガムの両義性とマスターマンの両義性

　本節の冒頭に記述した二つの言葉を見てほしい。メディアに対する生徒の自律性をマスターマンは認めている。逆に、バッキンガムは文化による規定を強調している。ここで思い出すべきは、バッキンガム・マスターマン論争である。繰り返すならば、バッキンガムはメディアに対する生徒の自律性を、マスターマンは生徒に対するメディアの抑圧を説いていた。その後、バッキンガムは時流に乗り、メディア制作教育論を展開させた。その一方でマスターマンは沈黙を続ける。そして1990年代末、マスターマンは本節冒頭に記述した言葉を述べる。
　一見二人は歩み寄っているようであるが、二つの言葉には5年近い隔たりがある。そもそもバッキンガムの言葉は、初期に位置づくものである。同時期のバッキンガムの言葉に注目しよう。「かつてイデオロギーは課せられ名づけられたが、今となってはその効果は減少した。読者はテキストの敵対的な権力から解放されたのである」(Buckingham, Fraser and Mayman 1990:35)。さらに、2010年のインタビューでマスターマンは、1986年のバッキンガムとの論争を次のよ

うに振り返っている。「私のバッキンガムに対する即時的な反応は、彼が私の保持していない見解に帰属しているというものである」。バッキンガムの批判は、「私の本のほとんどのページと矛盾する」(Masterman 2010:9-10)。例えばバッキンガムは、マスターマンのメディア教育論において、教師が生徒へ特定の答えを要求する権威的な教育ではないかと批判した。それに対してマスターマンは、こう述べている。「私は教師の考えを複製する生徒には全く興味がない」(Masterman 2010:10)。「私はメディアのイデオロギー的な役割を理解するように求めたのであるが、バッキンガムは、このことを特定のイデオロジカルな議題を生徒に押し付けることであると誤って解釈している」(Masterman 2010:10)。ここから明らかなことは、マスターマンも、バッキンガム同様に2010年の段階でも、抑圧／自律の二元論を踏襲していることである。

　しかしながら、先述したようにそもそもバッキンガム・マスターマン論争の時点で彼らの対立は、論争という形式がもたらした強調点のちがいに過ぎない。何よりも彼らは、抑圧／自律の二元論を共有している。対立的に捉えられてきたこの二元論は、1990年代にメディア教育がカリキュラム化される中で、徐々に対立点を強調できなくなったのではないか。むしろ、他のメディア教育学者同様、二人もカリキュラム化の内部でメディア教育のあり方を考えざるを得なくなった。その際、論争という形式ゆえに対立点が強調されたように、カリキュラム化の枠組みの中では逆にその両義性が強調されるようになったと考えられる。事実マスターマンが想定するメディア教育後の生徒の姿は、メディアの抑圧から解放され、メディアに対して批判的かつ自律的に接する生徒だろう。つまり、バッキンガムの想定するメディアと生徒の関係をマスターマンもまた理想として掲げている。2000年代に入って、メディア教育のカリキュラム化が定着する中で、両者の理論上の強調点は二元論のいずれか一方を選択することから、二元論の両義性へと変化したと言えよう。

　その証拠に、マスターマンがインタビューに答えた同時期、バッキンガムは次のように考えている。

「消費者が明らかに強力な意識産業の被害者であるという考えには問題がある。あるいは彼らの要望は自らの操作をこえて強力な権力によってだまされ操作された結果であるという考えにも問題がある。しかし逆に以下のように主張することも問題である。それは、消費者が自律しており、自らの選択にしたがって自由に意味をつくりだしているという考えである。消費者がアクティブであると主張することは、単に制作者は彼らに影響を与えるだけの力を持ち合わせていないということを暗示しているわけではない。けれども制作者の権力を主張することは、必ずしもイデオロギーの受動的な被害者として消費者を捉えることを意味しているわけでもない」。(Buckingham 2011:34)

バッキンガムもまたマスターマン同様に、抑圧／自律の二元論に基づき、いずれか一方を選択するのではなく、むしろその両義性を強調するのである。

2.「解放」から「参加」へ

「消費主体の強調は制作者の権力を否定することになる。そして逆も真なりである」(Buckingham 2011:34)。バッキンガムによれば、そのように考えることは、「消費者優位か、制作者優位かという行きづまりへと導かれているように思える」(Buckingham 2011:34)。その代わりに、彼はメディアと生徒の関係が抑圧されつつ自律している、あるいは自律しつつ抑圧された関係であると考える。これは、マスターマンも同様である。

しかしながら、この見解を学校教育論として応用するならば、次のように考えられる。マスターマンは、メディアと生徒の関係の両義性を唱えつつも、メディアからの抑圧、さらにメディア教育を通した抑圧からの「解放」を唱える。確かにバッキンガムが言うように、この試みが権威的な教育になってしまうとは限らないが、決定的な問題としてメディアと生徒の関係を一方的に捉えることになってしまう。具体的には、生徒はメディアから抑圧されていることを認

めない限り、抑圧からの「解放」を教育に求めることはできない。つまり、メディアに対する生徒の自律性は覆い隠されてしまい、抑圧／自律の両義性を強調することはできなくなってしまう。それに対してバッキンガムは、メディア教育の目標を転換することで抑圧／自律の両義性を強調する。「メディア教育の目的は若者をメディアの影響から保護し、それによって『よりよいもの』へと導くことではなく、彼らが十分な情報を得たうえで、自ら信じるところに基づいて判断できるようにすることである。メディア教育は、ここでは保護の一形態ではなく、準備 (preparation) の一形態と見られる」(Buckingham 2003c: 13=2006: 21)。

　一見このような学校教育という枠組みに限定した問題設定は、カルチュラル・スタディーズの問題設定としては不十分のように思われる。なぜなら、この潮流は学校教育という枠組みそれ自体を問題視してきたからである。例えば、「第2章第3節1．」で紹介したように、ウィリアムズはカルチュラル・スタディーズの「原風景」を成人教育の場に見出す。

　しかしながら、ウィリアムズの考えが一定程度有効だとしても、逆に学校教育における学びが生徒のメディア経験を変える可能性にも注目する必要がある。例えば、S. ブラッグ (Sara Bragg) が述べるように、生徒らが「教育的なインプットなしにメディアの意味と交渉することはできない」(Bragg 2007: 70)。生徒らは学校の外で学んだことや諸経験を学校へともち込んでくると同時に、学校で学んだことを通して、メディアと接触し、日常のメディア経験を構成している。1990年代末、社会学者の吉見俊哉は学校教育へ向けて「私たちの生活にあふれているメディアをめぐる日常の実践に、教室の実践がどうクリティカルに介入していけるのかという点が十分に考えられてはいない」と指摘した (吉見 1998: 258)。この指摘は、今なお重要な問題として横たわったままである。バッキンガムの二元論に基づく学校教育論は、この問題への応答と解釈することも可能である。

　テレビを見る、新聞を読むなどの日常的なメディア経験がいかに習慣化されているのか。バッキンガムはこの点に学校教育としてのメディア教育の可能性を見出す。ウィリアムズやホールは身体レベルや物質レベルのメディアとのか

かわりを考え続けた。バッキンガムにしたがえば、生徒たちはこのようなかかわりを、授業参加を通して修得していく。ここで生徒は漸進的にメディアとの関係を構築し、単に表象レベルではなく、身体レベルや物質レベルでメディアとの関係を認識する。ソーシャル・メディアが日常化し、メディア内存在としてメディアとかかわる生徒らには、このようなメディアと生徒の関係を築き上げる機会が提供されるべきである。メディア批判教育論（メディア・リテラシー論）をより充実したものにするためにも、身体レベルや物質レベルでメディアとの関係を形作っていく教育の機会が提供される必要がある。その意味で学校教育としてのメディア教育は、メディアとの関係を構築する基礎となる。つまり、重要な社会的なインフラの一つとして位置付けることができる。

　このようなバッキンガムの理論展開は、ホールの理論展開と同様の軌跡を辿っていると言うと言い過ぎだろうか。というのも、ホールはメディアの教材化と若者たちの文化形成の連続性を唱えた。具体的には、ウィリアムズの延長線上としてのホールから、若者たちの能動性に着眼した独自路線へと展開した。バッキンガムもマスターマンを乗り越えようとした。具体的には、「エンパワーメント」を通した「解放」の物語としてのメディア教育をこえようとした。生徒が学校教育において、自らメディアを利用する点に着眼し、「解放」の物語から「参加」概念を中核に据えたメディア教育論への変化と言えよう。さらにその結果、生徒たちは参加型メディア教育の中でメディアと生徒の関係を徐々に構築していくことが可能となる。その関係をベースにして、換言すれば社会的なインフラとしての学校教育の可能性の下で、生徒は文化形成に関与できるはずである。

　確かに、ホールは若者たちが文化形成にいかに関与しているのかを描いた。しかしながらホールは、若者たちが文化形成に参加するために必要不可欠なメディアとの関係をいかに身に付けているのかを明らかにしていない。バッキンガムは学校教育に焦点を当て、メディア学習論を展開してこの点にアプローチしている。そしてメディア教育には、メディアとの関係を構築する可能性がある点を描き出した。サッチャー政権下におけるメディア教育のカリキュラム化

に呼応し、その時代的要請にバッキンガムは応答した。これは見方によっては政治迎合的な行為であろう。しかしその結果、メディアと生徒の関係が抑圧／自律の両義性を有する理解へと展開したことも事実である。謎解きの実践をこえて、生徒らがメディア・テキストを制作し、メディアとの関係を構築していく経験学習が可能になったと言える。言い換えれば、バッキンガムは学校教育という制度と「知」との政治的関係を教育実践レベルで問い続けてきたと言えよう。このような学校教育における学びはいかなる可能性へとひらかれるのだろうか。次章では学校教育論としての枠をこえて、より広いパースペクティブからバッキンガムの試みを検討する。

小　括

　バッキンガムは、メディア特性論、メディアと生徒の関係論を結びつけ、抑圧／自律の二元論を構成した。この二元論はその後、教師の存在へ着眼することで、マスターマンの学校教育論を批判するために利用された。さらには、メディア批判教育論（メディア・リテラシー論）／メディア制作教育論、読むこと／書くこと、受動的知識／能動的知識などの教育方法論の文脈へと置換され、新たな二元論を生み出すことになった。

　本章は、このような二元論という枠組みと同時代の社会状況（とりわけメディア教育のカリキュラム化）を照らし合わせた。バッキンガムは、抑圧／自律の二元論を駆使し、学校教育としてのメディア教育の重要性を唱える。ここに、時代の要請へ応えようとするメディア教育学者バッキンガムの姿を見出した。

　バッキンガムは1990年代以降、マスターマンは1990年代末から2000年代に、メディアと生徒の関係が抑圧／自律の両義性を有することを強調していく。しかしながら、たとえこのような両義性を唱えたとしても、マスターマンはメディアの抑圧から生徒の「解放」を求める。このことはメディアと生徒の関係が抑圧関係であることを前提とするため、隘路に陥ってしまう。それに対

してバッキンガムは、メディアと生徒の関係が抑圧／自律の両義性を有するがゆえにメディア制作の教育実践へ参加できる（すべき）と考える（251頁　関係図4）。この教育を通して生徒らは、身体レベル、物質レベルで漸進的にメディアとの関係を構築していく。メディアと生徒の関係は、所与のもの（抑圧あるいは自律）としてあるわけではない。バッキンガムの参加型メディア教育は、メディアとの関係を構築していく社会的インフラとしての可能性を有している。

注

1) 総合中等学校6学年とは、一般的に6thファームと呼ばれ、主に17歳から18歳までの生徒を対象としている。
2) 『イーストエンダーズ』は、1985年からBBCで放送されているロンドン東部を舞台にした連続テレビドラマである。
3) 先述したように、バッキンガムはこの言葉に教師と生徒の関係という前提を見出している。具体的には、生徒は謎を持ち、教師は謎を解くカギを持っているというものである。そのため、本書ではこの言葉を脱神話化とは訳さず、謎解きと訳した。
4) この他にも、テレビ番組の最中に流されるCMや雑誌記事と並列される広告も、「コンテキスト分析」の重要な材料とされる。
5) 「ケース・スタディー」の実践としては、視聴者の視聴調査やメディア会社・組織の仕事を調査することもあげられている。

第 4 章
メディアの拘束に対する抵抗可能性

本章は、バッキンガムの参加型メディア教育とジェンキンスの参加文化論との比較を通して、バッキンガムの参加型メディア教育の特徴を明らかにする。そして学校教育の文脈を踏まえつつ、参加型メディア教育の学習論としての可能性を検討する。さらに今井康雄の試みに注目し、言語を中心とした広義のメディア概念を採用した際、バッキンガムの試みがどのように解釈可能であり、いかなる課題を有するのかを明らかにする[1]。具体的にはメディア内存在として生徒を捉えた際、バッキンガムのメディア教育論において鍵となる諸概念にいかなる限界があるのかを考察する。これらを通して、バッキンガムとは異なった形でメディアへの抵抗可能性を提示する。

第1節　参加型文化論とメディア教育
―ジェンキンスとの比較―

1．メディア教育に求められる能力

　前章で述べたように1990年代のバッキンガムは、教育実践へ積極的に関与するようになった。この時期のバッキンガムは、1980年代のマスターマンとの差異を強調するスタンスからメディア制作の教育実践をより具体化しようと試みた。
　バッキンガムのほかにも生徒らの参加を通した教育実践を構想する人物がいる。2009年までマサチューセッツ工科大学の比較メディア研究科に所属していたジェンキンスである。彼はデジタルメディアが子どもに与える影響を研究し、マサチューセッツ工科大学を離れる2009年に『参加型文化の課題に向き合う』を発表する。例えば、ウェブブラウザFirefoxを作ったB. ロス（Blake Ross）は、14歳の時にNetscapeでのサマーインターンシップに参加した。彼はすでにコンピュータプログラムのスキルを有しており、自らのウェブサイトを発表していた。参加したサマーインターンシップを契機に自らのウェブブラウザを

創設するのだが、それにはたくさんの若者と大人がボランティアとして参加することで、ウェブブラウザFirefoxは誕生した（Jenkins 2009:2）。つまり、ジェンキンスにとって参加型文化とは、このように「ファンや消費者が能動的に参加し形成する文化」と言えよう。

　ジェンキンスは次のように述べている。「歴史的に私たちは創造的な作文や芸術の授業に価値を置いてきた。それは未来の作家や芸術家を識別し、訓練する手助けとなるからというだけではなく、創造的なプロセスそれ自体にもまた価値があるからである。たとえ子どもたちのほとんどが職業的に書いたり、演じたり、絵を描いたりしなくても、あらゆる子どもたちは、ことば、音、イメージを通して彼・彼女自身を表現する機会を得る必要がある。こうした経験をもつことで、若者たちは自分自身の考えを変化させ、他者が作った作品の見方を変化させると私たちは信じている」（Jenkins 2009:6）。ジェンキンスにとって制作活動はそれ自体に価値が見出されるものである。なぜなら、生徒たちは制作活動を通して自らの考え方を変えるからである。

　この点は、バッキンガムがメディア制作の教育実践の目的を職業的なものに求めていない点とも一致する。バッキンガムは1990年代から実践的作業（practical work）という言葉を使用し、メディア制作の教育実践をより洗練している。具体的には、次のように使用している。「ほとんどのメディア教育者は、実践的作業をその中心として重視している。ここでは、教育とトレーニングの明確な区別がある。メディア教育における実践的作業の目的は、主として職業的なものにあるわけではない。技術的スキルの獲得は、概念的かつ批判的理解が発達することに対する副次的なものであると見做しうる。制作のプロセス――振り返りのプロセス――を通して修得することができる概念理解は、作品（制作）よりも、重要性を有している」（Buckingham, Grahame and Sefton-Green 1995:11）。実践的作業は単に記者やプロデューサーに扮してメディア・コンテンツを制作するだけの活動ではない。むしろ、そういった制作活動を通して職業的なスキルを磨くのではなく、制作活動を通して振り返りを促進する活動である。バッキンガムにとっても、ジェンキンスにとっても、制作活動は概念的

かつ批判的理解を促す活動である。

ジェンキンスは、参加型文化に参加するために必要な11の能力を上げている。このような能力は、先行研究と参加型文化で生じている学習形式を調査することによって明らかになった (Jenkins 2009:xiv)。「遊ぶ力」「パフォーマンス能力」「シミュレーション能力」「奪用能力」「マルチタスク能力」「分散認知能力」「集合知能力」「判断能力」「トランス・メディア・ナビゲーション能力」「ネットワーキング能力」「交渉能力」である[2]。ここでは、バッキンガム理論と密接に関連するものを取り上げよう。「シミュレーション能力」「奪用能力」「判断能力」の三つである。それぞれについて説明しよう。

第一に「シミュレーション能力」についてである。ジェンキンスによれば、この能力は「現実世界のプロセスのダイナミックなモデルを解釈し構築できる能力」である。これは、想像の世界と現実世界を行き来し、現実をより豊かにする能力と考えることができる。ジェンキンスは言う。生徒は「教科書に書いてあることを読むこと、講義を聴くことからよりも、じかに観察することからより多くのことを学ぶ。シミュレーションとはユーザーが説得力のあるデータに基づいて、行う経験の種類を広げる。それは現実世界では不可能だと思われていることを見る、行う機会を与える」(Jenkins 2009:42)。

「シミュレーション能力」があくまで現実との関係で捉えられている点は注目すべきだろう。バッキンガムも、分析（調査活動）だけではなく、生徒自身の実践（経験活動）を重視すべきと唱えていた。その際に想定されているのは次のようなものである。生徒自身が、プロデューサーやスケジュール管理担当者などに扮して、番組制作のシミュレーションを行う。生徒はこの擬似的な経験を通して、様々な立場に身を置き、メディア・コンテンツやポピュラー文化の精巧でこみいった制作過程を経験する (Buckingham 2003c:79-81＝2006:101-105)。ここでも生徒らの経験は現実との関係で捉えられる。「シミュレーション能力」は、空想や想像の世界ではなく、現実世界との関係で捉えられ、現実へと働きかける能力である。

第二に「奪用能力」である。「奪用」とは、サンプリングやリミックスに代表

される既成の作品をアレンジ、奪用して独自の作品へ変換する行為である。ジェンキンスによれば、学校における芸術の授業やクリエイティブ・ライティングの授業は、自律した芸術家の理想を強調する (Jenkins 2009:57)。それに対して、ポピュラー文化も含め多くのメディア・コンテンツは既成の作品を組み合わせ、あるいは一部と一部を接合して制作されている。現代のメディア作品を理解するには生徒は奪用的なプロセスにおいて作られた作品を分析し解釈する必要がある。そのため、従来の芸術の授業、自律した芸術家の理想に依拠する限り、「奪用」の概念について教えることに失敗する傾向にある (Jenkins 2009:57)。ジェンキンスはクリエイティブ・ライティング、すなわち個人の創造性に依拠するだけでは不十分と考える。

　この点もバッキンガムとジェンキンスは意見が一致している。バッキンガムは言う。「最終的には、表現を待ちわびている自己があるという考えは、創造性という個人的ロマンティックな概念に由来する。この考えは、社会的対話という形式へと置換することが望ましい。教育的観点では、実践的作業におけるプロセスと作品について、生徒による振り返りの重要性を主張したい。例えばなぜ特定の決定がなされたのか、そしてそれらがもっている効果は何か。振り返りによって、これらを明らかにし、理論と実践の接合は築かれる」(Buckingham, Grahame and Sefton-Green 1995:13)。バッキンガムは振り返りを重視し、それを通したメディア理解を推奨する。なぜこれらが重視されるのかと言えば、バッキンガムが創造性という個人的な概念ではなく、社会的対話という社会的な概念によって実践的作業を捉えるからである。

　第三に「判断能力」である。これは前章で検討したマスターマンが目指したメディア批判の教育論（メディア・リテラシー論）でも求められた能力である。具体的には、「異なる情報の信頼性や信憑性を評価できる能力」である。ジェンキンスによれば、この能力がリテラシー概念の一部と見られており、それは長期間にわたって学校カリキュラムの基礎をなしてきた (Jenkins 2009:83)。ジェンキンスはこの能力を説明する中で、バッキンガムの次のような認識に注目している。

「現在のところ、子どもたちがどのようにインターネット上の情報の信用性について判断を下しているのか、あるいは気に入らないコンテンツや取り乱すコンテンツとどのようにうまくやっていくようになるのか。このことに関連する研究はほとんど存在しない。子どもたちは大人よりも、こうした経験をしている。しかし、たいてい彼らはメディア表現と比較することのできる現実世界の経験を欠いている。そしてこれは彼らに不正確さやバイアスを見つけることを困難にさせているのかもしれない」。(Buckingham 2005:22)

　前章で検討したように、バッキンガムはマスターマンとの論争を通して、メディアと生徒の関係論に基づく抑圧／自律の二元論を作り上げた。しかしながら、1990年代における教育実践の模索を通して、この二元論の両義性を唱えるようになった。この理論展開に注目するとき、ジェンキンスも参照している上述の引用はバッキンガムが二元論の両義性を強調する根拠を示している。情報の「不正確さやバイアス」を見つけることは、マスターマンがメディア批判の教育論（メディア・リテラシー論）において生徒らに求めてきた能力である。バッキンガムもまたマスターマンと同様に「不正確さやバイアス」を見つけ出す判断力を必要と考えている。そして、生徒（子ども）が「現実世界の経験」を欠いている点にメディア教育の必要性を見出す。

2. 社会的スキルとしてのメディア・リテラシー

　以上、三つの能力について検討してきた。まとめるならば、「シミュレーション能力」とは空想や絵空事ではなく、よりよい現実との関係を模索する力であった。次に「奪用能力」は、個人レベルから他者との競合や共同作業に焦点を合わせ、社会レベルで文化形成を行う能力である。最後に「判断能力」は情報の信頼性や信憑性を判断する力であり、マスターマンをはじめ多くのメ

ディア教育理論が生徒に求めた能力と言えよう。

　2013年、ジェンキンスはバッキンガムも参加している著作に論文を寄せ、次のように述べている。「最も一般的なレベルであらゆる生徒は社会的スキルと文化的な能力を身につける必要がある。それは、より参加型文化の中で生きている要求と機会を反映している」(Jenkins 2013:111)。具体的には、これまでのように「メディアの表象が私たちの世界認識を構造化している方法について理解」するだけでは十分ではない(Jenkins 2013:121)。

　確かに、メディア・リテラシー論は「現代において最もパワフルで、社会的で、経済的で、政治的で文化的な組織の一つとしてのメディアに対する批判的な理解を与えるように学校へ要求してきた」(Jenkins 2013:121-122)。このことは重要であり、これからも要求されるべきとジェンキンスは考える。しかしながら、新たなメディア・リテラシーは、「社会的スキルとしてみなされるべきである。それはより広義の共同体の中で相互作用する方法である。さらにそれは、単に個人的な表現にとって必要とされる個人化されたスキルではない」(Jenkins 2013:122)。

　ジェンキンスは、視覚、デジタル、視聴覚メディアといった新たなメディアを駆使して形成される文化、すなわち参加型文化が従来の印刷文化に取って代わるとは考えない。なぜならジェンキンスは次のように考えるからである。「新たな参加型文化に生徒は関与する前に、彼らは読み書きができなくてはならない。書かれた言語の登場が声の伝統を変化させたように、印刷されたテキストの登場は、書かれた言語との関係を変化させ、表現のデジタルモードの登場は、印刷されたテキストと私たちの関係を変化させる」(Jenkins 2013:120)。このように、印刷文化の延長上に新たなメディアに基づく文化を再配置し、個人的能力としてのリテラシーから社会的スキルとしてのリテラシーへと再解釈する。

　以上を踏まえると、三つの能力(シミュレーション能力、奪用能力、判断能力)は、デジタル技術が浸透し、新たなメディアが登場したから必要とされる能力ではない。人が他者と関係を築き、現実を構成する上で不可欠な社会的スキル

である。現実とかかわる、他者とかかわるためのスキルこそメディア・リテラシーということになるだろう。例えば、メディアからの情報の真偽や妥当性を判断する「判断能力」は、デジタルメディアが浸透する前後で変わることなく、現実とかかわる、他者とかかわる上で不可欠な能力であろう。

　先述したようにこの著作にはバッキンガムも論文を寄せている。その中で、バッキンガムは再度概念学習を見直す必要性を唱えている。「プロセスの中で、概念学習が何を含意しているのか。そして教室の中でどのように推進されるのか。私はそれを探究したい」(Buckingham 2013:25)。そもそも概念学習とは、「第3章第2節1．」で述べたように、バッキンガムが1990年代、社会と認識の次元のあいだ、さらに分析と制作のあいだのダイナミックで反省的な関係を理解するために唱えた学習である(Buckingham 1996:645)。具体的には、メディア制作の教育論はシミュレーションや実際の制作活動を通して振り返りを促す。その結果「オーディエンス」「表象」などのメディアを読み解く、あるいは解釈するために不可欠な概念の修得を促される。一見、バッキンガムはメディア制作の教育実践に象徴される制作活動のみを重視した印象がある。しかしながら、1990年代からすでに概念学習の重要性を指摘し続けていた。

　さらに言えば、この概念学習は「創造性を否定し、低く見積もろうとするものでもない。それは抽象化された定義や外国の学術的な用語を課す問題ではない。あるいは、既定の批判的なポジションへ生徒の同意を命じるようなことを課すことでもない。むしろ受容された理論体系を伝えるというよりも、ここでの目的は自らの言葉でメディアについて理論化できるように生徒を仕向けることである」(Buckingham 2013:38)。バッキンガムによれば、メディア教育は「空虚なルーティンや教師の気持ちを推し量る実践へと還元することが可能である。(マス)メディアが明らかにいつもうそをついていると表面的なシニシズムを醸成する問題にメディア教育は簡単になることもできる」(Buckingham 2013:29)。しかし概念学習はこのことに挑戦すべきであるとバッキンガムは考える。概念学習は受け取る知識に関してコンスタントに疑問を投げかけ、すすんで自らの経験を見直し、振り返ることに関与する。

ジェンキンスが参加型文化に参加するために11の能力をあげ、メディア教育の意味を「社会的スキル」の修得に集約させるのに対して、バッキンガムは概念学習の見直しと再定義を通して、メディア制作の教育実践の意義を明確にしていく。双方は同じ参加という概念を用いて、若者や生徒が文化形成に関与する可能性を唱えた。しかしながら、その教育方法は、ジェンキンスが最終的に他者とのかかわりを重視したスキルの教育にたどり着くのに対して、バッキンガムは概念学習に行き着く。この差異の意味についてバッキンガムは次のように述べている。「概念に焦点を当てることは、内容、スキルに焦点を当てることと必ずしも比較することはできない。それはカリキュラムにとってそれらすべてを詳述すること、さらにそれらの関係を述べることはできそうにない。ただし、概念を強調することに中心をおくことで私は特にそれらの概念へ挑戦することができると考えている」(Buckingham 2013:26)。バッキンガムは概念学習を通してメディア教育が有する既成の概念を更新することにメディア教育の意義を見出す。

　マスターマンのメディア批判教育論（メディア・リテラシー論）は、メディア・コンテンツに焦点を当て、その批判的分析を重視する。ジェンキンスの参加型文化論は能力（スキル）に焦点を当て、現実、他者とのかかわりを重視する社会的スキルとしてメディア・リテラシーを捉える。バッキンガムの参加型メディア教育は、そのいずれにも回収することはできない。バッキンガムの核心は概念学習にある。さらに重要なことは、バッキンガムが振り返りを通してこの学習を実現しようと考えていることである。では具体的に概念学習とはどのようなものだろうか。

第2節　バッキンガムの着眼点とメディア制作の教育

1．イデオロギーから関係へ

　繰り返しになるが、メディアと生徒の関係に焦点を当て、1980年代におけるバッキンガムの見解と2000年代におけるバッキンガムの見解の違いを整理しよう。1980年代、マスターマンとの論争に代表されるようにバッキンガムは明らかにメディアに対する生徒の自律性を強調していた。マスターマン批判の論考においても、メディアのイデオロギーはテキストに宿るのではなく、その制作のプロセスに宿ると述べている（Buckingham 1986:88）。例えば、「メディアとの接触によってもたらされる快楽は、私たちのためだけではなく、私たちによってももたらされている」（Buckingham 1986:89）。メディアのイデオロギー性は決してメディアが一方的に押し付けるのはなく、生徒（私たち）との関係によって作られている。これがバッキンガムの見解である。

　前章で検討したように、この見解は1990年代後半から2000年代前半になると変化する。メディアと生徒の関係は、抑圧／自律の二元論をこえて、メディアと生徒の関係が抑圧されつつ自律している、あるいは自律しつつ抑圧されたものとして捉えるようになる。つまり、彼は両義性を強調するようになる。「無邪気で、傷つきやすい子どもというロマンティックなイメージを、洗練された、賢い子どもというセンチメンタルな概念に置き換えることは危険である」（Buckingham 1998:37-38）。彼は手放しにメディアに対する生徒の自律を唱えているわけではない。そして、「子どもはメディアに精通し（media-wise）、生まれつき有能であるのか。あるいは受動的で傷つきやすいのか」という二項対立の議論を乗りこえようとする（Buckingham 2000:192-193）。

　バッキンガムは言う。「メディアの権力は、制度とテキスト、オーディエンスの所有にあるわけではない。むしろ、それらの関係にその本質がある」

(Buckingham 1993a:6)。彼は、マスターマンのように、メディアからの情報に付与されるイデオロギーにメディアの権力作用を見出すのではなく、メディアが商品として情報を提供する、作り出す制度、テキスト、オーディエンスの関係を握っている点にその作用を見出す。

このようにバッキンガムは、イデオロギーが所与のものとしてテキストの中に隠されているとは考えない。逆に、生徒が主導権を握り、商品との接触を選択的に行っているという考えを採用するわけでもない。そのいずれでもなく、メディアと生徒の関係が複雑かつ多様であることを重視する（Buckingham and Sefton-Green 1994:130）。メディア商品のイデオロギーは、生徒も含めたオーディエンスとの関係性で構築されているとバッキンガムは考える。マスターマンがイデオロギーを読解する試みを推奨するのに対して、バッキンガムは、（マス）メディアが商品を提供し構築する関係に焦点を当てたメディア教育を推奨する。

このようなメディアとの関係を構築する際に鍵となるのが、概念学習である。例えば、「第3章第2節1.」で検討したように、バッキンガムは授業戦略の一つとしてケース・スタディーをあげている（Buckingham 2003c:75-77=2006:97-99）。もっとも単純なケース・スタディーは、ある特定のテキストを取り上げ、その制作、マーケティング、消費に注目する。例えば、新しいテレビ番組や若者向けの雑誌の売り出し、新作映画の封切り、最新の広告キャンペーンに焦点を当て、分析することになる。場合によっては、生徒らは制作者と直接話をする機会を手配することもある。

バッキンガムはあるリアリティー番組を取り上げ[3]、次のような点を扱うことができるとする。

制作：制作過程、放送局とスポンサー、クロス・メディア・マーケティング、世界規模の販売
言語：編集、視覚的表現様式、ドキュメンタリーとソープオペラ、クイズ番組の包括的混合

表象：「リアリズム」とウソ、パフォーマンス、登場人物の構成、道徳的価値観
　　オーディエンス：視聴率、新聞の批評欄、「双方向テレビ」、オーディエンスの反応

　制作、言語、表象、オーディエンスこそ、生徒らがこの事例研究で修得する概念である。確かに、リアリティー番組は台本がないという意味ではドキュメンタリーである。しかしながら、リアリティー番組を取り上げることで明示される問題は、真実／虚偽、ドキュメンタリー／ドラマといった区分を無化した現実を生徒らが生きている点にある。なぜなら、リアリティー番組は、教条的に視聴者へ何かを教える番組ではないからである。リアリティー番組は、演出や編集が行われた上でリアリティーを作り出している。制作、言語、表象、オーディエンスという諸概念はこのようなメディア・コンテンツを理解できるようにする概念と言えよう。

　　「メディアは透明な世界を見る窓ではなく、世界の媒介された解釈（version）を提供している。メディアは現実をそのまま提示するのではなく、それを構成し再提示している。日常生活の出来事（ニュースやドキュメンタリーのような）にかかわっている時でさえ、メディア制作は出来事を選択し、組み合わせ、出来事を物語にし、登場人物を作り出すことを伴う。したがって、メディアの表象は、必然的に私たちが世界をある特定の見方で見るように、その他の見方では見ないように仕向ける。メディアは客観的というよりも、むしろ必然的に偏向している。しかしこれはメディアが、オーディエンスをだまし、間違った現実の表象へ導いているという意味ではない。すでに指摘したように、オーディエンスもまたメディアと自分自身の経験を比べ、どれくらい現実に近いかを、したがってどの程度まで信頼できるのかを判断している。さらにメディアの表象は、現実と見られることもあれば、そう見られないこともある。私たちはファンタジーと知っていても、それでなお、ファンタジーが真実を語りうることを認めて

いる」。(Buckingham 2003c:57-58=2006:75)

　1990年代以降のバッキンガムのスタンスを示した象徴的な言葉と言えよう。彼は（マス）メディアに権力があること、つまりはメディアが現実を再構成していることを重視する。しかしながら、同時にこのような現実構成はあくまでオーディエンスがその現実をテキストとして読解し、読み解くことで成立する。そしてこのように読み解く際にオーディエンスに力を与えるのが、概念学習である。しかしながら概念学習を通して生徒は、制作、言語、表象、オーディエンスなどの概念を修得するだけではない。概念学習は、メディアが提供するメディア・コンテンツを読み解くことを可能にするだけではない。

　例えば、リアリティー番組の事例研究を通して、生徒らが修得する概念の一つに表象というものがある。この概念を修得することを通して、生徒は「リアリズム」とウソについて単純に区分するだけではない。ファンタジーと知っていてもなお、それがリアリティーを語っているようになぜ見えるのか。この点を考えることができるようになる。リアリティー番組を見てファンタジーと知っている意味で生徒はメディアに対して十分に自律した関係を結んでいる。それと同時に、それでもなおこの番組がリアリティーを語っていると認識する意味で、メディアと生徒の関係は抑圧的関係を結んでいる。つまり、概念学習はこのようなメディアとの両義的な関係を認識することを可能にする。換言すれば、概念学習は抑圧、自律のいずれにも特定できない複雑なものとしてメディアと生徒の関係を再構築する。

2．メディア制作の教育実践
　　―アイデンティティ・ポスターの制作―

　16歳と17歳を対象にしたバッキンガムの教育実践を見てみよう。彼は、まず生徒に3枚の写真を撮影するように指示する。1枚目は自らの考える「本当の自分」の写真であり、2枚目は「なりたい自分」である。そして最後の3枚目は「他者が考える自分」である。次に、これらの写真を有名な映画スターや個

人のイメージと組み合わせ、ポスターを制作するように指示する。そして最終的に、自らの作品についてプレゼンテーションを行う（Buckingham and Sefton-Green 1994:153）。

　ポスター制作の実践においても言えるのだが、バッキンガムによれば写真を撮ることで、生徒は場面構成、フレーミング、カメラアングル、照明、焦点合わせなどの選択を行う。さらに、文字や他のイメージ（例えばモンタージュ写真）と写真を組み合わせるのは写真の意味をどのように定義すべきかにかかわる選択である（Buckingham 2003c:57=2006:75）。生徒は、記者やプロデューサーなどが記事やテレビ番組を制作する時に行うあらゆる選択をシミュレートしている。記者らが、読者や視聴者を意識した原稿を書くように、番組を企画するように、生徒もまた、教師の解釈や他の生徒らの反応を想定して作品を完成させるにちがいない。いわば他者を想定した社会的行為を行うのである。バッキンガムは言う。生徒の作品は「社会的・制度的なコンテキストの中で捉えられるべき」である（Buckingham 2003d（1998）:83）。

　もちろん、マスターマンらのメディア批判教育論（メディア・リテラシー論）も、社会やメディア制度に対して無関心であるわけではない。マスターマンは次のように考えている。メディア所有者、メディアの専門家、広告主、オーディエンス、そしてメディア様式や約束事さえも、すべてがテキスト上で、あるいはテキストの中でイデオロギー操作を行っている（Masterman 1989（1985）:23=2010:31）。むしろ、マスターマンは社会やメディア制度のイデオロギーへ目を向けるからこそ、テキスト読解が必要と考えている。メディア批判教育論（メディア・リテラシー論）は、メディア商品に接する方法や接する際の意識を変化させ、メディアの提供する現実を相対化することに十分に貢献する。しかしながら、読解によって明示された現実もまた、生徒たちのメディア環境や社会的な文脈によって解釈された構成物である。マスターマンらは、自らが読解によって見出した現実もまた社会的構成物であるとの自覚に欠けていると言えよう。そして何よりも情報の送受信を左右するメディア環境へ働きかけることはできないのではなかろうか。

それに対して、ポスター制作の実践で生徒の制作する作品は、メディアが商品として提供する情報とは異なる。あえて言えば、彼らはメディアの中でメディアと異なる現実を構成している。マスターマンは、メディアが覆い隠す別の現実、あるいは暴露すべきメディアの権力構造を所与のものとして想定していた。しかしながら、ポスター制作の実践において、生徒らは所与のものとして権力構造を想定することはできない。むしろ、所与の現実そのものが他者の解釈を想定し、これまでの社会的ルールなどを参照しながら構成されていることを学ぶ。そして現実は自らもかかわり合うことで社会的に構成できることを認識する。

　バッキンガムにとって、メディア教育は「子どもたちに与えられるべきものは何か（逆に排除されるものは何か）というよりも、むしろ彼らを取り巻くメディア環境を形成し、供給することで、能動的にかかわる」教育である（Buckingham 2000:203）。それは、限定された範囲——教師や他の生徒を想定する意味で——とは言え、擬似的経験的な制作活動を通して社会的な現実を構成していく実践と言えよう。そしてこの現実構成こそ、バッキンガムが構想したメディア固有の拘束に対する抵抗の方法であろう。

第3節　教育哲学におけるメディア概念
　　　　—今井康雄を中心に—

1. メディア概念の拡大による教育行為の再解釈

　教育学者の宮澤康人は、教育学におけるメディア研究について次のように述べている。「教育において重要なのは、精神的理念であって、それさえ確定すれば、あとは技術的で付随的な問題に過ぎないという見方を取れば、どうしても物質的基盤は軽視されやすい」（宮澤 2007:226）。ここで宮澤が述べる「物質的基盤」とは、教育学が形態よりも内容を重視する傾向と結びつく。宮澤によ

れば、教育の手段を主題にしているはずの教育方法史さえ、カリキュラムに関心を集中させ、伝達方法の次元をテーマ化することには不十分であった。宮澤は言う。「内容が方法を一方的に規定するのではなく、方法も内容を規定しかえす」(宮澤 2007:227)。

　その他にも教育哲学者の矢野智司は、一般的にメディアという言葉が「メッセージを運ぶための透明な容器」と捉えられてきたと指摘する（矢野 2014:6-7）。それに対して次のようなメディア概念を提示する。「メディアとは、人が経験や体験をするさい、媒介となってそのメディアに固有の自己と世界への通路を開いていく、『もの』や『こと』のことである」（矢野 2014:7）。ここで宮澤や矢野が意図しているのは、学校建築や教室のレイアウト、教師や子どもの身体までメディアと捉えることである。つまり、メディア概念を拡大することである。このような考えをもつ代表的存在として今井康雄をあげることができる。

　今井は、教育（学）の中で、メディアが表面的かつ異物的に捉えられてきた要因の一つに、教師と生徒が直接的に対面し交わることに価値が見出されてきたことをあげている（今井 2004:2-5）。コミュニケーション技術がいかに発展しても、真正な教育のプロトタイプは、教師と生徒が対面で対話（会話）し合う教育ということになろうか。しかしながら、そのような教育行為の多くもまた言語を介している。教師の指示や子どもの経験、それを通した主体の形成に至る教育行為はそのほとんどが言語を中心としたメディアを介した行為と言えよう。その意味で、言語こそ今井の考えるメディアのプロトタイプである。

　今井の考えは、ドイツの哲学者W.ベンヤミン（Walter Benjamin）のメディア論をその原点としている。ベンヤミンによれば、「精神的本質（意味）は言語において (in) 伝達されるのであり、言語によって (durch) 伝達されるわけではない」（ベンヤミン 1995 (1916):11）。ベンヤミンのこの有名な言葉から今井は次のようなことを導き出す。私たちの発する言葉や書き記す言葉は、言語の意味に対する「直接性」に基づいて生成されている（今井 1998:64）。つまり、コミュニケーションは言語内存在である。ベンヤミンは言う。「どの言語も自己自身を伝達する。あるいは、より正確にいえば、どの言語も自己自身において自己を

伝達するのであり、言語はすべて、最も純粋な意味で伝達の〈媒質〉なのだ。能動にして受動であるもの、これこそがあらゆる精神的伝達の直接性（無媒介性）をなし、言語理論の根本問題をなすものである」（ベンヤミン 1995（1916）:13）。この見解にしたがえば、教育する側の意図はメディアのメカニズムに組み込まれることによってはじめて作用をもつことができる。

　私たちの意図や考えは、発する言葉や書き記す言葉などのメディアを媒介して他者へ伝達される。例えば言語は、他者へ意味を伝える役割を担っている。そして意味が言語を媒介して他者へと伝達される以上、自らの意思と他者の解釈が「すれちがう」可能性がつきまとっている。裏を返せば、メディアこそが教える者による学ぶ者への強要を回避している。メディアが学ぶ者の「自由」を担保することを可能にする。メディアは、意味が他者へと伝達されるプロセスにおいて「間接性」という特性も合わせもつのである（今井 2004:36-38）。

　矢野は、言語が重要なメディアであることを認めた上で、「学習と教育という領域を考えるなら、そして幼児・子どもという存在を考えるなら、言語によって秩序づけられる以前の、あるいは言語による分節化によっては捉えきれない、メディアとしての身体の重要性も同様に問われるべきである」と述べている（矢野2014:30）。今井や矢野にしたがえば、メディアは人間の経験と体験を生み出す上で根幹をなす。両者にはメディアのプロトタイプを言語（今井）あるいは身体（矢野）と見做す決定的な差異がある。しかし、メディアを透明なものと捉えてきた従来の教育学を批判し、広義のメディア概念を用いて――例えば今井はメディアを「中間にあって作用するもの」（今井2004:1）と定義している――、教育概念や教育行為を再定義しようとする点で共通している。彼らに基づくならば、生徒の認識、意識、行為もメディアとの不可分な関係の内で、メディアの中で構成されていると捉えることができる。すなわち、教育行為はメディアの中に存在する。

　このような教育哲学の議論を踏まえるならば、初期ホールによるメディアの教材利用、マスターマンによるメディア批判教育論（メディア・リテラシー論）はどのように解釈できるだろうか。まず、初期ホールが『ポピュラー芸術』に

おいて唱えたメディアの教材利用とは、無条件に教師らが選択できるものではないということになるだろう。また安全ピンという原料を本来の支配的な利用とは異なった文脈に再配置し、使用する若者たちも同様である。彼らは何も自由に利用しているわけではなく、安全ピンなどの物質としてのメディアに制約されている。

次にマスターマンによるメディア批判の教育論（メディア・リテラシー論）についてである。1980年代、マスターマンはテキスト分析を推奨し、メディア教育によるエンパワーメントを奨励した。これを今井らの見解から解釈するならば、テキストを分析する力をコントロールしているのが言語を中心としたメディアということになる。さらにメディア教育によるエンパワーメントという発想もまた問題がある。今井らにしたがえば、メディアと生徒は不可分な関係を結ぶ。メディアと教育、メディアと生徒は決して分離できるものではなく、むしろ教育や生徒それ自体がメディア内存在として捉えるべきものであった。それに対してメディア教育を通したエンパワーメントとは、教育とメディアを分離し、メディア教育によって生徒にメディアに対して抵抗する力をつけるという認識に至る。メディアと教育、メディアと生徒は無条件に分離され、メディア教育によってメディアの外部に出ることができるということになる。今井らの視点からマスターマンの見解を捉えるならば、マスターマンはメディア内存在として教育・生徒を捉えることができていない、あるいは捉えようとしていないと言えよう。

1990年代末から2000年代初頭にかけてマスターマンは、抑圧／自律の両義性を唱えるようになる。しかしながらこの変化を経た後も、マスターマンはメディアからの解放を求める。この解放という言説もまた、メディアの外部を想定し、メディアの外部へ抜け出ることができるとマスターマンが考えている証左である。マスターマンが抑圧／自律の両義性を唱えつつもメディアによる生徒の抑圧を前提とする解放の言説を一貫して主張した（できた）のは、彼がメディア内存在として生徒や教育を捉えなかったためである。

バッキンガムはこの隘路を抜け出るため、参加概念を精錬させ、身体レベ

ル、物質レベルで漸進的にメディアとの関係を構築するメディア教育を唱えた。それは、例えば自らメディア制作者として現実構成へ関与する教育実践（シミュレーション）である。次節では今井の考えを再度整理し、そこからバッキンガムの試みを詳細に検討しよう。

2．コミュニケーション・メディアというメディア概念の可能性

　今井らのメディア観にしたがうならば、例えば視聴覚教育やメディア・リテラシー論は「表象の次元」でメディアの特性を捉える試みと言えよう。そしてこれらは、教育行為におけるメディアの位置づけを限定し過ぎていると解釈できよう。具体的には、メディアの教材利用、メディア批判、そのいずれも教育行為の外部にメディアを位置づけてしまっている。例えば、メディア・リテラシーという能力の育成は教育行為とは異質なメディアへの対処と言える。今井にしたがえば、このようなメディア観に依拠する限り、厳密にメディアと教育の関係を捉えることはできない。なぜなら先述した通りメディアは決して教育の外部に存在する異質な存在ではなく、授業場面や生徒指導の場面においても、教師の指示や生徒の反応のほとんどは言語を中心としたメディアを介在しているからである。

　今井の見解にしたがうならば、言語を中心としたメディアは教育行為にとって、教材利用する、批判する（できる）対象ではない。むしろ逆に、メディアの中にこそ教育行為は存在している。例えば授業場面における教師の生徒への指示は、先述したメディアのもつ意味生成における「直接性」と意味伝達における「間接性」を前提条件に成立している。このように今井は、コミュニケーションにおけるメディアの作用に注目することで、教育行為全般にわたるメディアの作用を見出すことに成功している。なぜなら私たちはメディアの存在なくして他者へ伝える意味を生成することも、それを他者へ伝えることもできないからである。

　ここで留意すべきは、今井がメディアの媒介作用（mediation）を重視している

ことである。言い換えると今井の関心は、意味の生成過程／意味の他者への伝達過程においてメディアの媒介がいかになされているのかという点にある。あえて言えば、そのメディア観は「メディア＝コミュニケーション・メディア」と言うことができる。このメディア観にしたがうならば、子ども（生徒）はメディア内存在と捉えることが可能となった。さらに教育行為、経験、主体などが構成される機制（メカニズム）をメディアの観点から解明できるようになった。まず言語を中心としたメディアを介したコミュニケーションが先行し、教育行為、経験、主体等は後続してメディアによって構築されると解釈できよう。このメディア観にしたがって、バッキンガムの試みを検討しよう。

　1980年代、バッキンガムはマスターマンとの差異を強調するために生徒の自律性を強調した。今井から見ればこのような見解はコミュニケーションにおけるメディアの不可避性を看過した試みと解釈できるだろう。1990年代、バッキンガムはメディアと生徒の関係が抑圧／自律の両義性を有することを強調するようになる。そして、生徒が授業実践に参加する中でメディア環境を自ら形成するメディア教育を唱えた。ここにはメディア内存在としての生徒を見出すことができ、今井らの試みとの重なり合いを見出すことができる。

　しかしながら、バッキンガムと今井の間には大きな隔たりがあると考える。例えば、バッキンガムの出発点であり、メディア研究――とりわけカルチュラル・スタディーズ――において重要概念であるオーディエンスという概念についてである。メディア研究者の伊藤守が言うように、オーディエンス概念はメディア研究にとって不変の重要な概念として位置づけられてきた（伊藤2014:320）[4]。しかしながら、管見の限り、今井がこの概念を取り上げることはほとんどない。あえて言えば、今井の試み――さらには教育哲学におけるメディア概念の導入の試み――において、オーディエンスは不在である。

　このことが意味しているのは次のことであろう。繰り返せば、今井にとってメディアとは「コミュニケーション・メディア」を指している。そのため、問われるのは言語を中心としたメディアの媒介作用である。今井が近年取り組む「モノとしてのメディア」というメディア観についてもこの問題関心は変わって

いない。例えば今井は学習へのメディアの作用について次のように述べている。

> 「われわれが何かを理解し納得するとき、われわれはこうしたメディアの物質性の露呈を経験しているのではなかろうか。学習における納得は、おそらく内なる観念や命題の明証性のようなものとしてではなく、こうした不透明なメディアの物質性を介して到来する。だからこそ、学習は、既成の理解の地平を越え・広げていくような経験として成就するのだと考えられる」。（今井 2014a:6）

ここで今井が問題にしているのは、決してオーディエンスとメディアとの関係ではない。メディアの媒介作用の一つとして、学習とモノとしてのメディアの関係が問われている。人の意思や考えとは無関係にメディアが人との関係性をいかに作り出しているのか。ここに、今井が解明しようとするメディアの媒介作用があると言えよう。

今井のメディア概念にしたがうならば、言語を中心としたメディアは、学習、人とモノとの関係まで形作っていく強大な権力を有するものである。この視点からバッキンガムの試みを捉えるならば、むしろ露呈するのは先述したようなバッキンガムと今井の重なり合いではなく、むしろ隔たりであり、同時にバッキンガムの限界ではなかろうか。

第4節 （マス）メディア内存在の生徒によるメディア教育

1．振り返りの不可能性

バッキンガムの試みにおいて、生徒らは擬似的な制作活動を通して社会的な現実を構成していく。マスターマンはこの試みを「退屈な三流『ポップ』ショー

の模倣」(Masterman 1980:140)、B. ファーガソン (Bob Ferguson) は、機材をもって生徒が走り回る「紋切り型の乱闘」(B. Ferguson 1981:45) と批判した。メディア制作の教育実践、実践的作業を通して生徒は現実を構成しているわけではなく、単に支配的なメディア言説を再生産しているにすぎないというわけである。バッキンガムの次のような言葉に注目しよう。

「メディア教育の目的は、単に子どもがメディア・テキストを「読む」、あるいは理解することができるようにしたり、メディア・テキストを自分で「書く」ことができるようにしたりすることだけではない。メディア教育は、また子どもが読み書きの過程を体系的に振り返り、読み手・書き手としての自分の経験を理解し、分析できるようにしなければならない」。(Buckingham 2003c:141=2006:176)

バッキンガムは、L. ヴィゴツキー (Lev Semenovich Vygotsky) の自然発生的概念と科学的概念の区別から振り返り概念を考えている (Buckingham 2003c:141=2006:175)[5]。バッキンガムによれば、科学的概念の特徴は二つである。第一に、科学的概念は直接経験から大きく乖離している。この概念は、体系的な方法で物事を一般化する能力にかかわっている。第二に科学的概念は、振り返り、言い換えれば心理学の用語で言う「メタ認知」にかかわっている。このような科学的概念の特徴を手がかりに、バッキンガムはメディア教育における自然発生的概念、科学的概念を次のようにまとめている。生徒がメディアについてすでに持っている知識を自然発生的概念の集まりと考えることができる。生徒がメディア教育の中で獲得していく「ステレオタイプ化」や「表象」など、意識的、より慎重な思考を実現するのが科学的概念である。本章第2節で検討した概念学習は、この科学的概念を修得する教育実践と言える。バッキンガムによれば、振り返りを通して生徒は「自然発生的な」知識を明確にし、教師や友達の手助けを得て、その知識を科学的な概念の観点から再編すると言う (Buckingham 2003c:142=2006:176)。

例えば先述したポスター制作の実践において、生徒はあらゆる選定過程で自らのメディア経験を体系的に振り返り、メディア産業の機能を直接的に理解する (Buckingham 2003c:55＝2006:72-73)。生徒は振り返りによって自らの行為を俯瞰的に眺め、産業構造などの日常的なメディア経験とは異なった理解が可能となる。バッキンガムが言う振り返りとは、科学的概念を修得するプロセスで身に付くメタ的能力と言えよう。彼にしたがえば、振り返りを通して概念は修得され、これまでのメディア経験は再構成される。

メディア制作の教育実践は「子どもに、現代メディア文化の中で変化する自分たちの位置を探究し、『振り返る』手段を提供する」(Buckingham 2003c:171＝2006:213)。彼にとってメディア制作の教育実践や実践的作業とは、この能力を育成する教育実践と言える。擬似的に社会的現実を構成し振り返る機会を提供するのである。この点を踏まえるならば、生徒は、マスターマンらの言うように無批判にメディアの言説を再生産しているわけではないことが分かるだろう。例えば、写真を撮る際に行った選択——場面構成、フレーミングなど——を振り返り、教師が準備したメディア言説のサンプル、すなわちメディアの提供する場面構成などと比較検討することも可能である。つまり振り返りを重視すれば、生徒による現実構成はより自覚的かつ洗練されていくとバッキンガムは考える。

しかしながら、このような振り返りの強調はマスターマンらへの反論となるだけではなく、むしろバッキンガムのメディア教育が抱える問題点を示唆している。というのも、振り返りも含めた個人の意識が（マス）メディアの外部に想定できないことは、言語論的転回以降、多くの論者が指摘してきたことだからである。前節で検討したように、今井はメディア概念を広げ、教材利用（ホール）、メディア批判（マスターマン）とは異なり、メディア内存在として生徒や教育行為を捉えた。媒介作用に注目し、コミュニケーション・メディアとしてのメディアに着目することで、あらゆるもの——教育行為、経験、主体等——が構成される機制を解明する可能性を開いた。今井にしたがえば、まず言語を中心としたメディアを介したコミュニケーションが先行し、教育行為、経験、主体等は後続してメディアによって構築されると解釈できよう。そのため、もは

や複製技術の中を生きる個人が意識の努力を起点にすることによっては人間形成の過程を積極的に構想することはできない。人間形成の過程は反省する意識という所産に帰属する必要はないということになろう（今井 2004:205）。個人の意識もまた（マス）メディアの中で構成されているからである。バッキンガムは、このこと、すなわち個人の意識もメディアの中で構成されていることをメディア教育理論の中に組み込むことができていない。

　バッキンガムは生徒のメディア経験が常にすでにメディアの中で生じることを唱えつつ、授業実践で生徒が行う振り返りだけを例外的にその対象から除外する。つまり、バッキンガムもまたメディアの外部に人間の意識、つまり振り返りを配置している。彼は次のように考えている。自らが振り返りを強調することは、ポストモダニズムの唱える「遊戯性」が、合理性へ封じ込まれると解釈され批判されるだろう。「ただ、教育そのものが、他に（振り返り以外に：引用者）どうありうるかを想像できない」（Buckingham 2003c:172=2006:213）。この意味で、バッキンガムのメディア教育もまた、個人の意識を拠り所とした教育理論と言えよう。

2．不均衡な制度的関係

　1990年代、中等学校教員らと授業を共同で実施する中で、バッキンガムはメディアと生徒の関係が抑圧／自律の両義性を有すると主張するようになった。この両義性からバッキンガムが導出するのは、メディアと生徒の関係が複雑かつ多様であるというものである（Buckingham, Grahame and Sefton-Green 1995）。「第3章第3節2．」で明らかにしたように、バッキンガムの学校教育論から身体レベル、物質レベルにおけるメディアと生徒の関係がメディア教育によって構築される可能性を導き出すことができるはずである。

　しかしながら、より広義のメディア学習論として彼の試みを捉えた際、そもそも「メディアと子どもの関係が複雑かつ多様である」とはいかなる状況を指すのか。彼は学校教育論の枠に限定されない形でその具体的様相を明確に示

し、メディア教育におけるその意味を考察しようとはしない。ここで、オーディエンス研究を参照したい。具体的には、第2章で取り上げたホールの見解、そしてバーミンガム大学現代文化研究センターでホールと共にオーディエンス研究を進めたモーレーの見解を参照する。これらは主に1980年代から1990年代にかけて展開されたものである。

　繰り返せばホールは、「ポピュラー芸術」運動、1973年に発表した「テレビ言説におけるエンコーディングとデコーディング」においてウィリアムズから唯物論的なメディア観を踏襲していた。その後1980年代になると、「カルチュラル・スタディーズ――二つのパラダイム」に象徴されるように、記号論的メディア観を有するようになる。ここでは、この記号論的メディア観に依拠したホールやモーレーのオーディエンス研究を検討し、メディア学習論におけるメディアと生徒の関係を具体化することを試みる。さらに言えば、この時期のホールらの試みは、今井をはじめ教育哲学におけるメディアに関する議論でほとんど検討されていないオーディエンスの観点を有している。その意味でも、この検討は必要不可欠なものである。

　ホールによれば、テレビの情報には明示的 (denotative) レベルと暗示的 (connotative) レベルが存在する。オーディエンスの解釈は明示的レベルにおいて拘束されているが、暗示的レベルにおいてそれは開かれている (Hall 1992 (1980):134)。モーレーはこのホールの主張を具体化するように、時事問題を扱う『ネーションワイド』というテレビ番組を分析し次のように言う。一方で、「個人に先行する共有の文化的編成や実践によって個人の読みは枠づけられる」 (Morley 1980:15)。他方で、テレビ番組の意味は、「読み手によって関連づけられた言説(知識、偏見、抵抗など)に呼応して構成される」 (Morley 1980:18)。

　ホールとモーレーもまた、バッキンガムと同様にメディアの拘束に対するオーディエンスの自律に対して両義的である。しかしながら、彼らはバッキンガムのように、メディアに対してオーディエンス(生徒)は自律的か否かという問いを乗りこえようとはしない。むしろ、マスターマンと同様にメディアの権力を強調する。「意味を解釈する視聴者の権力は、テキストを構築・集中化

するメディア制度の言説の権力と同等ではない」(モーレー 1999:425)。

　ホールは次のように考えている。暗示的コードは等価ではない。あらゆる文化は閉鎖性をもち、社会的・文化的・政治的世界に区別を押し付ける。この区別は何かを強制するというよりも、優位的(支配的)意味を作り出している。いわば、序列・階層化された意味を提示している (Hall 1992 (1980):134)。「第2章第3節2．」で述べたように、メディアは犯罪や麻薬使用などを描き、逸脱者の定義づけを行う。人々はこの定義づけを手がかりに、逸脱や社会秩序に関する合意を社会的に編成する。ホールはメディアと人々が合意を形成していると考える (Hall 1988b (1982):62-64)。さらにモーレーは、例えば日常的なテレビ利用が権力的・イデオロギー的に作用すると同時に、家庭生活の文脈に入り込み、家庭生活を構造化する儀礼としても作用すると考える (Morley 2005 (1986):31ff, モーレー 1999:438)。ホールらはメディアの権力とオーディエンスのそれとの差異を認めるが、マスターマンのようにテキストや権力構造を所与のものと見做すわけではない。さらに言えば、バッキンガムのようにオーディエンスは現実の構成へかかわるとも考えない。オーディエンスは、現実構成の基盤となるメディアの権力を構成する当事者であること、これがホールらの主張である。

　オーディエンスはメディアと同等な商品を提供することもできなければ、それを流通させることができるわけでもない。その意味でメディアとオーディエンスの関係は不均衡な関係と言える。しかしながら、ホールとモーレーの見解を手がかりにすれば、オーディエンスはメディアによる情報提供やテレビの家庭への浸透などの条件の下でメディアの権力構成へ加担している。例えば、オーディエンスは犯罪報道に対して賛同・批判・拒否などの反応を示す。彼らが受信する情報は限定されているものの、彼らは様々な反応を示して合意形成へ加担する当事者である。いわば、オーディエンスはメディアの権力構成において「条件(枠)づけられた当事者」と言える。

　このような条件(枠)は、メディアとオーディエンスのあいだに多数存在する。例えばテレビ局は電波法などの法・条例、スポンサーの意図、流通ルートなどが複合的に絡み合う中で情報を提供している。オーディエンスもまた、テ

レビの浸透や家族構成などに条件づけられ、その情報と接触する。メディアとオーディエンスのあいだには、マクロレベルの法・条例からミクロレベルの個人の視聴・購読環境に至るまで情報の送受信の条件（枠）が存在する。この条件（枠）を制度と呼ぼう。例えばオーディエンスは、インターネット上や新聞紙面へ情報を発信しメディアの流通ルートへ入り込むこともできる。あるいは、同じ犯罪でも複数の報道を比較することで、メディアと接触する環境を変化させることもできる。このようにオーディエンスは、制度に条件づけられつつも、それへ働きかけメディアとは異なる現実を構成する可能性、すなわち介入の可能性をもつ。メディアとオーディエンスは不均衡な制度的関係を結ぶのである。

　確かにオーディエンス一般と生徒の区別は必要だろう。しかし重要なことは、介入についてはオーディエンス一般よりも、生徒の方がより可能性をもっていることである。例えば、ストリート・ミュージシャンの活動やインディーズバンドの活動は音楽配信の制度へ働きかけ、メディアとは異なる現実を構成する試みであろう。これはオーディエンス一般よりも介入の可能性をもつ。それと同様に、バッキンガムのポスター制作の実践は、授業実践として完結するのではなく、それが雑誌などのコンテンツを構成する、あるいは地域固有のタウン誌上に掲載され配布されることは十分に考えられる。メディア教育はメディアの制作過程を理解し、その擬似経験によって現実構成を行うだけではない。メディア教育は、制度へ働きかけ、制度を再編させる政治的プロジェクトとして再構成できるはずである。さらに言えば、介入を通して、雑誌や音楽配信のコンテンツとなり得る可能性を有する点で、文化形成的プロジェクトとして再構成できるのである。

3．制度への介入

　バッキンガムは、メディアの権力がメディア制度やテキスト、オーディエンスとの関係に作用すると考えた。彼は、ポスター制作などを推奨し、生徒が自らを取り巻くメディア環境を形成・供給すること、振り返ることを重視する。

バッキンガムは、「影響する側＝メディア／影響される側＝生徒」という図式を問い、むしろ、メディアと生徒の関係が複雑かつ多様であることを唱える。しかしながら、彼が振り返りを中心に個人の意識に依拠する限り、個人の意識を構成するメディアの作用は看過されてしまう。すなわち、バッキンガムは個人の意識まで包摂するメディア固有の拘束を把握できていない。

　そこで本節は、メディア内存在の生徒によるメディア教育の可能性を模索した。ホールやモーレーの見解を手がかりにすれば、メディアはオーディエンスと不均衡な制度的関係を形成している。いわばメディア固有の拘束は、制度によるメディアとオーディエンス（生徒）の関係の拘束にある。そして、メディア内存在の生徒が現実構成の枠組み（制度）へ働きかけ、メディアとは異なる現実を構成すること、すなわち介入にメディア教育の可能性を見出すことができる。生徒は、介入を通して制度を再編し、同時にコンテンツを作り出すことでメディアの提供する現実を相対化する可能性をもつ。

　この可能性を教育哲学研究の文脈に位置づけよう。今井は、ベンヤミンの主張するメディアにおける習慣形成や知覚様式の変化、つまりメディア内経験に、広義のメディア教育——メディアにおける人間形成という意味で——の可能性を見出した（今井 1998:196-198）。それに対してこれまでの考察で見出したものは、生徒が制度へ働きかけ現実を構成する、介入の可能性である。今井は広義のメディアの一つとして本研究が言うメディア、すなわちマスメディアを捉え、メディアの作用を描き出す。ただこの広義のメディアにしたがう限り、（マス）メディアが商品としての現実を構成・提供し、生徒がそれに介入し繰り広げる固有の政治学は重要視されることはない。本章がオーディエンスという概念を導入して焦点を合わせたのは、この政治学である。

　生徒は、事件を取材し新聞記事を制作するわけではない。さらにテレビドラマを制作するわけでもないだろう。メディア制作の教育実践を経験したのちも、ほとんどの生徒は日常生活においてメディア商品を消費する。いわばメディア商品の中を生き続ける。だからこそ、読解や権力構造の暴露、そして振り返りなどメディアの外部へ抜け出し抵抗することには限界がある。むしろメ

ディア教育は、メディアと内在的にかかわるための政治的アプローチを精巧化する作業が必要である。ここで提唱する介入という抵抗の方法は、その一つである。この介入は、二つのプロジェクト、すなわち制度の再編を目指す政治的プロジェクト、そしてコンテンツを作り出す文化形成的プロジェクトとして描き出すことができる。次章以降は、バッキンガムの教育実践を政治的プロジェクト、文化形成的プロジェクトとして再解釈し、参加型メディア教育の新たな展開を検討する。

小　括

　本章では、ジェンキンスの参加型文化論とバッキンガムのメディア教育論を比較し、バッキンガムの参加型メディア教育の特徴を明らかにした（252頁 関係図5）。それは生徒による振り返りを重視した概念学習である。生徒らはこの学習によって単に現実構成のプロセスを理解するだけではなく、社会的現実を構成していく。ここにバッキンガムによる参加型メディア教育の可能性はある。

　しかしながら、今井康雄の試みを手がかりにすれば、生徒は常にすでに（マス）メディア内存在であり、社会的現実も言語をプロトタイプとするメディア内部で構成されていると解釈することができる。本章は今井らの議論を踏まえつつ、オーディエンス概念を再導入し、（マス）メディア内存在としての生徒とメディアの関係を考察した。そして情報の送受信の枠である制度に焦点を当て、メディアとオーディエンスとしての生徒が取り結ぶ関係を不均衡な制度的関係として特徴づけた。

　参加型メディア教育は社会的現実を構成し、この関係を変更する可能性を有する。具体的には、現実構成の枠（制度）を作り変える意味で政治的プロジェクトであり、同時に現実構成がコンテンツ制作と結びつく意味で文化形成的プロジェクトとしての側面を有する。本章は、バッキンガムが描いていない「制度への介入可能性」を参加型メディア教育の新たな可能性として明示した。

注
1) 本研究で言うメディアとは、基本的にはマスメディアを指していた。ただし、本章で取り上げる論者はメディアという言葉を使用しつつも、必ずしも本研究とメディア概念が一致しているわけではない。具体的には、本章第1節で取り上げるジェンキンスのメディア概念にはデジタルメディアが含意されている。本章第3節で検討する今井康雄のメディア概念は広義のメディア概念であり、言語をプロトタイプとした「中間にあって作用するもの」である。同じメディアという表記でもそれぞれ異なった概念であるため、本章ではジェンキンスや今井との比較に際して、混乱を招くと考えた場合は適宜（マス）メディアという言葉を意図的に使用し、混乱を避けるようにした。
2) それぞれのスキルについてジェンキンスは次のように説明している（Jenkins 2009:xiv）。

表4-1　ジェンキンスによる参加型文化に参加するために必要な能力

スキル	スキルの内容
遊ぶ力	問題解決の形式として、周りにあるものを試してみる力
パフォーマンス能力	即興や発見を目的に、代替的なアイデンティティを採用ことができる力
シミュレーション能力	現実世界のプロセスのダイナミックなモデルを解釈し構築できる力
奪用の能力	メディア・コンテンツを意味あるようにサンプリングし、リミックスできる力
マルチタスク能力	周りの状況をスキャンし、重要なものに焦点を移すことができる力
分散認知の能力	精神の可能性を拡張するツールを用いて、意味あるようにそれらのツールを相互に影響させ合うことができる力
集合知の能力	共通の目的に向かって知識を蓄積し、他人と考えを比較できる力
判断能力	異なる情報の信頼性や信憑性を評価できる力
トランス・メディア・ナビゲーション能力	多様なモードを横断して記事や情報の流れを理解することができる力
ネットワーキング能力	情報を検索し、総合し、広めることができる力
交渉能力	多様な観点を見分け尊重し、そして代替的な基準を把握し理解することで異なるコミュニティを横断していくことができる力

3) リアリティー番組とは、主に俳優や女優とは異なる素人が直面する困難や課題に対して向き合っていく様相をドキュメンタリータッチで描いたテレビ番組のジャンルである。台本が事前に準備され、それを演じるドラマとは異なり、台本はなく、出演者の恋愛や進路などが描かれることに特徴がある。視聴者参加型番組がその典型と言えよう。
4) 現在メディア研究においてこの概念は、ソーシャル・メディアの浸透もあって不変の地位を問い直されている（伊藤 2014）。
5) 序章で述べたように、砂川は、バッキンガムの言う振り返りを「感情を伴う振り返

り」として捉え、その可能性をメタ認知の活発化に見出す（砂川 2009:39）。確かに、バッキンガムの言う振り返りは、合理的なメディア教育に抗し、生徒の感情を重視したものである。ただし、そもそもなぜバッキンガムが生徒のメタ認知を育成する必要があると考えたのだろうか。砂川の目的は、バッキンガム理論の国語科における授業実践への応用にあるため、メディア制作の教育を通して身に付けるべき能力を提示し、その「有効性」を述べるにとどまっている。そのため、バッキンガムの意図やそれに対する批判的検証を十分に行っているわけではない。

第 5 章
参加型メディア教育の政治的展開
－イギリス黒人の文化形成とバッキンガムによる教育実践の再解釈－

本章は、バッキンガムによるメディア制作の教育実践を再解釈することを通して、参加型メディア教育の政治的プロジェクトしての展開可能性を明らかにする。まず、バッキンガムの課題——振り返りの特別視——を踏まえ、シティズンシップ教育、ニュー・カマー問題の文脈にハーバーマスの公共圏概念を位置づける。次に、ギルロイが展開するイギリス黒人の文化形成論を手がかりに、言語に限定されないメディアを介した公共圏の構築可能性を明らかにする。最後に、この公共圏の構築という観点から、バッキンガムの教育実践を再解釈し、彼自身が厳密に描き出していない生徒ら自身が新たな公共圏を形成する可能性を明示する。そして、参加型メディア教育の政治的展開の可能性を示す。

第1節　言語とシティズンシップ教育

1．シティズンシップ教育論におけるバッキンガムの位置づけ

　参加型メディア教育には政治的プロジェクトとしての側面——制度への介入——が存在した。イギリスの社会状況を踏まえてこの点をより深く考察するためには、シティズンシップ教育に関する議論は不可欠である。なぜなら、ここには次のような状況が存在するからである。1979年以来サッチャー、J.メージャー（John Major）と保守党政権が続いた。T.ブレア（Tony Blair）率いる労働党は、1997年、保守党政権から政権を奪取した。シティズンシップ教育は、この労働党政権下で1999年にカリキュラム化された。メディア教育がサッチャー政権下で推進されたナショナル・カリキュラムに取り込まれる形でそのスタンスを変化させた。いわばメディア教育のカリキュラム化はサッチャリズムの影響下で生じた。それに対してシティズンシップ教育はブレア政権で諮問委員会が組織されカリキュラム化が進行する。シティズンシップ教育の誕生とカリキュラム化はブレア政権の影響下で生じたのである。

そもそもシティズンシップ教育は、「社会で能動的に活動するための自信や責任感」の育成を目標に掲げ、1999年にイギリスのナショナル・カリキュラムにおいて必修科目として設定された。1997年に労働党のブレア政権が誕生し、そこで英国初の盲目の閣僚として教育雇用大臣にD.ブランケット（David Blunkett）が就任する。そして彼の恩師であるB.クリック（Bernard Crick）を委員長にシティズンシップ教育のための諮問委員会が組織される。その最終答申が『クリック・レポート』である。大久保正弘にしたがえば、イギリスのシティズンシップは、「投票率の低下をはじめとする若者の政治的無関心や、ニートの問題に代表される社会的無力感、および若者の反社会的な行動などの深刻な諸問題」（大久保2012:20）を背景に導入された教科である。『クリック・レポート』は次のように宣言する。

　　「私たちは、イギリスの政治文化に対して、国・地域の側面における変革をもたらすことを最低限の目標とする。それは、一般社会に影響を及ぼす意思・能力・知識を有し、また発言や行動に先立って情報を慎重に評価できる批評眼を有した、能動的市民（active citizens）としての自覚を人びとが持つようになることである。あるいは、現存する最も優れた伝統的な社会参加や公共奉仕を若い人々の間に徹底的に形成・普及させ、かつ個々が自身の集団の中で自信を持って新たな参加・活動のスタイルを作り出せるようにすることである」。（The Advisory Group on Citizenship 1998:7=2012:113-114）

　『クリック・レポート』では、生徒へ情報に対する評価を含む批評する力を求めている。それが結果的に能動的市民としての自覚をもつことにつながり、社会や集団に対して新たな参加の形態をもつことにつながるからである。バッキンガムは2000年に『市民を作る―若者、ニュース、政治―』を出版する。シティズンシップ教育がカリキュラム化された翌年である。バッキンガムは1990年代のメディア教育のカリキュラム化へ呼応して現職教員との共同研究を活発化した。同様に、シティズンシップ教育のカリキュラム化の翌年にこの

著作を出版している。彼はシティズンシップ教育に対しても即座に反応したと言えよう。

　この著作の中でバッキンガムは、ニュースに着目している。彼によれば、市民的な責務の感覚に導かれ、世の中の出来事を認識するために新聞やテレビと接している理性的な読者や視聴者ばかりではない。つまり、ニュースは透明な事実を運ぶものではない。中でも若者の多くは、ニュースに対して快楽を求めている。ニュースには文化的次元、ポピュラーの形式とも言えるものがある (Buckingham 2003f (2000):19)。このように若者たちは、地域社会や家族あるいは学校空間の中でのみ、アイデンティティを形成しているわけではない。快楽主義に裏付けられたポピュラーなメディア空間の中でもアイデンティティを形成している。

　この考えは、『クリック・レポート』と明らかな差異がある。なぜなら、『クリック・レポート』において重視されるのは、理性にしたがった政治判断や政治的選択であると考えられるからである。例えば、『クリック・レポート』ではカリキュラム構想として、「社会的・道徳的責任」「コミュニティへの関与」「政治的リテラシー」を重要なものとして位置づけている。とりわけ「社会的・道徳的責任」は、市民性における必要不可欠の条件としているのだ (The Advisory Group on Citizenship 1998:40=2012:175)。シティズンシップ教育は、社会問題、政治問題へコミュニケーションを通して能動的に参加し、社会・政治の構造自体を組み替えていくことを目指している。それに対してバッキンガムが重要視するのは、理性に基づき議論を活性化した空間ではなく、快楽に基づくポピュラーなメディア空間である。「政治は消費文化の拡大の場所になってしまった」 (Buckingham 2003f (2000):22)。これがバッキンガムの現状認識である。

　ここでマスターマンの見解を参照しよう。マスターマンによれば、「普通選挙は、遠い昔にメディアの外部で生じているイベントであることをやめてしまった。選挙日程や演説、討論会、遊説などはメディアの優先順位や締め切りを考慮して計画され、本質的にメディア・イベントとなっている」 (Masterman 1989 (1985):11=2010:17-18)。メディアは選挙などの民主主義のプロセスを報じて

いるだけではない。むしろ、民主主義のプロセスがメディア内部に存在し、選挙はメディア・イベントとして見做され得る。このような現状は、マスターマンにとって危機的なものであった。というのも、民主主義の中心を担う市民の政治判断や政治的選択が私的な快楽や特定団体、企業の都合に基づくならば、民主主義の根幹が消費的欲望や欲求に規定されることになるからである。マスターマンはこのような認識の上で、生徒はメディア・テキストを読み解き、それが誰の利益のために、どのようなプロセスで、最終的に作られたのかを問う必要があると考える（Masterman 1989 (1985):30=2010:41）。

　それに対してバッキンガムは次のように説明する。市民性の概念は、良質な公共性を謳い文句に、政府が人々を統制する手段として利用された（Buckingham 2003f (2000):32）。公共圏は、一部の人にのみ開かれた空間であった。例えばニュースは、ポピュラー文化が学校文化から疎外され続けてきたのとは異なり、時として学校文化と一体化してきた。ニュースは、「学校教育にとって公式の文化」と見做された（Buckingham 2003f (2000):60）。役に立つ情報源として理解された。もちろん、バッキンガムも認めるように、生徒たちの視聴パターンに注目するならば、ニュースと学校文化を同一視することはできないだろう。なぜなら、ニュースは国内外の出来事や政治、経済、社会動向を伝えているが、生徒たちはこれらニュースと目的的、集中的に接しているわけではないからである。

　マスターマンは、生徒らがニュースへ目的的、集中的に接触し、それをテキストとして読解することを目指す。この点は、『クリック・レポート』の目指すものと一致している。それに対して、テキスト分析によってニュースの政治性を問う前にニュースそれ自体がいかに学校教育と一体となり、一部の人のみに開かれた公共圏を構築したのか。バッキンガムはこの点を問う。シティズンシップ教育に関する見解でも、バッキンガムが乗りこえようとするのはマスターマンである。バッキンガムが問題視する点、すなわちニュースが学校教育と一体になり、一部の人のみに開かれた公共圏を形成していることを考慮するとき、ハーバーマスを想起するのは的外れではないだろう。なぜなら、ハー

バーマスが理念型として取り出す公共圏概念は『クリック・レポート』が求めるものと重なり合うと考えるからである。さらに言えば、政治主体が言語を中心としたメディアを介して公共圏を作り出し、公共圏において議論し合う。このハーバーマス的公共圏概念は、マスターマンの読解を中心としたメディア教育とも重なり合う。そして見通しを述べるならば、『クリック・レポート』、マスターマン、ハーバーマスを並列させたとき、バッキンガムの試みに内在する可能性の一部をバッキンガム本人が看過していることを示すことができよう。

　ハーバーマスを簡単に紹介しよう。ハーバーマスは、ドイツの哲学者で、M.ホルクハイマー（Max Horkheimer）やT.アドルノ（Theodor W. Adorno）らフランクフルト学派第一世代の批判理論を継承したフランクフルト学派第二世代を代表する人物である。ハーバーマスは、『公共性の構造転換―市民社会の一カテゴリーについての探究』の中で、18世紀ヨーロッパのコーヒーハウスやサロンに自発的に集う人々に公衆の姿を見出した。個人的な利害関係や利潤、政治的な立場の差異をこえて、彼らは公共的な討論を行ったことを指摘している（Habermas 2013 (1990):122=1994:86）。これこそ、ハーバーマスが歴史的に抽出した公共圏モデルである。

　バッキンガムは『市民を作る』の中で、ハーバーマスが理想としているのは18世紀の公共圏であり、それは社会的階級やジェンダーの面で高い制限があると解釈している（Buckingham 2003f (2000):23）。同様の解釈は、これまでカルチュラル・スタディーズにおいても行われている。すなわち、ハーバーマスが18世紀のコーヒーハウスやサロンを理想化したために、その公共性が西洋中心主義である、と（Gilroy 1993c:42-43=2006:89-90）。しかしながら、本研究がハーバーマスを取り上げ検討する意味はバッキンガムの試みとハーバーマスの試みが異なっているからではない。むしろ、ハーバーマスの議論あるいはそれに対する批判を踏まえることで、バッキンガムの課題をより具体的に明らかにできると考えるからである。

　本章はハーバーマスの議論に一定の可能性を見出すことになるだろう。なぜなら、彼の議論や彼の議論を教育学的に応用する研究者の試みには、授業実践

を通して、規範構造の変化をもたらすことを期待できるからである。これらにしたがうことで、個人レベルの道徳性や市民性の発達ではなく、個人とその環境（社会・政治）をセットで相互作用的に変化させる教育方法を提案できると考える。

2．教育学におけるハーバーマス受容とコミュニケーションを通した公共圏の構築

　教育哲学者の渡邉満によれば、ハーバーマスはL.ウィトゲンシュタイン（Ludwig Wittgenstein）、J.オースティン（John Austin）らの唱える言語行為論に導かれて、コミュニケーションが単にある内容の言明や伝達にとどまらず、社会を構成し、遂行する社会的な行為でもあると考える（渡邉 1999:97）。ハーバーマスは言う。「コミュニケーション的な言語使用は、この関係（文と事象内容との関係：引用者）が他の二つの関係（「なにかの表現である」という関係、および「なにかをだれかとともに共有する」という関係）とどのように結びついているかという問題を私たちに提示する」（Habermas 1983:34=2000:44）。この視座に基づくならば、教育の過程は日常生活、すなわち生活世界の基盤の上で、「大人と子どもそして子どもと子どもが共に当事者として属している生活世界（を構成する生活形式）について了解をうち立てていくこと」（渡邉 1999:98）と言える。

　渡邉は、このハーバーマスの議論を道徳教育の文脈に置き換えようとする。例えば、話し合い活動に注目しよう。今日道徳教育において重視される話し合い活動において、子どもたちは話す内容を伝えると同時に、その正しさの根拠を了解し合っている。渡邉は言う。「話し合いの中でこの正しさの根拠が変わることで、関係自体も変わらざるを得ない。そして新たな規範構造に基づいた関係による学級が承認され、それに参加する当事者としての個々人の成長も生み出される」（渡邉 1999:99）。話し合い活動を通した道徳の学習は、相互主体的な枠組みに基づき、個人の道徳性の育成と合わせて、教室における規範構造の組み替えももたらすことになる。これらを踏まえて渡邉は、授業内の討議（話し合い活動）のために、6つのルールを提唱する（渡邉 2015:295）。（1）だれも

自分の意見を言うことをじゃまされてはならない。（2）自分の意見は必ず理由を付けて言う。（3）他の意見にははっきり賛成か反対を表明する。その際、理由も言う。（4）理由が納得できたらその意見は正しいと認める。（5）意見は変えてもよいが、理由が必要である。（6）みんなが納得できる理由をもつ意見は、みんなそれに従わなければならない。

　このルールに示されているのは、「理由を述べること」であり、「認めること」（承認）である。誤解を恐れず言えば、前者は正しさの根拠、すなわち既存の諸規範へ、後者は規範構造の組み替えへとつながっている。なぜなら、自らの意思を述べる際に「理由を述べること」は既存の諸規範にその根拠を求めることになるからである。さらに「認めること」（承認）は単に既存の諸規範に依拠するだけではなく、既存の諸規範を新たに了解し合うことを通して新たな規範構造を作り直すことになるからである。この実践によって、既存の諸規範は個人レベルで修得されると同時に、むしろ話し合いを通して、正しさの根拠として話し合い活動の基盤となる。さらに、これら既存の諸規範から構成される規範構造は、組み替えの可能性を有している。この可能性は、学級を基盤としたクラスメイトらとの話し合い活動を通して、了解し合うことで実現されるのだ。

　さらに教育哲学者の上地完治は可謬主義という概念を導入し、ハーバーマス受容を模索している。この概念を用いることで、「道徳的正しさ」は、すでにある「正解」として実在的に捉えるのではなく、吟味や合意によって作り出され共有されることが望まれている「正しさ」（上地 2011:8）と考えることができる。別の論稿では、資料『はしのうえのおおかみ』の授業実践を構想し実践している。この資料は、次のようなストーリーである。いばりんぼうのおおかみは、うさぎ、きつね、たぬきが一本橋を渡ろうとやってくると、「戻れ、戻れ」と言って後ずさりさせていた。しかしある日、くまが一本橋を同じようにやってきたので、おおかみが後ろに戻ろうとすると、くまが「こうしたらいいよ」と言っておおかみを抱えて後ろへそっとおろした。くまのやさしさに感動したおおかみは、それからはうさぎやきつねにも同じように優しくしてあげるようになったという話である。

この資料をめぐっては役割演技を用いた授業実践が多くみられるが、上地は「子どもたちは本当におおかみの優しい気持ちを理解して演じているのか、あるいは演じることでその気持ちを本当に自分事として感じているのか」と疑問視する（上地他 2014:126）。そして、「思いやり」「親切」という言葉でくまの行為を捉えるのではなく、「何気なくやったのではないか」「くまとおおかみに権力関係はないか」なども含めて検討し、最終的には「つながる優しさ」というオータナティブを提示する。子どもたちが、「考え」「話し合う」ことを通して、「優しさはつながる」「優しくすることで、相手を変えることができる」「優しくすることで、学級全体がよりよい社会へと変わっていける」ことに気づいていくダイナミックな授業を構想するのだ（上地他 2014:126-130）。上地の授業実践は、学級のあり方を変容させていくことを目指していると言えよう。

　以上を踏まえるならば、次のようにまとめることができる。渡邉も上地も社会構成的な規範意識を有している。彼らは、既存の規範を想定し、その修得に向けた方法論を問うだけではない。むしろ、彼らは子どもたちの話し合い活動によって諸規範は修得されると同時に再構成され、学級や社会の規範構造の組み替えをもたらす可能性を有していると考える。そのように考えることで、渡邉と上地は、個人と社会が既存の諸規範をめぐって相互に作用し合う循環モデルを提示していると言えよう。

　まさにこの点こそ、イギリスのシティズンシップ教育との連続性となり得る。渡邉も自らの教育実践とシティズンシップ教育の連続性を次のように述べている。シティズンシップ教育はインドクトリネーション（教え込み）を回避し、市民社会の捉え方、それとのかかわりにおいて適切な学習や教育についての基本的な考え方を見直している。この見直しを支えるのが行動とことばを統合する存在としてのコミュニケーションである（渡邉 2015:289）。そして、次のように結論づけている。シティズンシップ教育から学ぶべきものは、学習方略と教育方略のイノベーション（革新）である。この革新とは、「話し合い、討論、討議（課題解決としてのコミュニケーション）であり、学習の射程範囲は、道徳的問題にそくして課題を構成し、その課題の解決に求められる諸条件を探究、そ

して解決に取り組むために必要な思考力と判断力とそのために必要なコミュニケーションスキルの育成である」（渡邉 2015:290-291）。渡邉は、ハーバーマス理論の受容の先に、イギリスのシティズンシップ教育を位置づけ、両者を接合することで、日本における道徳教育を方向づけていこうとしている。

　渡邉と上地によるハーバーマス理論の受容を検討してきた。彼らの試みによって、個人レベルで既存の諸規範の修得を目指す構想ではなく、相互主体的なコミュニケーションレベルで道徳性の修得を構想できるようになった。生徒たちは、話し合いの場へ能動的に参加し、既存の諸規範を修得または再構成する。そしてその規範を集団として——とりわけ学級内で——いかに守っていくのかを話し合うことになる。ここには、話し合い活動を通した意思決定という民主的な手続きを確認することができる。すなわち、言語を中心とした話し合い活動を通して、正しさの根拠（既存の諸規範）は修得・再構成され、その積み重ねによって構成される集団における規範構造は、話し合い活動を通して組み替えることができる。この過程には民主的手続きが含まれており、その意味で話し合い活動は社会を構成する力の育成と結びついている。ここに、教育学、とりわけ道徳教育におけるハーバーマス受容とイギリスにおけるシティズンシップ教育との連続性を見出すことができるだろう。

第2節　言語と人種

1．ニュー・カマーという問題

　渡邉や上地にしたがうならば、話し合い活動は子どもたちの諸規範の修得、同時に規範構造の組み替えを実現する可能性を有している。さらに、それは民主的な手続きを通して実現される意味で、万人に開かれたものであるべきだろう。この可能性を踏まえるならば、バッキンガムによるハーバーマス批判も含

めた典型的なハーバーマス批判、すなわちハーバーマスの想定する公共性が一定の偏向を有しているという批判について再度検討する必要がある。

　例えば、次のような日本のケースを考えてみよう。文部科学省が公立の小学校、中学校、高等学校、義務教育学校、中等教育学校及び特別支援学校を対象に行った「日本語指導が必要な児童生徒の受入状況等に関する調査」を参考にしよう[1]。2016年5月1日現在、日本語指導が必要な外国人児童生徒数は、前回調査の2014年より5137人増加し、3万4335人である（文部科学省 2017:1）。彼らが在籍する学校も前回調査よりも883校増加し、7020校である（文部科学省 2017:6）。さらに言えば、日本国籍を有しつつも、日本語指導が必要な児童生徒も9612人存在する（文部科学省 2017:6）[2]。

　確かに、公立学校（小学校、中学校、高等学校、義務教育学校、中等教育学校、特別支援学校）に通う児童生徒数がおよそ1300万人いることを考えるならば、日本語指導が必要な児童生徒数は少ないと言えよう。しかしながら、彼らが明らかにコミュニケーション弱者であるという事実を看過することはできない。例えば、教育社会学者の清水睦美はフィールドワークで出会った中学2年女子（ベトナム出身、来日1～2年）の次のようなエピソードを紹介している。彼女は、ソフトテニス部でレギュラーになった。ただ、部活動の顧問は次のように述べたと言う。「日本語の問題があって、技術指導の細かいところがわかっていない。（中略）できるだけ丁寧に説明するように心がけてはいるけれど、わかっていなくても『はい、はい』という癖が既についてしまっていて、そこがネックかな」（清水睦美 2006:59）。さらに、日本語指導が必要な児童生徒の中には、「特別の教育課程による指導」を受けている者が前回調査の2014年より5463人増加し、1万1251人存在する（文部科学省 2017:2）。このような教育支援が、充実・拡大・継続されるべきであることも言うまでもない。なぜならこれらの支援は、日本語指導が必要な児童生徒またはニュー・カマーの子どもたちが話し合い活動へ参加する可能性を広げるからである[3]。

　渡邉や上地のハーバーマス受容を手がかりにすれば、言語を中心とした話し合い活動を通して、政治主体（シティズンシップ）を育成する可能性が開かれ

た。その前提は、参加者が言語を使用することである。日本語指導が必要な児童生徒やニュー・カマーの子どもたちの存在は、この前提へ「話し合い活動に参加するのは誰か」と問いかけている。シティズンシップ教育が、より多くの児童生徒が公共圏へ参加することを促す試みであるならば、日本語指導が必要な児童生徒やニュー・カマーの子どもたちも公共圏へ参加することは必要不可欠のはずである。このような充実した実践を展開しようと思うならば、果たして日本語指導が必要な児童生徒またはニュー・カマーの子どもたちが言語能力を向上させるだけで十分だろうか。このケースは、議論の対象からコミュニケーション弱者を排除する意味でハーバーマス理論（『クリック・レポート』、マスターマン）の限界——ギルロイが言う西洋中心主義——を指し示しているのだろうか。

　ハーバーマスは、アンダークラス、すなわち民主的過程から締め出されている人々と民主的過程との関係について次のように述べる。「形式上は公正に引き出される多数派の結論も、ただ没落を恐れる中間層の地位への不安および反射的自己主張を反映するにすぎないものとなり、手続きや正統性を掘り崩して行くことになる」(Habermas 1999 (1996):149=2004:148)。ハーバーマスにしたがえば、民主的過程から締め出された人々の問題は、単にその人たち自身の問題にとどまらない。むしろ、民主主義の問題でもある。なぜなら、民主的な手続きの正統性に欠損があることを示しているからである。例えば、ハーバーマスにしたがうならば、移民受け入れ国の市民は、移民（実質的には第二世代）に対して政治文化の受容を求めることができるが、多数派の支配的な文化への同化を強制できない(Habermas 1999 (1996):268=2004:260-261)。ハーバーマスの見解を手がかりにするならば、日本語指導が必要な児童生徒またはニュー・カマーの子どもたちが話し合い活動も含めた公共圏へ参加する際、その授業をコーディネートする教師や共に話し合うクラスメイトに求められるものがあるということになる。

　ここでカルチュラル・スタディーズの人種に関する議論を取り上げたい。この議論に注目するのは次のように考えるからである。第一に、ここでは言語以

外のメディアを通した表象を問題視しているからである。第二に、この議論が人種、とりわけイギリス黒人の表象を問題にしているからである。イギリス黒人とはイギリスで生まれ育ったイギリスに住む黒人である。日本語指導が必要な児童生徒またはニュー・カマーの子どもたちと、イギリス黒人は国内政治や社会内部との関連でアイデンティティを見出しつつも、同時に他者として表象されている。この共通点を踏まえながら、参加型メディア教育の政治的展開の可能性を検討することができると考える。

2．カルチュラル・スタディーズにおける人種問題

「第2章第4節1．」でホールらバーミンガム大学現代文化研究センターのメンバーによる共同研究『危機を取り締まる』『儀礼による抵抗』を取り上げた。ここでは同様の共同研究をもう一つ取り上げる。『帝国の逆襲』である。その序文には次のような文言が登場する。

> 「『人種』と人種主義の研究によって生まれた問題をカルチュラル・スタディーズの関心の中心にするべき理由は数多く存在する。しかし、人種主義的イデオロギーと人種闘争は、どちらも歴史的記述においても現在の分析においても無視されてきた。少なくとも、本書は、この周縁化を継続することができないというしるしとして受け取られるべきである。またそれは、その『国民的＝民衆的なもの』のあり方が、労働者階級の形成と再形成における黒人の役割と黒人闘争を否定し続けてきたイギリスの左翼の偏狭性を正すものとして受け取られる」。(Center for Contemporary Cultural Studies 2005 (1982):7)

1970年代にホールらが取り組んだのは、マギングとイギリス黒人を結びつけるメディア言説の分析であった。イギリス黒人は労働者階級というカテゴリーに内在されることもなく、上述したようにイギリス左翼の偏狭性によって

排除されてきた存在であった。イギリス黒人の存在に注目し続けた人物にホールの弟子ギルロイがいる。ギルロイは、1956年生まれで、ホールの下で博士号を取得、ロンドン大学などで社会学、カルチュラル・スタディーズなどを教えた。その後、アメリカにわたり、イェール大学の社会学部及びアフリカン・アメリカン研究学部の教授に就任した。そしてイギリスに戻り、ロンドン・スクール・オブ・エコノミクス＆ポリティカル・サイエンス（LSE）の社会学部教授をつとめた。現在はロンドン大学キングスカレッジ教授である。

　ギルロイはホールの指導の下で書いた博士論文をもとに『ユニオンジャックに黒はない』を出版した。その中で、ウィリアムズが人種と愛国主義、ナショナリズムを結びつけている点に注目している。そしてウィリアムズにとって人種問題は移民から始まり、それが人種や優越性をイデオロギーによって特別なものにするとされる（Gilroy 2002 (1987):50-51=2017:143）。しかしながら、このことはイギリス黒人の問題を人種的優越性のイデオロギーが立ち上っていく契機としてしか捉えきれていないことを意味する。ウィリアムズは「イングランドらしさ（Englishness）、英国らしさ（Britishness）、そして国民としての帰属といったイデオロギーとそれ自体歴史的な関係を持つ人種差別の概念を検討することを拒否している」（Gilroy 2002 (1987):53=2017:145-146）。ウィリアムズにとって、人種に関する議論は「落とし穴」となっていると指摘したのだ。

　ギルロイは、ウィリアムズが人種についてほとんど触れていないことを「戦略的沈黙（strategic silences）」と呼び、想像の共同体から特定の集団を排除する仕方ではないかとその姿勢を非難する（Gilroy 2002 (1987):52-53=2017:145-146）。そして、ウィリアムズの人種に対するスタンスは、人種と「愛国主義、外国人嫌悪、軍国主義、ナショナリズムを、「人種」をめぐる一連の発言へと結びつける英国らしさの形而上学」の一部に他ならないと結論づける（Gilroy 2002 (1987):47=2017:138）。

　ホールはギルロイの研究を高く評価する。例えば、1996年の東京大学で行われたシンポジウムをまとめた論集に特別論文を寄せている。その中で、ホールはギルロイに触れ、カルチュラル・スタディーズ内部批判として最も「深い

ところ」を突いたと表現している（ホール 1999:603）。「第2章第4節」で検討したように、ホールが人種の問題をめぐってウィリアムズらと距離を徐々に広げていったことを考えると、ギルロイへ一定の評価を与えるのは当然であろう。ただ気になるのは、ホールの言う「深いところ」とは何を意味するのかということである。ホールは明示していない。ただし、『ユニオンジャックに黒はない』で取り上げている以下の事例を見ていくことで、ホールが言う「深いところ」をメディア教育の文脈で解釈し、その含意を検討することはできるだろう。

　ギルロイは、『ユニオンジャックに黒はない』の中でフォークランド紛争の翌年1983年に実施された総選挙を取り上げている。保守党（党首はサッチャー）は、エスニック・マイノリティの雑誌にスーツを着用した一人の黒人青年のポスターを掲載している。そのポスターには次のようなキャッチコピーが付されていた。「労働党は彼が黒人だと言うが、保守党にとって彼はイギリス人である」。そのコピーは「保守党にとって、黒人も白人もいないのです。ただ、人々がいるのみです」と訴える。このポスターは、労働党などの公党、そしてウィリアムズら知識人が排除したイギリス黒人を「イギリス人」として定義している。これまでのようなイギリス白人、イギリス黒人、あるいは労働者階級などのカテゴリーではなく、「イギリス人」というより大きなカテゴリーを提示することで、内在する差異は覆い隠されていると言える。ギルロイは次のように言う。

「流行の先端とはいいがたくその縫製から就職面接が暗示されている若い男性の少し大きめのスーツは、鍵となるシニフィエとなっている。それは、先の文言が約束する肌の色を考慮に入れない形態の市民権を得る対価として、黒人の読者には何が求められているのかを表している。黒人たちは、本当の英国らしさを保証される前に、自分たちを文化的に他と区別するものはすべて捨て去るように促される。国民文化は若者の服装に現れている。強盗の鍵となるアイコン――ティーポット・カヴァーの帽子とラ

スタファーライのドレッド・ヘア——を奪われ、そこから孤立した彼は、英国文明のシニフィエであるスーツによって救われる。かくして、問題としての黒人の若者というイメージは封印され、同化可能なものとなる」。
(Gilroy 2002 (1987):65=2017:161-162)

　ここで表象されているイギリス黒人は、イギリス国内の差異をこえて共有できる価値を表象している。イギリス市民、イギリス文化、イギリス国民であることが、人種的な差異を通じて表象されている。黒人の若者をステレオタイプ化して描き出していたドレッド・ヘア、強盗等に代わる表象がビジネススーツというシニフィエということになる。
　マスターマンは、メディアが選挙を内包し、メディア・イベントとしてしまったことを危惧した。つまり、民主主義がメディア産業の都合に応じて左右される事態を危惧した。それに対してバッキンガムは、公共圏が一部の人にのみ開かれている点を危惧した。ここでギルロイが見出しているのは、そのいずれでもない。政治権力がそのメディア・イベントを利用していることであり、公共圏が政治的に排除されてきた人々——ここではイギリス黒人——を吸収していることである。
　ギルロイは、マスターマンのようにメディアが政治権力を包み込むほど巨大なものと捉えていない。むしろ、政治権力がメディアを利用している。さらにバッキンガムが言うように、公共圏が一部の人のみに開かれてイギリス黒人のような弱者に閉じているわけでもない。政治権力はむしろ、イギリス黒人を包摂する公共圏を提供し取り込もうとする。
　このポスターで表象されるのは、イギリス白人でも、労働者階級でも不可であった。イギリス黒人、厳密には未来ある黒人の若者こそ、公共圏を拡大するために不可欠であったと言えよう。政治権力がメディア・イベントを利用して、人種を再配置する。これこそ、この事例を通してギルロイが捉えたものだろう。このギルロイが捉えたものはウィリアムズをはじめカルチュラル・スタディーズの多くの論者が看過した人種をめぐる表象が有する権力である。ホー

ルがギルロイを評価する「深いところ」とは、メディア教育の文脈に照らし合わせれば、このような人種の表象をめぐる政治学と言えよう。そして人種上の差異、とりわけイギリス黒人を同化していく新たな形式であった。

第3節　政治的参加型メディア教育の実践

1．メディア制作の教育実践
　―人種の表象―

　バッキンガムが調査研究にかかわった教育実践に注目しよう（Buckingham 2003c:166-167＝2006:205-207）。英語の授業で、14歳の男子6人が11歳向けのメディア・コンテンツを制作した教育実践である。彼らは『文なしアパート』と題するホームコメディーの予告編を制作した。この作品には、共同生活を送る4人が登場する。男嫌いのフェミニスト、ゲイの幼児性愛者、マッチョなギリシャ人、たかり屋の売春婦である。生徒6人が作品を発表する際、教師やクラスメイトはキャスティングの設定が11歳には不適切であると指摘した。だが彼らは、「検閲」であるとそれらを一蹴した。さらに、誇張された・ステレオタイプ化されたキャスティングではないかとの批判に対しては、ホームコメディーにそのようなキャスティングは期待されたものであると反論した。登場するフェミニストにはクラス担任の名前を付けた。そして、マッチョなギリシャ人という登場人物を発案し演じた生徒は、ギリシャ系の生徒であった。いわば彼は、自らの人種を自嘲的に演じたのである。

　まず留意すべきは、人種の描き方だろう。結論的に言うならば、制作した生徒らは、差別や人権などの民主的な価値に関する認識が乏しいと言えよう。生徒らは、見方によっては人種に関する支配的な表象を自嘲的に演じて、悪ふざけしているように思える。一見、言語とは異なるメディア（映像）を使用して、先鋭的な教育実践を行っているようにみえるが、その実態は生徒らが民主的な

価値を看過し、アイロニカルに悪ふざけし合っているとも言えよう。生徒の活動がアイロニカルな悪ふざけに終始するならば、メディア教育としての可能性は形式的なものにとどまってしまい、形骸化してしまうだろう。

さらに、この教育実践のプロセスにも注目すべきと考える。というのも、繰り返せばバッキンガムは次のように考えている。メディア教育の目標は「教えることと学ぶことのより内省的な方法の発展である。そしてそれ（メディア教育の目標）は、子どもがメディア・テキストの『読み手』と『書き手』の両方として、自らの活動を振り返ることができ、そこで作動しているもっと広い領域に及ぶ社会的、経済的要素を理解できるようになること」（Buckingham 2003c:14=2006:22）である。そのため、彼にとってメディアに対する批判的な分析は「合意を得た、あるいは前もって準備された位置に到達するかどうかの問題ではなく、対話のプロセス」である（Buckingham 2003c:14=2006:22）。ここでの言語活動——バッキンガムの言う対話——には、一定の利害関係が複雑に絡み合い、表象をめぐる批判や論争が含意されている。生徒らのコミュニケーションは、単に合意に向けてまっすぐに進んでいるわけではない。利害関係が複雑に絡み合い、せめぎ合っているとバッキンガムは認識する。

先述したように、『文なしアパート』を制作した6人とクラスメイトの間にも、お互いの利害関係が複雑に絡み合ったせめぎ合いを確認できる。そして、バッキンガムによれば、結果的に『文なしアパート』を制作した6人は「自分たちの作品についての報告書では、自らの作品を『ステレオタイプ』で『政治的に公正ではない』とまで説明し、最終的に『リベラルな』テレビ局で放送されるかどうかも疑わしいとした」（Buckingham 2003c:167=2006:206-207）。彼らは映像を制作し、それを資料としてクラスメイトと話し合う中で、自らのものの見方や固定観念を反省的に振り返り、自覚し、修正したと言えよう。このプロセスには、渡邊と上地が描き出した社会構成的な規範意識、そしてそれを構成する個人と社会の相互作用的な循環を確認できる。

確かに、教師やクラスメイトらは、『文なしアパート』のキャスティングがオーディエンスの発達段階に適していないことや誇張された・ステレオタイプ

であることを批判している。そして、制作した生徒らはそれに反論している。その意味でこの実践において、参加者同士は価値観をめぐってせめぎ合っている。しかしながら、クラスメイトらは根拠（オーディエンスの発達段階、人種に関する配慮の欠落）を示し、批判している。彼らは発達段階の考慮やステレオタイプの表象を問いつつ、『文なしアパート』自体を理解しようとしている。作品自体の独自性が批判されているわけではない。作品の背後に見え隠れする人種に対する偏見や人権意識の欠落を批判している。

『文なしアパート』には自らの人種を自嘲的に演じた生徒もいた。人種やアイデンティティにかかわるナイーブなものも表象されている。クラスメイト、さらにはバッキンガム自身もこの点にどこまで意識的であったかは定かではない。しかしながら、この活動がせめぎ合いの場であると同時に、人種をめぐって多様性や個性の重要性を指摘し合う場であった点に目を向けるべきだろう。ここではステレオタイプや人権意識の欠落を断罪するのではなく、対話し承認し合う中で新たな規範意識が育成されたと言えよう。

バッキンガムの立場から見れば、生徒たちはメディア・コンテンツを制作し、クラスメイトとの対話する中で、自らとメディアとの関係、ステレオタイプや人種といった概念学習を行ったと解釈できよう。しかしながら、彼らが結果的にたどり着いた新たな規範意識の社会的構成は、概念学習や振り返りによって生じたのだろうか。換言すれば、この実践で生じたことを個人レベルの概念学習、振り返りのみで説明することは可能だろうか。人種の表象をめぐるメディア制作の教育実践は、規範意識の社会的構成をもたらした。私たちは、この実践で生じたことを個人レベルに還元できないものとして説明できるのではないか。

2．イギリス黒人の文化形成ともう一つの公共圏
　　　―ギルロイからの示唆―

　ホールとギルロイは、労働者階級という統一体がほどけ、人種というカテゴリーを軸に労働者階級が再編される時代を生きた。その中でホールは、『危機

を取り締まる』や「コード化／脱コード化」論文で、メディアとオーディエンスの「せめぎ合い」を唱えた。そして、その「せめぎ合い」によって、黒人も含めた有色人種が労働者階級というカテゴリーから排除される様相を描き出した。それに対してギルロイは、そのような中でイギリス黒人が独自の文化実践を行っている点に注目する。例えばイギリス黒人は、CDが浸透し、アナログレコードがゴミとなり始めたころに、そのごみを活用した新しい文化、つまりDJ文化を作り出した（毛利 2012:156）。ここで言うDJとは、ディスコ、クラブ等でレコードやCD内の音楽データを利用し、場の雰囲気から楽曲を選曲して音を奏でる者である。曲と曲の切れ目をスムーズにつなぐミックスやアナログレコードを指先でスクラッチする技術を駆使して、その場を盛り上げていく演者である。ここでレコードは単にかけられ聴かれるだけではない。さらにレゲエにおいてDJは、ダブカットやヴォイスレスヴァージョンで作られた素材（raw material）へ働きかける[4]。消費は外側へ向かい、もはや私的で、受動的で個人的なプロセスではない。集合的な肯定と抵抗の行為となり、それによって新しい本物の公共圏が立ち現われる（Gilroy 2002 (1987):284-285=2017:453）。

　DJやDJ文化にかかわる若者たちは、オーディエンスとしてメディアと接触し、メディア利用を通してメディアとの関係を転倒させ、新たな文化を創造した。上野俊哉の言うように、DJ文化において、表現者（送り手）であるためには、まず消費者（受け手）として応答しなければならないからである（上野 1999:207）。ギルロイによれば、「（黒人音楽文化の）特徴とは、即興性や自然発生性やパフォーマンスへの志向」（Gilroy 2002 (1987):290=2017:459）である。そして、この特質は次のようなことにつながる。

> 「（黒人音楽文化の特質は）ヨーロッパ文化一般、とりわけ音楽コンサートの消費の一つの特徴である、芸術と生活の区分を解消しようとする試みを軸にしている。黒人のアーティストたちは彼らを観衆から分け隔てる諸々の仕組みを利用するのではなく、克服しようとする。アーティストと観衆の関係は対話的な儀礼によって変容され、ときにカタルシスを起こさせ、コ

ミュニティを象徴ないし創造しさえするかもしれない集合的過程において、目撃者は参加者として積極的な役割を獲得する」。(Gilroy 2002 (1987):290=2017:459-460)

　黒人音楽文化は、対話的な儀礼によってアーティストと観衆の関係を変容させる。最終的には集合的過程——コミュニティを創造するかもしれない——において、目撃者は参加者としての役割を獲得する。上野が言う表現者（送り手）をギルロイはアーティストとして、上野が言う消費者（受け手）をギルロイは観衆として表現していると言えよう。
　一見このような黒人音楽文化に象徴される文化形成は、自然発生的に生じていると考えられる。実際、『ユニオンジャックに黒はない』を執筆した時点のギルロイもこの傾向を確認できる。無批判に黒人たちが作り出す文化を称揚しているようにも思える。しかしながら、2000年に出版した『キャンプの間』の中でギルロイはこのような文化形成がなされる過程に注目している。「音楽や楽器演奏能力を用いて説得力ある形で通じ合うためには、それらを学びとって練習しなくてはならない」(Gilroy 2004 (2000):133)。ポイントは、ギルロイが音楽や音楽演奏能力を「学びとるもの (learn)」と捉えている点である。例えば、ピアノやギターの演奏では、物質としてのメディア（ピアノやギター等）と演奏者の指先などの身体が、学習を通して慣れ親しんだ関係を取り結んでいく。ここでギルロイは、生徒が身体レベルも含めていかにメディアと関係を取り結んでいくのかを問う。「ギターを弾く」「DJとしてターンテーブルを回す」などの身体を使用して物質としてのメディアと関係を結び、文化形成に関与する行為を文化的作業と呼ぼう。
　確かに「第2章」で描き出したように、ホールは『ポピュラー芸術』において、ウィリアムズから唯物論的メディア観を踏襲し、若者たちの文化形成に焦点を当てている。ギルロイもホールもモノとしてのメディアと文化形成を結びつける点で、両者は重なり合う。さらに「ポピュラー芸術」運動以降、ホールが展開したメディア論は、記号と意味は必然的に照応するものではなく、誤解

＝誤認の可能性が常に残ることに焦点を当てている（小笠原博毅 1997:53）。その意味でも両者に連続性を見出すことは可能である。しかしながら、ホールの議論（1980年版のエンコーディング／デコーディングモデル）では、認識レベルのオーディエンスの構築を捉えることはできても、それ以外の、中でもオーディエンスのあり方を物質レベルで規定しているモノ＝テクノロジーの問題を積極的に捉え得ない（土橋 2003:53）。つまり、1980年代以降のホールはウィリアムズの唯物論的なメディア観のオータナティブとして認識レベルにおけるメディア理解に焦点を当てる。そのため、「ポピュラー芸術」運動当時に有していたメディア観から離れる結果となり、ギルロイの言う文化的作業を把握することができなかった。この点に注目するならば、ギルロイは、認識レベルにおける「せめぎ合い」が生じる前の、「物質レベルで規定しているモノ＝テクノロジーの問題」に焦点を当て、文化的作業の必要性を描いている。

　この点は、バッキンガムの参加型メディア教育論がメディアと生徒の関係を構築するためにメディア教育の必要性を説いたことを考えるならば、バッキンガムのメディア教育論もまたホールの範疇に収まるものではないことを示している。「第3章第3節2.」で検討したように、バッキンガムも、メディアと生徒の関係を物質レベルで捉え、それに呼応して生じる「メディアをみる」という行為を問うている。学習の意味を物質レベルにおけるメディアと生徒の関係論で捉える点で、ギルロイとバッキンガムは射程を共有する。さらに、言語以外のメディアに着目している点でも両者とハーバーマスとの差異は明確である。

　しかしながら、「ギターを弾く」「DJとしてターンテーブルを回す」という行為は物質レベルにおけるメディア経験としてのみ理解するだけで十分だろうか。例えば、ギルロイは、J.ヘンドリックス（Jimi Hendrix）をはじめとするブルース・ギタリストたちに触発された経験を有する。その影響を受けて10代で初めてギターを手にし、その楽器をプレイするためにどれほど努力したのか率直に認めている。さらに次のようにも述べる。「自分は様々な側面から構成された存在だけれども、なにより黒人であると同時にイングリッシュであると認められたいという欲望があった。私はこの事実を隠そうとはまったく思わな

い」(Gilroy 1993b:68)。彼の楽器とのかかわりは決してイギリス社会における黒人の位置と無関係ではない。ギルロイのメディア経験はイギリス黒人としてのアイデンティティとかかわる問題でもあった。だからこそ彼が描き出すのは、イギリス黒人が楽器を通して文化形成にいかに参加し、同時にイギリス黒人がイギリス社会の中でいかにアイデンティティを作り上げていったのかという様相である。ここに『文なしアパート』の授業実践において、制作者に生じた変化の要因を解く手がかりがあると考える。

ハーバーマスが描き出したように、コーヒーハウスやサロンでの会話は、政治的な問題を真剣に議論する政治空間を活性化させた。これはシティズンシップ教育における言語を中心とした政治主体の形成と重なり合う。「本章第2節1．」で取り上げたニュー・カマーはこの言語中心モデルが通用しない事例と言えよう。ハーバーマスの多文化主義に関する議論にしたがえば、クラスメイトや教師はニュー・カマーの子どもたちの価値、文化を受け入れることを求められる。しかしながら、ギルロイにしたがうならば、それは言語のみを介するとは限らない。イギリス黒人のようにそのような政治空間から排除された人々は、楽器や使用されなくなったアナログレコードを使用して、異なる政治空間を作り出していた。イギリス黒人にとって、「ギターを弾く」「DJとしてターンテーブルを回す」とは、メディアとの関係を構築するだけにとどまらない。さらには、言語を介した振り返りを通して、物質としてのメディア――このケースでは、ギターや一枚一枚のレコード――との関係を認識するだけでもない。

むしろ、それらの行為はハーバーマスが理念型として描き出した西洋中心の公共圏とは異なる、もう一つの公共圏を形成することにつながる。同じ西洋内で黒人たちが楽器を演奏する中で、あるいはDJがターンテーブルを回す中でもう一つの公共圏が構築された。ギルロイが描き出すのは、こうした参加が公共圏を構築することにつながることである。それに対してバッキンガムは、あくまで概念学習、振り返りなどの個人レベルの学習に授業参加の意味を集約させる。その意味で、両者には決定的な差異がある。

このように考えるならば、メディア制作の教育実践において、生徒はバッキンガムが認識していない文化的作業を行っていると解釈できないだろうか。つまり、メディアと物質レベルで結びつき、身体を使用した作業を行っている。イギリス黒人たちは文化的作業を通して、これまでのコンサートやアナログレコード、そしてCDの視聴とは異なる参加型の文化形成を行った。そして、イギリス黒人たちが文化的作業を通してもう一つの公共圏を形成したように、生徒たちもメディア制作という共同かつ文化的作業を通してもう一つの公共圏を作り上げた。これは個人による制作活動とは異なり、共同性を伴う作業である。それゆえに、その中で社会的に規範意識を構築できる可能性がある。
　『文なしアパート』の制作者6人に確認できた変化は、もう一つの公共圏が作り上げたものと解釈することも可能である。ギルロイを手がかりに、文化的作業という概念を導入することで明らかになるのは次のことである。生徒らには、メディア制作の教育実践においてメディア・コンテンツを制作する。この行為はメディアの外部から振り返りに基づいてメディア経験を理解するのではなく、メディア内存在としての生徒がクラスメイトや教師と連帯しつつもう一つの公共圏を作ることに開かれている。バッキンガムが看過したのはこの公共圏の存在である。

小　括

　本章は、政治的プロジェクトとしての参加型メディア教育を再解釈する試みであった。まず、本章で注目したのは、ハーバーマスの公共圏概念とシティズンシップ教育の連続性であった。この連続性に注目するならば、言語によるコミュニケーションを通して、生徒は政治主体（シティズンシップ）を形成すると同時に、この行為を通して、社会的に規範意識を構築することを示した。
　しかしながら、ニュー・カマーの問題に示されるように言語を中核に据えたメディア教育を構想する限り、少数派の排除という困難が付きまとう。そこで

本章は、ハーバーマスの視座にしたがいつつも、言語以外のメディアを使用した文化形成のあり方を模索した。その手がかりがギルロイである。彼は、イギリス黒人による文化形成に注目した。イギリス黒人らは言語ではなく、音楽や楽器、アナログレコードなどのモノを使用して文化を形成する。この観点からギルロイが重視した「人種」の表象に焦点を当て、バッキンガムの教育実践を再解釈した。

　ギルロイによるイギリス黒人の文化形成論は、バッキンガムは十分に認識していないメディア教育の側面を明示している。それは言語を介したコミュニケーションを通して形成されるハーバーマス的な公共圏ではなく、文化的作業を介したもう一つの公共圏を構築する可能性である。この可能性は、個人レベルで自らのメディア経験やメディア利用を振り返るのではなく、文化的作業を通して規範意識を他者と共に構築する可能性である。

　本章は、バッキンガムが個人レベルで参加型メディア教育を捉えるため十分に捉えることができなかったこの可能性、すなわち文化的作業を通したもう一つの公共圏の構築可能性を描き出した。

注

1) 「日本語指導が必要な児童生徒」とは、「日本語で日常会話が十分にできない児童生徒」及び「日常会話ができても、学年相当の学習言語が不足し、学習活動への参加に支障が生じており、日本語指導が必要な児童生徒」である。
2) 「日本語指導が必要な日本国籍の児童生徒」とは、帰国児童生徒のほかに、日本国籍を含む重国籍の場合や、保護者の国際結婚により家庭内言語が日本語以外の場合などを考えることができる。
3) ニュー・カマーとは、第二次大戦以前から定住する在日韓国・朝鮮人や中国人と異なり、1970年代以降に日本に居住することになった外国人を指している。例えば、1970年代から1980年代にかけて、フィリピンやタイからの主としてサービス業で働く女性労働者、ベトナム、ラオス、カンボジアからの定住難民、さらに欧米諸国からのビジネスマン等である。さらに、1980年代後半以降は南アジアやアラブ諸国からの非正規労働者や南米からの出稼ぎ労働者、日本人と国際結婚した人々も含めてニュー・カマーとされる（児島 2006:i）。
4) ダブカットとは、すでに録音した曲にエコーなどを加え処理し、別の曲として作り直すことである。

第6章

参加型メディア教育の文化形成的展開
－フレイレの理論展開とバッキンガムによる教育実践の再解釈－

本章は、バッキンガムによるメディア制作の教育実践を再解釈することを通して、参加型メディア教育の文化形成的プロジェクトとしての展開可能性を明らかにする。まず、ジルーのポピュラー文化論とバッキンガムのメディア教育論を比較する。そのことを通して、両者の共通点を明らかにする。次に、フレイレの意識化概念とそれに対するフェミニストの批判、さらにこれら一連の展開に伴って生じたフレイレの変化に焦点を当てる。フレイレの変化を手がかりにバッキンガムのスタンスを明確にし、バッキンガムの教育実践を再解釈する。最終的に参加型メディア教育がコンテンツ制作と結びつくことを明らかにし、文化形成的プロジェクトとしての可能性を明示する。

第1節　ジルーのポピュラー文化への接近
—境界教育学におけるポピュラー文化論—

1．抵抗理論から境界教育学へ

　ジルーは、デューイの進歩主義の伝統を継承しつつ、ブラジルでフレイレが行った教育実践、すなわち被抑圧者を対象にした識字教育の強い影響を受けている。ジルーは、まずP.ブルデュー（Pierre Bourdieu）らによる「再生産論」の意義を認めつつも[1]、それを乗り越える学校教育の可能性を提示することで注目を集める。この時期のジルーの学校論は、「抵抗理論（Resistance Theory）」と呼ばれる。ジルーは、「学校が専ら社会的再生産の機関としてのみ考えられてしまう」と批判し（Giroux 1988:xxxi=2014:37）、固定化する抑圧者と被抑圧者の関係を問題視する。そして、この関係へ抵抗する認識と意志を形成する場所として学校を描き出す[2]。
　しかしながら、1990年代以降ジルーは自らの「再生産論」批判や学校教育論を乗りこえ、より広いパースペクティブから教育を捉える必要性を主張するようになる（Giroux 1992:1）[3]。この試みは境界教育学（Border Pedagogy）と呼ばれる。

1980年代から1990年代にかけてのアメリカは、共和党政権（R.レーガン（Ronald Reagan）政権からG.H.W.ブッシュ（George Herbert Walker Bush）政権）が継続した時期である[4]。イギリスにおいてサッチャーが政権を担った時期（1979年～1990年）とレーガンが政権を担った時期（1981年～1989年）はほぼ重なっており、ジルーが境界教育学という新たな試みはまさにこのような社会的文脈の下で生じたと言えよう。

この新たな試みの特質は二つある。第一に、「差異」の細分化であり、第二に、「差異」を踏まえた相互理解を意味する「越境（border cross）」である。ここで新たに導入された「境界（border）」とは、教育哲学者の早川操によれば、「自分の歴史・ことば・差異性をかたちづくっている認知的・政治的・文化的・社会的『枠』」（早川 1995:313）を意味する。例えば、後述するようにフェミニズムの議論において、白人女性と黒人女性は、異なった主張や立場をもっている。それにもかかわらず、ジルーの「抵抗理論」にしたがう限り、それらの「差異」が考慮されることはない。彼女たちは一面的に「女性」と見做されてきた。しかし、この「境界」という概念を導入することにより、個人が自らの境界に課せられている制限を認識できるようになる（上地 1997:50-51）。個人の歴史や言語などの文化的背景は重視され、個人の主張や立場はより細分化することが可能となる。言い換えると、個人の「境界」への配慮は、より厳密な「差異」の認識を可能にする。そしてこの認識は、次なるステップへとつながっている。ジルーは自らの「境界」を自覚した後に必要なのは、「越境」であると言う。彼は、生徒個人が自分と異なる「境界」をもつ他者とかかわり、自らの枠をこえることを求めるのである。境界教育学の考えは、「差異」に満ちた文化的コードや経験、言語を構成する様々な準拠枠へ、生徒がかかわる機会を提供する（Giroux 1992:135）。

このように、1990年代に提示されたジルーの新たな理論枠組みは、一方で「境界」の自覚による「差異」の細分化を可能にする。しかし他方で、教育場面に身を置く教師や生徒は、自らが背負っている言語などの文化を抱えて、自らとは異なる他者と接触することをより積極的に促される。確かに、このような

出会いは、他者との「差異」を手がかりに、自らの社会的位置を認識し、自らのアイデンティティを形成する可能性をもつ。しかしそれだけではない。生徒は、この出会いによって、個人の利害関係が絡み合う「文化をめぐる政治的競合（cultural politics）」に身を置くことになる。このような「越境」のもつ両義性を考慮するとき、ジルーにとってポピュラー文化は、重要な存在となる。

2．ジルーのポピュラー文化論

　ジルーが境界教育学を展開するのは、1990年代である。バッキンガムと重ね合わせるならば、1990年代は、バッキンガムが中等教育学校の教員と共同で教育実践を行っていた時期ということになる。つまり、双方は共に1990年代に理論的転換期を迎えていた。ジルーにとって、理論的転換の象徴が1992年に出版した『越境』である。ジルーはこの著作の第8章に1989年の著作『ポピュラー文化、学校教育、日常生活』の第1章を再掲している。『ポピュラー文化、学校教育、日常生活』は、ジルーがポピュラー文化を取り扱った初の著作であり、R.サイモン（Roger Simon）との共著である。

　ジルーによれば、「ラディカルな教育理論家たちは、ポピュラー文化の重要性をほとんど無視」(Giroux and Simon 1992 (1989):180)してきた。「ラディカルな教育者は、生徒の経験の重要性を論じながら、その経験がポピュラー文化の領域において、どのようなしかたで形成されているかについて考察を怠ってきた」(Giroux and Simon 1992 (1989):181)。ではポピュラー文化への注目によって何が可能となるのだろうか。ジルーは次のように考えている (Giroux and Simon 1992 (1989):182)。「生徒たちは学校と日常生活の政治学の双方に対してしばしば矛盾した関係を取り持つ」。そして、「快楽の政治学がそうした関係をどのように形成し、またしばしばそれらを保護する仕方でどのように語り掛けるのか」。この問題に取り組む際、ポピュラー文化への注目は有効である。批判的教育学の中心的関心の一つは、生徒のアイデンティティ、文化、経験が学習の根本へどのように作用するのかを理解することにある。ポピュラー文化へ注目

することで、主観性の組織を把握することができる。

　さらにジルーにしたがえば、ポピュラー文化への注目によって明らかになるのは、「生徒が、特定の社会形態と社会的実践に傾倒する仕方」(Giroux and Simon 1992 (1989):182) である。そしてその傾斜していく原動力になるのが快楽である。教育学者の小林大祐は、ジルーの指摘する二つの概念、すなわち感情的傾斜 (emotional investments) と快楽に注目する。小林によれば、これらの概念への注目は、ジルーの理論展開と大きな関係がある (小林 1999:74)。1980年代に見られるジルーの抵抗理論や学校論は、ときに理性と対立する感情や快楽をその射程におさめず構築されていた。しかし、生徒によるポピュラー文化を通した経験は、理性だけではなく、感情や快楽に基づいてなされてもいる。このように、ジルーは従来とは異なった視点から生徒の日常生活で繰り返す経験を把握するためにポピュラー文化へ接近すると言う。

　ジルーは「境界」という新たな概念を導入することで、より細分化した「差異」の認識を実現した。このことは、これまで明らかにならなかった個人レベルの「差異」が、いかに特定の価値観やイデオロギーへと回収・接合されているのかを明確にする。ジルーは言う。「ポピュラー文化は、生徒たちの日常生活の正当な側面として理解され、生徒たちにとって多様で、ときに矛盾する主体的立場を形成する重要な権力として分析されなければならない」(Giroux 1992:31)。ジルーにとって、ポピュラー文化とは、快楽や感情へ作用することで、特定の価値観やイデオロギーへ生徒の経験を回収・接合する典型的存在である。つまり、「イデオロギー装置 (ideological apparatuses)」である。このようにジルーによるポピュラー文化への接近は、境界教育学という新たな理論展開を象徴する変化である。彼は、境界教育学によって、批判的に分析可能となるシンボルとしてポピュラー文化を位置づけている。

第2節　バッキンガムとジルー

1．バッキンガムの批判的教育学批判

　バッキンガムは、ジルーら批判的教育学者には、共通のレトリックがあると指摘する（Buckingham 1996:644）。ジルーらの主張には、一つの前提がある。それは、生徒への「エンパワーメント」と抑圧からの「解放」という前提である。そのため、ジルーらは「いかに生徒が抑圧されているのか」に重きを置き、生徒をポピュラー文化などの「受動的な被害者」と見做す。その一方で、教師はポピュラー文化のイデオロギー性を明示し、生徒へ「エンパワーメント」と「解放」をもたらす「救世主（saviours）」として描き出される[5]。

　ここで思い出すべきは、バッキンガム・マスターマン論争である。「第3章第1節」で詳細に検討したように、バッキンガムはメディアの特性論とメディア―生徒の関係論を結びつけ、抑圧／自律の二元論を構築した。そしてこの二元論を学校教育論へと展開していく中で、次のように述べていた。マスターマンも含めメディア教育者は「全般的に言って、子どもは特にメディアの否定的な影響の危険にさらされ、メディアの力に対抗することができないと考えている。その一方で、教師はどういうわけか、そのような影響の外に立つことができ、子どもを解放する批判的な分析ツールを提供すると仮定されている」（Buckingham 2003c:11-12=2006:19）。このようにバッキンガムがジルーに見出すのはマスターマンと共通の論理構造である。

　さらに注目すべきは、バッキンガムがジルーのポピュラー文化論をマスターマンのメディア教育だけではなく、メディア教育の歴史的経緯に位置づけようとすることである。バッキンガムにしたがえば、これまでのメディア教育は問題の解決策とされてきた。具体的には次のように考えられる。子どもの日常生活にはメディアによる情報があふれ、メディアは彼らの日常生活の構造や決ま

りごとに埋め込まれている。そのためメディアは、人々とのかかわり、その関係を解釈し、あるいはアイデンティティを定義するために使用する多くの象徴的資源を提供する。その問題に対する教育的対処こそ、メディア教育である（Buckingham 2003c:5=2006:11）。

　このような認識から見出される教育的対処は二つある。第一は、生徒に学校文化とポピュラー文化の「区別」とポピュラー文化への「抵抗」を奨励する対処である。ポピュラー文化への接触制限を唱える「保護主義」も、学校文化とポピュラー文化を明確に区別する意味で、この対処の範疇にある（Buckingham 2003c:6-7=2006:12-13）。第二は、生徒自らがリテラシーをもつ「読み手」となり、ポピュラー文化の中に隠されたイデオロギーを読み解く。そうすることで、その影響を回避するという対処である（Buckingham 2003c:8=2006:15）。「第3章第2節1．」で検討したように、バッキンガムは、この第二の対処を謎解きの実践と呼ぶ。この実践では、教師や生徒が、ポピュラー文化の中に隠されているイデオロギー、すなわち「謎」を明らかにしていく。

　バッキンガムの歴史認識にしたがうと、1970年代から1980年代のイギリスにおいてマスターマンが中心となって行ったのは、第一の教育的対処から第二の教育的対処への移行であった。すなわち、メディア・テキストのイデオロギー性を読み解く「謎解き」の重視である（Buckingham 2003c:9=2006:15）。バッキンガムは、この移行上に、ジルーのポピュラー文化論を位置づける。ジルーの主張が、第二の対処と類似していると指摘する（Buckingham 1996:640-641）。事実ジルー自身も、「境界教育学は、教育学的な課題の中心として『謎解き』の意味と重要性を拡大する」（Giroux 1992(1989):30）と述べている。例えば、ジルーは自らのテキスト分析の成果を積極的に提示する。彼は『Dirty Dancing』などの映画を取り上げ、テキストの中に潜んでいる「見えないこと」を顕在化させる（Giroux and Simon 1992(1989):197-200）。バッキンガムにしたがえば、ジルーは1980年代に新たな実践と注目された謎解きの実践を踏襲している[6]。

　そのため、バッキンガムはマスターマンと同様の批判をジルーに対しても向ける。生徒は、単にポピュラー文化から特定の価値やイデオロギーを押し付け

られているわけではなく、ポピュラー文化についてすでに多くのことを知っている (Buckingham 1996:644)。現状において、生徒は、決してポピュラー文化の「受動的な被害者」ではない。生徒は、自らの生活や立場を知るためにメディアやポピュラー文化を積極的に使用している (Buckingham and Sefton-Green 1994:108)。そうすると、ポピュラー文化（メディア）の影響から生徒を保護しようとする試みやその影響を軽減しようとする試みは、生徒の日常生活におけるポピュラー文化（メディア）による経験と対立していることになる。というよりもむしろ、それらは生徒のポピュラー文化の中での「楽しみ」や「喜び」を阻害している。このバッキンガムの認識に基づくならば、求められているのは、生徒の「保護」や生徒による「抵抗」の実践ではない。求められているのは、彼らがポピュラー文化と接する「準備 (preparation)」である。敷衍すれば、「生徒中心 (student-centred)」の見方を採用し、生徒たちがすでにもっているポピュラー文化（メディア）についての知識や経験を出発点とすべきである (Buckingham 2003c:13=2006:21)。

　これまでの考察から、ジルーとバッキンガムの相違点が明らかになる。繰り返せば、ジルーは、「ポピュラー文化＝イデオロギー装置」と見做し、その作用によって生徒が特定のイデオロギーや価値観へ回収される危険があると考える。一方、バッキンガムはジルーの現状認識と正反対の認識をもっている。バッキンガムにしたがえば、生徒はポピュラー文化についてすでに多くのことを知っており、その中で「楽しみ」や「喜び」をもつ存在である。バッキンガムのジルー批判の根底に存在するのは、「第3章」で詳細に検討したマスターマンとの対立図式、すなわち抑圧／自律の二元論そのものと言えよう。

2．感情的傾斜と快楽を通したポピュラー文化との接触
　　　―バッキンガムとジルーの共通点―

　ジルーのポピュラー文化論に見出すことのできる感情的傾斜や快楽の問題を、マスターマン批判の文脈、すなわち抑圧／自律の二元論に還元することは可能だろうか。バッキンガムのジルー解釈は妥当性を有しているのだろうか。ジルーは『越境』において、ポピュラー文化と教育の関係を考察する際に強調

するべきことを次のように述べる。

「意味の生産は主観性を作り出すことに関して一つの重要な要素を提供するけれども、それだけでは十分ではない。意味の生産は感情的傾斜や快楽の生産とも結びついている。意味の生産と快楽の生産が相俟って、生徒たちの自己理解や将来像は構築されている」。(Giroux and Simon 1992 (1989):182)

バッキンガムがマスターマンを批判した論点は、マスターマンがテキスト分析に終始しており、生徒のメディアに対する自律性を看過しているというものであった。バッキンガムにしたがえば、マスターマンは意味の生産のみを考えていると言えよう。しかしながら、ジルーは意味の生産と快楽の生産を対置することで、アイデンティティの形成にポピュラー文化がもたらす快楽や感情の側面が影響していると考えている。小林がまとめるように、ジルーはポピュラー文化へ注目し、生徒らの文化的経験が言語化可能な表象の影響によってのみ構築されるわけではないことを描こうとする。むしろ、直ちに言語化可能であるとは思われない表象の影響を分析しようとする (小林 1999:74)。ジルーはグラムシのヘゲモニー概念に注目して次のように述べる。

「ポピュラー文化と同意のプロセスの関係では、本質主義的な見方が拒否されるのは明らかである。(中略) 文化の諸形態の意味は、実践への接合、及び政治的意味とイデオロギー的利害関係を決定する歴史に根差した固有の文脈関係への接合を通して、初めて確立され得るのだ。ブレイクダンスやパンクファッション、ヘビーメタルは、ある社会的・歴史的文脈ではそれだけで十分に反抗的であり、人々の間にその意味が通じるかもしれない。しかしながら、別の場では、マス文化の消費者イデオロギーと資本投下に媒介されているかもしれない。認識しなければならない重要なことは、ポピュラー文化の鍵となる構成原理は、特定の文化形態の中には存在しないということである」。(Giroux and Simon 1992 (1989):187)

「第2章第4節2.」で指摘したように、イギリスにおいてパンクファッション、ヘビーメタルなどの文化は、若者たちが特定の文化的、社会的与件の下で形成した固有のものであった。ジルーがここで見出すのは、アメリカにおける若者らのポピュラー文化に対する自律性とも言える。ジルーが重視するのは、生徒らがポピュラー文化に接する際の文脈であり、一方的なポピュラー文化から生徒への影響関係ではない。彼は「生徒たちがポピュラー文化へ意味をいかに付与しているのか」を解明する必要性を説いている。

バッキンガムは、ジルーのポピュラー文化論が謎解きの実践をこえるものではないと考えている。繰り返せば、ジルーら批判的教育学者は、生徒をポピュラー文化の「受動的な被害者」と見做し、もっぱら自らの映画やテレビ番組などに対する読みを提供するだけである。確かに、ジルーが「テキスト分析＝謎解き」という方法を自らのポピュラー文化論の中心と考えていることは事実である。教育哲学者の市川秀之も指摘するように、ジルーはテキスト分析に偏っており、生徒による分析への配慮や生徒同士のやりとりについての考察に欠けている（市川 2013:82）。しかしながら、彼の考えるテキスト分析は、バッキンガムが考えるテキスト分析と微妙なニュアンスのちがいがあるように思える。

結論を先取すれば、ジルーにとってテキスト分析の実践は、バッキンガムが言うように謎解きの実践とイコールではない。ジルーは、個人の「差異」が特定の価値観やイデオロギーへ回収・接合されるのを危惧している。しかし同時に、ジルーは快楽にも注目することで、生徒自身がその回収・接合の一端を担っていると考えている。彼が感情的傾斜と快楽という二つの概念に注目して見出すのは、ポピュラー文化におけるメディア経験の複雑な様相である。

ジルーにしたがえば、生徒らは感情や快楽に基づきポピュラー文化における経験を積み重ねていく。だからこそ、ジルーは生徒に対して反省的に振り返ることを求める。いわば、生徒に必要なのは、感情や快楽に基づくポピュラー文化との接触を意識化することである。ここで言う意識化とは、フレイレが識字学習を展開する中で唱え始めたものである。主に、言語がもたらす世界認識を指している。ジルーのポピュラー文化論に見られる生徒とは、メディアとの接

触やメディア経験を反省的に振り返り、意識化する存在である。例えば生徒は、教室で接する教材化されたポピュラー文化に、自宅で接するポピュラー文化と異なった意味を付与する可能性がある。なぜなら、生徒は、教材化されたポピュラー文化に、教育目標や他の生徒の意見などを考慮して、意味を付与するからである。ジルーが目指すのは、「文化をめぐる政治的な競合」の中でポピュラー文化との接触を捉え、生徒自らがメディアとの接触とメディア経験を意識化することなのである。

　ジルーのポピュラー文化論の中心的主題——ポピュラー文化との能動的接触やメディア経験の意識化——をバッキンガムは看過した。この看過はなぜ生じたのだろうか。バッキンガムの視野が問題となる。以下はフレイレの意識化概念とフェミニストからの批判以降の理論展開に手がかりを求めて、バッキンガムの視野をより明確にする。

第3節　フレイレの意識化概念とフェミニストからの批判に伴う理論展開

1．意識化による現実構成

　フレイレは意識化について次のように述べている。「識字学習は意識化に先行するとか、その逆だとか考えてはならない。意識化は、識字過程や識字後の過程と同時に生じる。そうあらねばならない」(Freire 2000 (1970):31=1984:45)。フレイレにとって言語は、「何か固定したもの、人間のなまの現実経験と無関係なものではなくて、世界についての人間の思考─言語の次元に存在する」(Freire 2000 (1970):31=1984:45)。このようにフレイレは世界認識における人間の思考と言語の結びつきを強調する。

　意識化とは、「何よりもまず現実の明瞭な知覚を妨げる障害について、人間の蒙を啓くことである。この役割を演じる点において、意識化こそは、民衆の

意識を混乱させ、民衆を両義的な存在にさせる文化的神話を投げ捨てさせる (ejection) 力がある」(Freire 2000 (1970):64=1984:117)。フレイレにとって意識化とは、エンパワーメントの一つと言えよう。人間の意識は「条件づけられているけれども、条件づけられていること自体を認識することができる」(Freire 2000 (1970):41=1984:65)。「動物は生き残るために世界に適応する。それに対して人間は、より人間らしく生きるために世界を作りなおす」(Freire 2000 (1970):42=1984:67)。意識化という教育戦略は、フレイレのこのような人間観から生じたと言えよう。そして結果的に、被抑圧者の解放はこのような世界認識の変化と世界を作り直すことで実現される。

　ジルーは言う。「フレイレの見方では、教育とは理想であり、新しい型の社会を生み出していくための変化を示す概念でもある。理想としての教育とは、すべての人々の具体的な政治的教義の理論的な境界線を超越した文化の政治学の一形態のことを『言い表している』のだが、同時に社会理論や実践を解放の深層面と結びつけていくものである」(Giroux 1988:109=2014:211)。境界教育学を打ち立てる前の指摘であることは注目するべきである。ジルーはフレイレの考えから文化の政治学の一形態を抽出し、境界教育学の方針をフレイレから学びとっている。このことは次のようなジルーの言葉からも分かる。「フレイレにとって教育は、学校教育の考え方を含むものであるが、それ以上のものである。学校とは、教育がなされる一つの場所に過ぎない。それは男女が作り出していくものであり、具体的な社会的関係や教授的関係が生み出していくものである」(Giroux 1988:110=2014:211)。学校教育をこえた境界教育学の理念がここにすでにあると言えよう。

　『被抑圧者の教育学』を中心としたフレイレの考えに対しては、ジルーとは異なり批判的な反応も多い。例えばK.ワイラー (Kathleen Weiler) は、フレイレの意識化の実践が抑圧の意識化とその抑圧を終わらせるためのコミットにあると考えている。意識化は抑圧の共通の経験を基本としている。世界を読むことを通して、抑圧は知識となる。そして、教師もまたその共通の経験を共有しているという前提がある。ワイラーによれば、教師と被抑圧者は同じ側にお

り、世界についての対話に関与できるという前提がフレイレ理論には存在する。教師と被抑圧者は同じ現実、同じ抑圧、同じ解放を発掘できるとフレイレが考えているのではないかと批判する（Weiler 1991:454）。

　ワイラーと同様の批判はフレイレを肯定的に評価するフックスにも確認できる。フックスは主著『私は女ではないの』において、女性解放を求めるフェミニスト内部でも自らも含めた黒人女性が排除されてきたことを強調する。彼女は『越境を教える』の中で次のように述べている。

　　「フレイレの教育理念に学び、かつまた自分が南部の黒人学校で受けたあの教育こそが、人間をエンパワーする教育だったのだと納得できるようになってから、私は自分の教育実践に対する青写真を思い描くことができるようになった。私は既にフェミニズム運動に深くかかわっていたので、フェミニストの視点からフレイレの著作を批判することには何の躊躇も感じなかった。こちらが勝手に助言者・案内者と思い込んでいるだけで実際のフレイレにはまだ会ったことがなかったが、彼が真に自由の実践としての教育に携わっている人なら、自分の思想への私の挑戦を、必ず励まし支持してくれるはずだと信じていた」。(hooks 1994:6=2006:8)

　アメリカ南部で受けた教育とは、白人の生徒と黒人の生徒の隔離、そして黒人に対する差別を前提とした教育であった。例えば、次のようなものである（hooks 1994:24-25=2006:31-32）。白人が来る前にバスで学校に着くことができるように、1時間早く起床する必要があった。黒人の生徒たちは体育館に座らされて待つことを強いられた。そうすれば、授業が始まる前に生徒同士が接触する機会がなくなると考えられていたのだ。また白人の友達の家に招待されたとき、フックスは家族で何時間もその招待を受けるかどうかを議論した。つまり、白人と時間を共有するのには高いハードルがあった。その結果、フックスは初めて白人と食事をすることになる。彼女が16歳の時である。フックスは言う。「そのとき私は自分たちが歴史を作っていると感じた。民主主義の夢の

中に生きて、アメリカが平等と愛と正義と平和の国になるような文化を作っているのだと感じた」(hooks 1994:25=2006:32)。

そしてフックスはフレイレの教育思想の限界を踏まえつつ——具体的には被抑圧者の単純化——、フレイレの意識化というキーワードに基づく教育実践には次のような可能性があると述べる。「受け身の消費者ではなく、アクティブな参加者であることこそが、わたしにとっても、他の学生にとっても決定的に重要だという確信をもって授業に臨んだ」(hooks 1994:14=2006:20)。なぜなら、「知識が、みんなが一緒に働く耕作地のようなものになり、私たちの誰もがそれに参加できるようになったその時にはじめて教育は解放の行為になるのだとフレイレの著作は語っている」からである (hooks 1994:14=2006:20)。

このようにフックスが思考するのは、黒人女性も参加可能な授業実践の構想である。フックスにとって意識化とは、『被抑圧者の教育学』でフレイレが唱えるような抑圧者と被抑圧者の対立関係に基づく解放の実践では完結しない。むしろ、その対立関係から排除された黒人女性のような人たちも参加することで現実を構成し、解放は初めて実現する。いわば、フックスは解放の前提に参加を位置づけていると言えよう。

２．意識化概念の拡大
—現実の認識から現実の変革へ—

フレイレの主著と言える『被抑圧者の教育学』の初版は1970年である。フェミニストからの批判を受けて、フレイレは『被抑圧者の教育学』からおよそ4半世紀後、『被抑圧者の教育学』を書いた当時を次のように振り返っている。

> 「『被抑圧者の教育学』を書いた当時、私は抑圧という事象を社会と個人の実存とのかかわりにおいて理解し、分析しようと試みていた。そうするときの私は、例えば肌の色、ジェンダー、人種に基づく抑圧を、それぞれの特殊性において焦点化はしなかった。私のより大きな関心の的は、社会階級にかかわる抑圧であった。だが私に言わせるならば、だからといっ

て、私があれこれの差別に目を瞑っていたことにはならないだろう。人種差別に対しては常に抗議し、闘ってきた。子どものころからである。母親がいつも思い出しては言うのだが、ちょっとでも人種差別の気配を感じると猛然と反発したのだそうである。一生を通じて私は人種的抑圧と闘ってきた。それは、私の政治的立場に一貫性を保ちつづけたいと願うからであり、またそうすることが必要でもあったのだ。人種差別を許容しながら、被抑圧者を擁護する文章なんて書けるわけがない。マッチョ風を吹かしながら、そんなことができると言うのだろうか」。(Freire 1997:309)

　フェミニストの主張は、彼が被抑圧者の内部に存在する差異を十分に認識してないことにあった。つまり、被抑圧者を一括りにしている点にある。それに対して、フレイレは『被抑圧者の教育学』において社会階級に焦点を当てていたが、それは決してジェンダーや人種に関する抑圧に対して無関心であったわけではないと反論している。

　もちろんこのことは一方でワイラーに対する反論にはなり得る。ワイラーが言うように、フレイレは被抑圧者を一括りにしているわけではなく、フレイレはジェンダーや人種についても認識しているからである。他方で、フックスは社会階級、ジェンダー、人種というカテゴリー内部に存在する差異を認識すべきと説いている[7]。抑圧状態を一括りにはできず、むしろそれらが互いに関連し合い、複雑に絡み合いながら、抑圧は生じている。この現実を捉えるならば、抑圧状態を社会階級、ジェンダー、人種という具合にカテゴリーごとに分類するだけでも不十分である。その内部をより細分化して理解する必要がある。ここにフレイレの限界を見出すこともできよう。

　しかしながら、このようなフレイレの限界を踏まえつつも、フレイレが「抑圧―被抑圧の問題」を外部からではなく、あくまで教育実践の内部で考え続けてきた点を見る必要がある。なぜなら、このスタンスにこそバッキンガムのスタンスをより明確にする手がかりがあると考えるからである。フレイレは著書『希望の教育学』(1994)の中でミサに参加した農民が教師へ発した次のような

言葉を紹介している。

　「コンパニェイロ（教師の名前：引用者）、あんたに一つ言っておかなければならないことがあるのです。とても大事なことです。もしあなたが、おまえさんたちは搾取されていると教えようとして私たちのところに来たのなら、そんなことはいらんお節介だ。わたしらはそんなことは先刻よくご存じだ」。（Freire 2014（1994）:60=2001:99）

　ここで描き出されているのは、被抑圧者としての生徒がすでに自らの抑圧状況を十分に認識している——つまり、意識化している——事態である。この点をフレイレは『希望の教育学』の中で検討している。フレイレによれば、「抑圧状況は、それをどんなに批判的に洞察しても、それだけではなお、被抑圧者は解放されない。もちろん、状況を暴くことは、状況をこえるための一歩ではあり得るだろう。人はその認識を踏まえて、抑圧をもたらす現実的な諸条件を変革するための政治的な闘いに参加していくからだ」（Freire 2014（1994）:24=2001:39）。抑圧の認識は、政治的な闘いに参加していく必要条件であるが、決して十分条件ではない。抑圧の認識の先にある参加についての教育が必要というわけである。

　フレイレは次のようにまとめている。「私が言いたいのはこういうことだ。私のケースでは、苦悩の原因を認知することが、それをほうむる十分条件であり得た。しかし問題が社会構造や経済にかかわっている場合、因果関係の批判的な認識は、変革の不可欠の条件ではあっても、十分条件ではないのだ」（Freire 2014（1994）:24=2001:39）。

　以上を踏まえるならば、フレイレは意識化を重視し、一般に抑圧の認識を唱えただけでないことが分かる。彼は「現実のヴェール」という言葉を使用し、次のように指摘する。

　「確かに客観的な現実のヴェールを剝ぐことなしに意識化ということは

ありえない。意識化の過程に踏み込んだ主体は、この現実を、認識の対象として捉えるにいたるのだ。だがこの現実の暴露は、確かにそこから現実の赤裸々な姿が新たに見えてくるとはいえ、真の意識化という点からいうといま一つ不十分なのだ。認識の運動がたんにある既成の知識の獲得に終始するだけではなく、新たな知識の創造にまで発展するように、意識化は、現実の暴露の段階にとどまっているわけにはいかない。現実のヴェールを剝ぐ実践が、現実を変革する実践とダイナミックに、弁証法的に結合したときに、意識化は真にその名に値するものとなる。（中略）
　私の誤りは変革の過程における現実認識の行為の基本的な重要性を認めたことにあるわけではない。私の誤りは、現実認識と現実の変革という二つの過程を弁証法的に捉え損なっている、という点にあった。現実のヴェールを剝ぐことが、あたかもそのまま現実の変革を意味するかのように考えていたのである」。(Freire 2014 (1994):93=2001:144-145)

「現実のヴェール」を剝ぐことは抑圧を認識することであろう。メディア教育の文脈に引き寄せるならば、読解を通して、「謎解き」をする試みと同一視できよう。それに対してフレイレは現実を認識するだけでは現実を変革することにつながらないと指摘する。そのため、フレイレにとって「教えるということは、生徒にたんに知識内容を学習させる、という操作に還元されるものではない。学ぶことを教えることが重要なのであり、被教育者が学ぶことを学んだとき、学ぶ内容・対象の根基にまで踏み込んで学ぶことを学んだときに、はじめて教えが成立したと言えるのである」(Freire 2014 (1994):70=2001:113)。

教えるとは、教師による一方的な情報伝達ではない。さらには、教師と生徒の対等な関係であるわけでもない。むしろ、「教えるということは、生徒が教師の言っていることの内部に『踏み込んで』いって、教えられた内容の底にある意味を自分のものにしていく行為を内包している」(Freire 2014 (1994):70=2001:113)。教える行為は生徒らの参加を条件としており、生徒らはその参加を通して教えた内容の底にある意味を自分のものにする。教える行為の成立に

は、教える内容に対する「踏み込み」が求められる。これが後期フレイレの主張である。

フェミニストからの批判に伴う理論展開によってフレイレは、現実の認識をこえて、現実の変革へと意識化概念を拡大した。この拡大によって可能となったのは、生徒がより直接的に現実構成へ介入できることである。このことを手がかりに、バッキンガムの教育実践を再解釈しよう。

第4節　文化形成的参加型メディア教育の実践

1．メディア制作の教育実践
　　―広告制作―

　11歳から12歳を対象にした広告に関する授業を取り上げよう（Buckingham, Fraser and Mayman 1990:21-23）。

　この授業は、4つのステージに分かれる。第1ステージ（1時間）では20本のテレビ広告を視聴し、教師による机間指導の下でテレビ広告について知っていることを議論する。第2ステージ（2時間）は、20本のうち3本（自動車メーカー（Fiat Croma）、ベーコン風味のスナック（Smiths Bacon Fries）、ナッツ（KP Nuts））の広告に絞り、生徒らはグループに分かれ、それぞれのグループで一つの広告を分析する。生徒らは、広告のターゲット、使用されている音楽、行為、言葉などに注目し、それぞれ異なった観点から広告を分析し、ワークシートにまとめていく。第3ステージ（2時間）においては、教師が主導的な役割を担う。教師は、第1ステージで提示した20本の広告のうち、これまでに取り扱っていない広告を取り上げる。そして、教師主導でカメラの位置やアングル、コメント等に注目し、広告のストーリーと内容を整理する。第4ステージ（8時間）は、生徒がテープまたはスライドで1分間の少年用ヘアケア商品の広告を制作する。そして最終的に、プレゼンテーションを行う。

バッキンガムによれば、それぞれのステージは異なった学術的アプローチを有している。このことがこの教育実践の特徴である。具体的には、彼によれば、第1ステージは、生徒がすでに有している知識に注目するオーディエンス研究、第2ステージは、システマティックな分析を行うメディア研究である。第3ステージは、教壇スタイルをとって、直接的に情報を提供する。第4ステージは、オープンエンドで、生徒自らが自分のアイデアを提案している（Buckingham, Fraser and Mayman 1990:22-23）。それぞれは異なったアプローチを有しつつも、生徒がすでに有している知識を活用し、経験を重視した学習へ結実している。

　とりわけ注目すべきは、この教育実践で描き出される生徒の姿である。バッキンガムによれば、生徒らは、確かにあるケースでは、広告に魅了されていたが、大変シニカルで無関心ですらあった。バッキンガムは言う。生徒たちは「当初からもち合わせているよりも、より批判的になる必要はないように思えた。私たちが暗に重要であると思っている情報のほとんどは、すでに慣れ親しまれ、共通項であった」（Buckingham, Fraser and Mayman 1990:21）。第3ステージの教壇スタイル以前に、すでに生徒らはメディアと一定の距離を保つことができている。

　このことをフレイレやマスターマンの文脈に引き寄せて考えるならば、次のように言えよう。第2ステージの段階で、バッキンガムの教育実践に参加した生徒らは、フレイレの言う「現実のヴェール」を剝いでおり、マスターマンが提唱するテキスト分析に基づく「謎解き」の教育実践もマスターマンが考えるほど必要性を確認することはできない。これがバッキンガムの生徒理解である。

　先述したようにフレイレは、フェミニストからの批判を受け、生徒の教育実践への参加を前提条件とした教育論を唱えるようになった。具体的には、現実の認識よりも直接的に現実構成（変革）に介入する可能性である。ここでフレイレが問うているのは、自らの抑圧状態を理解した上でいかなる「被抑圧者の教育学」が可能かということである。この視点からバッキンガムの教育実践を

解釈するならば、次のようになる。生徒らは抑圧状態（メディアからの影響）を意識化している。その上でいかなる教育実践が可能か。バッキンガムもまた、このことを探究している。そして、その具体的な教育実践がフレイレと同様に生徒の参加を前提条件とする参加型メディア教育と言える。バッキンガムとフレイレは、生徒が抑圧状態を自覚した上でいかなる教育学を構想するのかを共に探究している。そして、その前提条件として生徒の授業参加を重視する点でも通底している。

2．「編集者」としての生徒
―フレイレからの示唆―

「謎解き」の実践の主たる目的は、教師の助けも借りながら、生徒がテキストの中に潜む「見えないこと」を「見えること」へと変化させることである。この実践によって、生徒は視覚的、視聴覚的なテキストも他のテキスト同様に「読むべき」であると理解する（Buckingham 2003c:71=2006:91-92）。しかしながら、ジルーやバッキンガムにしたがうと、これらの実践が見落としていることがある。それは、ポピュラー文化も含めたメディアに対する生徒の意味付与や生徒がすでに有する知識の存在である。ジルーにしたがえば、ポピュラー文化への意味付与は、他でもない生徒自身によって担われている。この文脈にバッキンガムの提唱する教育実践を位置づけよう。バッキンガムは、ジルーの理論的視座、すなわちポピュラー文化に対する生徒の意味付与とポピュラー文化の理解を共有している。なぜなら、生徒の参加（意味付与も含む）とそれによるメディア理解こそ、バッキンガムの試みだからである。

もちろん、ジルーとバッキンガムが共有する理論的視座にも問題はある。例えば、彼らが言うメディア（ポピュラー文化）に対する生徒の意味付与やメディア制作自体、既存のメディアや浸透しているポピュラー文化から自由と言えるだろうか。今井をはじめ教育哲学者が問題にしてきたメディア内存在としての生徒という視点へ立ち返ってみよう。意味付与やメディア制作は、生徒がこれまで接してきたポピュラー文化における経験に基づいて行われるはずである。

さらに言えば、生徒はその経験から離れて、メディア・テキストへ意味を付与することやメディア制作は実践できないはずである。このように考えるならば、バッキンガムの参加型メディア教育の課題も見えてくる。

確かに、メディア制作の実践は、メディアやポピュラー文化の理解を促す契機となり得る。しかしながらそのメディア制作自体は、メディアやポピュラー文化における経験内で行われている。そのため、バッキンガムが強調するメディア教育（とりわけ概念学習）を通した振り返りも彼が考えるようなメディアの外部へと生徒の意識を導くとは言えない。つまりバッキンガムの実践は、メディアやポピュラー文化の範疇で行われていると考えることもできる。このように考えるならば、多くの教育実践がそうであるように、バッキンガムにも生徒のメディア経験をより広義に捉えるという課題がある。そして、その課題を克服する方向性をフレイレは示している。

まず模索されるべき実践は、メディアの有効活用や影響軽減のための対処ではない。なぜなら、それらの実践は、生徒によるポピュラー文化も含めたメディアに対する意味付与やメディア制作を見落とす実践になりかねないからである。フェミニストからの批判を受けてフレイレは、抑圧の認識を目指す教育学から生徒自らが授業に参加することを通した現実変革の教育学へとそのスタンスを変化させた。この変化を手がかりにすれば、メディアの外からメディアを認識し、その影響や拘束を認識するメディア教育を唱えるだけでは不十分である。メディア経験、言い換えればメディア内部でいかにメディアへ働きかけ、ポピュラー文化も含めたメディア文化の形成にいかに関与するのか。まさにメディア内存在の生徒が、文化形成へ関与する様相を問うべきだろう。

さらに言えば、生徒らは元来メディア内存在であるというわけではなく、学校教育も含めた学習を通して、つまりメディア経験を積み重ねていく中でメディア内存在になる。一般にポピュラー文化との接触には、制作者と消費者のあいだ、さらに消費者同士、制作者とスポンサーのあいだなど、さまざまな「せめぎあい」が存在する。ジルーとバッキンガムにしたがうと、生徒は、この「せめぎあい」の中に、自らの意味付与やメディア制作を見出すことになる。

生徒は、視聴者や消費者としての立場と同様に、教材化されたポピュラー文化から制作者にいかなる利害関係があるのかを読み解くだけではない。彼らは、自らがこの「せめぎあい」に介入している当事者であることも認識することが可能となる。つまり生徒は、消費者や視聴者と異なる特有の接触ができる。このことは、生徒がもはやメディアを単純に読み解く「読み手」ではないことを意味する。生徒は、メディアのテキスト性やコンテキスト性から自由でないと同時に、それらをアレンジすることを許された存在である。いわば、「編集者」としての側面をもつ。

　生徒に求めるべきは、この「編集者」としてのメディアへの接触である。すなわち、ポピュラー文化などを教材化することで、メディア内部からメディア文化の形成へ関与することを求めるべきである。バッキンガムの参加型メディア教育論にフレイレが与える示唆は次のようにまとめることができる。すなわち、現実構成や現実の変革は、メディア（ポピュラー文化）の外部からの認識ではなく、その内部からの介入を通して初めて実現可能である。ここに確認できるのは、生徒自らのメディア制作が文化形成の一端を担い、その形成が再度自らの認識や行為へつながる循環だろう。ポピュラー文化も含めたメディアを教材化する意味は、単なる視聴者や消費者がなしえない文化形成の循環の中に自らを位置づけることにある。そうすることで、この実践は、ポピュラー文化の有効活用や影響軽減を目指すだけの教育的対処を乗りこえ、生徒自らがメディア内存在として文化形成へかかわる実践となるのである。

小　括

　本章は、コンテンツ制作と結びつく文化形成的プロジェクトして参加型メディア教育を再解釈した。まずジルーとバッキンガムを比較し、両者が生徒のメディアに対する能動的接触を認めていることを見出した。しかしながら、バッキンガムはマスターマン批判の際に利用した抑圧／自律の二元論にしたがって

ジルーを解釈してしまい、自らとジルーの共通点を看過してしまう。
　そこで、本章ではフレイレに対するフェミニストの批判、それに伴うフレイレの理論展開を手がかりに、抑圧／自律の二元論では問えないものを検討した。フレイレは現実構成（抑圧の意識化）をこえて、参加を通した現実変革を唱えている。そしてその観点からバッキンガムの教育実践を再解釈した結果、次のことが明らかになった。すなわち、メディア制作の教育実践を通して、生徒らは概念学習だけを行っているわけではない。具体的に言えば、メディア・コンテンツを制作し、文化形成に関与している。さらに言えば、その形成はメディア内部から現実構成へ介入し、メディアの拘束を認識した上で行われている。ここに「編集者」としての生徒という生徒像を明示することができた。

注
1) 早川は、アメリカの新左翼に影響を与えたブルデューの再生産論を次のようにまとめている(早川 1995: 308-309)。生徒たちは、入学前から親とのやり取りを通じて、言葉や話し方などのかたちで、その背後にある「ハビトゥス」を学ぶ。学校教育は、文化資本を正統と見做す。そのため、中産階級以上の家庭で象徴資本や言語資本を身につけた子どもにとって学校は好都合である。学校教育は、正統化された「文化資本」を中心にして「文化的再生産」を行なっているのである。
2) 上地は、ジルーの学校教育論と「再生産論」のちがいを次のように説明している。再生産論者が、「社会が再生産される」ことを強調するのに対して、ジルーは、「社会が再生産されない可能性」に力点を置く(上地 1997: 47)。
3) このことは、以下のようなジルーの記述から明らかである。「生徒が批判的市民として教育され、民主主義の中でリーダーシップを実践することを奨励するために、今でも学校教育が決定的であることを信じて疑わない。しかし、もはや教育における闘争がこのような場所によってだけ完結するとは信じていない。政治・道徳・社会的制作の一形態として教育学が、学校教育の問題であると思わない」(Giroux 1992: 1)。
4) ここで言うブッシュとは第41代の大統領を指しており、その息子で第43代の大統領のG.W.ブッシュ(George Walker Bush)のことを指しているわけではない。
5) この類の批判は、ジルーらが「抵抗理論」を展開した1980年代から一貫して見られる。E.エルスワース(Elizabeth Ellsworth)にしたがえば、批判的教育学には、教師や生徒は教室の中で成熟した「理性的な主体」として関与し合うことができるし、またそのようにすべきという前提がある(Ellsworth 1989: 301)。さらに、この前提に基づき奨励される対話は、「非理性的な他者」の排除へとつながる。さらに早川もエルスワース同様、「解放やエンパワーメントのための民主的な『方法』の開発」を批判的教育学の課題としてあげ、生徒の声を重視すべきと言いながら、自らの目標を押し付ける傾向にあると批判している(早川 1994: 160-161)。
6) バッキンガムは、テキスト分析という方法が三つの段階によって構成されていると指摘している(Buckingham 2003c: 71-73=2006: 91-94)。

表 6-1 テキスト分析の流れ

1) 記述 (description)	音声あるいは映像に焦点を当てて、分析させる。例えば次のようなものである。 ①映像のショット分析。 　例：アップショットか、それともロングショットかを分析。 ②音声の分析。 　例：音楽のタイプ、音響効果、話される内容、話し手の口調などを分析。
2) テキストの意味 (meaning of the text)	1)の成果を踏まえた要素分析。 照明、音声、配色の組み合わせ、あるいは映像場面の設定プロセスを分析。
3) 判断 (judgments)	1)、2)の結果を踏まえ、生徒によるテキスト全体の判断。 テキストにある特定の価値やイデオロギーを解読。

7) もちろん『被抑圧者の教育学』においても、彼は一方的に既存の抑圧者を想定し、被抑圧者の「解放」を唱えているわけではない。フレイレはこの著作の中で次のように言う。「彼ら(被抑圧者:引用者)の理想は、人間として生きることである。だが彼らにとって人間として生きることは抑圧者として生きることに他ならない。これが人間性のモデルである。こうした現象が生じるのは、被抑圧者が日常の生活経験のある時点で、抑圧者に対して同化しようとする態度をとるからである」(Freire 1996 (1970):27=2011:26)。むしろ彼は、被抑圧者による抑圧者への同化に抑圧問題の核心を見出している。

第 7 章

政治的／文化形成的参加型メディア教育としての可能性

本章は、第5章と第6章を統合する形で参加型メディア教育の新たな展開可能性を検討する。まずイギリス黒人、黒人女性、編集者としての生徒の類似性について考察する。そして、この考察を手がかりに、政治的／文化形成的プロジェクトとして参加型メディア教育の特徴を描き出す。さらに、初期フレイレの人間観とギルロイのイギリス黒人による文化形成論を対置し、振り返りに依拠した思考枠組みが見落とす文化的作業の可能性を検討する。そして、最終的に政治的／文化形成的参加型メディア教育の可能性を明らかにする。

第1節　もう一つの公共圏における／「編集者」としての生徒によるメディア教育

1．イギリス黒人、黒人女性、「編集者」としての生徒

　ギルロイは、1974年にロンドン南部で開かれたレゲエの野外フェスティヴァルに集った群衆の写真を紹介している。上野らによれば、「1974年と言えばまだ、ブリティッシュ・レゲエなるものが『本場』ジャマイカのレゲエに引けを取らない固有のジャンルとして認知されるには至っていない頃だ」(上野他 2006:451)。ギルロイはこの群衆と自らを重ね合わせている。具体的にはヘンドリックスから影響を受け、ギターの練習をする自らと野外フェスティヴァルに集った群衆を重ね合わせて次のように述べる。

>　「これは、防御的な要素と自己肯定の要素を含みもった、文化的作業だった。奴隷制と植民地主義の記憶、過去の苦しみと目下の抵抗、それらをめぐっての／貫いての、作業なのだ。それによって彼らは、黒人と世界全体にとっての現在を解釈し、そして、黒人と世界全体によってのよりよい未来というものを思い描くことができたのである。(中略) ここにあったのは、解釈するという行為それ自体において、その過程の中で、瞬間的に

構成される共同体であり、連帯なのだ」。(Gilroy 2016 (2003):327-328)

　個人個人が行う文化的作業（ギターの練習、DJとしてターンテーブルを回すこと、コンサートに通うこと等）がイギリス黒人にとっては自己肯定としての側面を有していた。そしてその積み重ねから瞬間的に構成される連帯に、ギルロイは希望を見出している。
　確かにギルロイがギターの練習を始めたのは、ヘンドリックスというメディアに登場する、メディアによって構成されたスターに触発されたものである。さらにレゲエのコンサートに通うことも――十分に浸透していなかったとはいえ――、メディアに触発された消費行動と言えなくもない。
　しかしながらここで想起すべきは、DJ文化である。イギリス黒人は使用されなくなったアナログレコードを再利用して、音楽を視聴するだけにとどまらない固有の文化を作り出した。DJがターンテーブルを回し、リズムを刻んだ。観衆は、そのパフォーマンスを解釈してダンスとして表現しなおす。そのダンスの様子を見ながら、DJたちは曲を選択し、リズムを変えた。ここには、先述したレゲエコンサートと同様の瞬間的な連帯が作り出されている。制作者（DJ）と消費者（観衆）の境界線は曖昧であり、お互いの参加によって連帯が作り出されている。さらに言えば、この参加の形式はターンテーブルを回す、身体をリズムに合わせるなどの作業という形式である。
　このことを踏まえると、次のようなフックスの言葉は注目に値する。

　　「教えるということは、すぐれてパフォーマティブな行為である。パフォーマティブであるということ（つまり、伝える内容や目的が、伝える行為そのものによって「体現」されているということ）が私たちの仕事を、自在な転換、創発、即興的な変化の場たらしめ、それぞれの授業の、それぞれの持ち味を引き出す呼び水（catalyst）となっている。教えるという行為の、このパフォーマティブな性格を大事にするならば、私たちは否応なしに観衆と関わり合い、演者と観衆の相互性ということを、考慮の中に置かない

わけにはいかない。教師は伝統的な意味での演技者ではない。私たちの授業は、見世物興行たらんことを企図しているわけではない。それにもかかわらずそれは、すべての人をできるだけ引き込んで、学びのアクティブな参加者にしていく、その呼び水足らんことを企図してはいるのだ」。(hooks 1994:11=2006:14)

　ギルロイの議論とフックスの議論を重ね合わせるならば、DJが観衆の反応に合わせて、選曲し、リズムを変えるように、教師は生徒と関わり合い、演者と観衆の相互性を考える必要がある。すなわち、DJのパフォーマンスと教育行為は重なり合う側面がある。この点に注目するならば、参加型メディア教育は次のように解釈できる。DJは自らのパフォーマンスを通じて、観衆の参加を促進するためにメディア（アナログレコード）を利用する。参加型メディア教育における教師も、生徒の授業参加を促すためにメディア制作を実施する。DJのパフォーマンスは、ディスコやクラブにおいて行われる。また、参加型メディア教育は主に学校教育における授業実践の中で行われる。双方は、場所や場面は異なっているが、観衆や生徒と同一視することのできない人物（教師、DJ）が自ら触媒となって観衆や生徒の参加を促進する機制を有する。そしてこの触媒の存在（DJ、教師）、彼らに導かれDJ文化や授業に参加する生徒の存在、両者が呼応し合い作り出す連帯こそ、結果的にハーバーマス的公共圏とは異なったもう一つの公共圏を作り出す。

　ギルロイは、この公共圏がイギリス黒人によって形成されている点に注目している。イギリス黒人は、黒人という人種の問題があり、既存の白人労働者階級とは異なった存在である。さらには、移民として外部からイギリスにやってきた存在でもない。「ハンズワース事件」に示されるように、イギリス国内の労働者階級というカテゴリーからも、移民に象徴される黒人というカテゴリーからも疎外された。それにもかかわらず、彼らはイギリス内部で生まれ育ったゆえに、イギリス内部にそのアイデンティティを有する特殊な存在である。

　同様にフックスが描き出す黒人女性もまた、奴隷制度以来レイプに象徴され

るように黒人男性とは異質の暴力的な差別を受けてきた (hooks 1982 (1981) : 24=2010 : 44)。さらに言えば、先述したようにフェミニストが解放を唱える女性というカテゴリーからも排除されてきた。しかしながら、彼女らもまた女性として、黒人としてそのアイデンティティを有する特殊な存在である。以上を踏まえるならば、イギリス黒人はイギリス国内の労働者階級から、そして移民に象徴されるイギリスの外部からやってきた黒人から疎外された存在である。黒人女性は黒人から、そして女性から疎外された存在である。

　このようなイギリス黒人と黒人女性の存在を踏まえるならば、参加型メディア教育に見出すことができる「編集者」としての生徒という存在は次のように解釈できる。まずバッキンガムが1990年代に試みた実践的作業という参加型の教育実践は、主に1970年代以降問題視されていた15歳の成績の悪い子のために利用された。具体的には、15歳の成績の悪い子が16歳の学校へ進級するために利用されてきた (Stafford 1990 : 83)。つまり参加型メディア教育の一つである実践的作業は、単位を修得し、進級するために利用された。その実践は、イギリスにおいては支配的な学校文化から疎外された生徒のための授業だった。同時に生徒たちは学校教育へメディア（ポピュラー文化）をもち込んでくる存在である。それにもかかわらず、ジルーが述べるように「ラディカルな教育理論家たちは、ポピュラー文化の重要性をほとんど無視」(Giroux and Simon 1992 (1989) : 180) してきた。つまり、バッキンガムが描き出す参加型メディア教育へ参加する生徒らは、イギリスの支配的な学校文化から、そしてラディカルな教育理論からも疎外されてきた存在と言えよう。

　ギルロイが描き出したイギリス黒人、フックスが導出した黒人女性、そして、それらを手がかりに本研究が導出した「編集者」としての生徒は、いずれも文脈は異なるが、支配的な文化から疎外されるだけでなく、むしろその抵抗文化からも疎外されてきた存在である。「編集者」としての生徒は、メディア・コンテンツを作り出す（文化形成的プロジェクト）。同時に、教師やクラスメイトとのせめぎ合いを通して規範意識を社会的に構築し、もう一つの公共圏を形成する（政治的プロジェクト）。参加型メディア教育が有する二つのプロジェク

トは、「編集者」としての生徒が有する二重の疎外から生じている。

2．参加型メディア教育の二層構造

　第５章と第６章で取り上げ検討した教育実践に再度注目しよう。第５章で取り上げた『文なしアパート』についてである。生徒らはお互いの利害関係が絡み合う人種の表象を通して、教師やクラスメイトと対話し合う中で、規範意識を社会的に構築していた。本研究ではこの過程に言語を介したコミュニケーションではなく、言語以外のメディアを使用した文化的作業の可能性を見出した。ここに見出される公共圏は、政治的な問題を真剣に議論するハーバーマス的なサロンやカフェと同じ性質のものではない。DJの奏でるリズムに呼応し身体を使用して表現し合うクラブやディスコと同じ機制を有する。ハーバーマス的公共圏においては言語を中心にコミュニケーションが展開されるのに対して、DJやその観衆は楽器や使用されなくなったアナログレコードを中心にコミュニケーションを展開する。

　このような政治的／文化形成的試みは、現代社会を生きる私たちの身の回りにも確認することができる。例えば音楽配信に際して、インディーズ・バンドやストリート・ミュージシャンは、芸能事務所やレコード会社などと契約関係を結んだメジャー・ミュージシャンの配信ルートと異なっている。彼らは、メディアを中心に配信されるメディア文化と異なったメディア・コンテンツを制作すると同時に、その文化形成は配信ルートなどの現実構成の枠組み（制度）へ介入する。

　このようなDJ（インディーズ・バンドやストリート・ミュージシャン）と観衆が共同で作り出す公共圏と同じ機制をメディア制作の教育実践に見出すことができよう。生徒は単に『文なしアパート』というコンテンツを制作したわけではなく、メディアによる情報の送受信の枠へ介入している。具体的にはDJと観衆が相互に呼応し合い政治的連帯に基づくもう一つの公共圏を形成するように、参加型メディア教育の場面において、教師と生徒、あるいは生徒同士は互

いに呼応し合い制度への介入が行われている。つまり、この教育実践は情報の送受信の枠組みへ働きかけ、変化させる可能性を有する意味で、政治的プロジェクトとしての側面を有する。

同時に、『文なしアパート』はメディア・コンテンツにもなっており、メディアとは異なる現実を構成している。この点は第6章で取り上げた広告制作についても言える。生徒らは現在流通している広告を分析することを通して、それらを意識化した上で、最終的に少年用のヘアケア商品の広告を制作した。この広告はメディアとは異なる現実となり得る。このように生徒らは参加型メディア教育を受けることで、メディア・コンテンツを制作する。そして結果的に、それがメディアと異なる現実を作り出すことにつながっている。この側面を考慮するならば、参加型メディア教育は、新たな現実を構成する意味で、文化形成的プロジェクトとしての側面を有する。

生徒たち――バッキンガムもそうなのだが――は自らのコンテンツ制作が政治的プロジェクトとして機能していることを意識しているわけではない。それに対して、この活動が文化形成的プロジェクトとして機能することはバッキンガム、生徒らも十分に認識している。しかしながらその目的は、あくまで既存のメディア・コンテンツを解釈する、意味を付与するために必要な概念の修得にある。

メディア制作の教育実践を通して、オーディエンスや表象といったメディアを解読する、制作するための概念を生徒らは修得する。これらの教育実践を通して確かに現実は構成されている。ここで言う現実（現実Ⅰと呼ぼう）は、メディア情報と相対的な関係にあり、例えば文化祭や体育祭などで支配的なメディア文化のパロディーを演じる場合は現実Ⅰが構成されている。この現実Ⅰの典型はバッキンガムが参加型メディア教育で行った授業実践で制作されたコンテンツである。『文なしアパート』、少年用ヘアケア商品の広告などは参加型メディア教育がシミュレーションを介して構成した現実Ⅰである。バッキンガムは言う。「制作の局面では文化的な物体やテキストが生み出される。これらのテキストは特定の形式をもち、そして自ら分析することができる。テキスト

の意味は読みの局面で実現される」(Buckingham 2011:64)。彼にとって制作は読むことと相対的な関係で成立する。

　繰り返せば、1990年代バッキンガムは抑圧／自律の二元論を教育方法へと展開させ、読むこと／書くことの二元論を唱えた。バッキンガムは、あくまで書くこと（メディア制作）の重要性を唱えながらも、それを読むこと（メディア批判）との関係の中でのみ捉えている。これまで検討してきたように、メディア制作には政治的プロジェクトと文化形成的プロジェクトとしての側面がある。これらはいずれも読むこととの関係のみで捉えきれるものではない。双方が関係し合いながらも、同時進行することで、情報の送受信である枠組みへ介入し、メディア情報とは異なるコンテンツを制作する。

　このコンテンツは、学校教育内での概念学習に終着するとは限らず、生徒らはソーシャル・メディア等を通してこれらを直接的な文化形成に結びつける可能性もある。ここで構成される現実を現実Ⅱと呼ぼう。この現実Ⅱは、ホームビデオや日常的に撮影される動画、そして極端な場合はリアリティー番組の出演に至るまで、メディアの制作とメディアの消費という区別自体が無化された空間において構成されている。メディア制作の教育実践を二つのプロジェクトが並列した二層構造と捉えることで、生徒らには現実Ⅱを構成する可能性がある。

　ここで生徒らが提示する現実Ⅱは、学校の文化祭や体育祭などの学校行事で試みられる支配的なメディアのパロディー（現実Ⅰ）とは異なる。彼らの制作したコンテンツはソーシャル・メディアやYouTubeに掲載された瞬間に、情報の送受信に関する制度は攪乱され、メディア文化を形成する一端を担うことになる。バッキンガムは、メディア制作の教育実践が制度への介入、すなわち政治的プロジェクトとしての側面を看過した。その結果、生徒らのコンテンツ制作がメディア文化の形成と直結する可能性を把握することができなかったと言えよう。

　ギルロイは、イギリス黒人がもう一つの公共圏を作り出すことを明らかにした。フックスや彼女の批判を受けて後期フレイレは、教育実践が現実の認識から現実の変革へとシフトすべきことを唱えた。DJと観衆がお互いに呼応し合

う関係を結んだように、「編集者」としての生徒は、もう一つの公共圏を形成する政治プロジェクトに参加できる。同時に、メディア・コンテンツを制作することでシミュレーションとしての現実Ⅰではなく、実際のメディア文化を指す現実Ⅱを作り出す文化形成的プロジェクトにも参加できる。参加型メディア教育が有する政治的プロジェクトと文化形成的プロジェクトは双方が関連し合っているというよりも、双方が授業実践の中に内在している。参加型メディア教育で生じているのは、このような二層構造で把握できる事態である。

第2節　メディア教育における学習概念の再考

1．振り返りから文化的作業へ

　　「批判的方法を用いて、人間は世界とかかわる。人間は、動物が行うような反射によってではなく省察によって、現実の客観的諸事実（また、一つ事実を他のそれに結びつけている紐帯）を理解する」。(Freire 2005 (1974):3= 1982:16)

　　「僕はいつも片足をシステムの内部に置き、もう一方の足を外において考え教えようとしてきたようです。システムが存在し続けている限り、僕は完全にその外に出ることができない。システムが完全に変革されてしまったとすれば、その時は、僕も完全に外に出ることになるでしょうね。しかしそんなことは起こらないのです。よくよくみると、システムの方も、自らを変え続けているからです。ですから実効性を持とうとすると、僕はシステムの外に出る、というわけにはいかない。内在する以外にないのです」。(Freire 1985:178)

森本洋介が言うように、メディア教育の理論的要素の中で、中核となるのは「批判的」な視点であった。「マスターマンにせよ、バッキンガムにせよ、そして他のメディア・リテラシー教育研究者にせよ、キーワードとして用いているのは、学習者がメディアに対して『批判的』になること、もしくはメディアを『批判』することである」(森本 2014:248)。確かに言葉だけ見ればその通りだろう。しかしながら、当然のことながら問題は「メディアに対して『批判的』になる」という言葉の含意である。そもそもメディアとは何か。例えば、今井のように言語を含むものをメディアと捉えたならば、生徒——森本の言葉を使用するならば学習者——が、メディアに対して「批判的」になることは可能だろうか。あるいは本研究のようにメディアをマスメディアに限定したとしても、「批判的」になるとは果たしていかなる事態を指すのだろうか。
　ここで本節冒頭に記述したフレイレの二つの言葉に注目しよう。フレイレは一方で省察——本研究の言葉で言えば振り返り——を通して、人間が世界を理解する可能性を示す。もう一方で、システム——本研究の言葉で言えば制度——に内在する存在として人間を描き出している。もちろん、これらは矛盾する記述であると単純化することはできない。フレイレは言う。

　「行動しながらも自分を省察し、また自分の行う行動そのものをも反省しうる存在であるがゆえに、人間は世界を突き放し、世界の中にありながら同時に世界と共にある存在であり続けることができるのである。人間だけが、こうした行為(action)をやってのける力を持っているのであり、だからこそ、人間は批判的に現実に介入することができるのである。現実を反省的に眺めるということは、現実を対象化するということである。自分が行動し省察する領野として、現実を了解するということである。現実をいっそう明晰にその内的な構造において捉え、知覚される諸事実の間に真の相関関係を発見するということである」。(Freire 2005 (1974):96=1982:155-156)

フレイレの人間観にしたがうならば、人間は行動しながら省察し、省察しながら行動することができる。現実を反省的に眺めることで、現実は対象化されることになる。この著作が『被抑圧者の教育学』(1970) 直後であることを考慮すべきだろう。第6章で検討したようにフレイレはフックスらフェミニストとの対話を通して、自らの立場を変更する。上述の引用はそれ以前のものである。フレイレは「世界の中にありながら同時に世界と共にある存在であり続けることができるのである」と述べている。このように彼は「現実のヴェール」を剥がすだけにとどまらず、世界内存在として、世界と共に存在することを謳う。いわば後期フレイレが『希望の教育学』で強調した現実の変革への萌芽をここから読み取ることができる。

　しかしながら、ここでポイントとなるのはフレイレの言う人間とは誰かということである。具体的に述べるならば、ギルロイが述べるイギリス黒人、フックスの言う黒人女性はフレイレの想定する世界内存在として行動しつつ省察する存在として捉えるだけで十分だろうか。ギルロイは言う。「制作 (poiesis) と詩学 (poetics) が新たな形で共存し始めている。つまり、自伝的な書き物、語られた言葉を特別かつユニークな創造的な仕方で操作すること、そしてとりわけ音楽の形で共存し始めている。これら三つのやり方はどれも、近代の国民国家がそれらに用意している容器 (containers) からあふれ出してきたのだ」(Gilroy 1993c:40=2006:84)。ここでギルロイが問うているのは、イギリス黒人の言語 (書き物、語られた言葉)、そして音楽の可能性である。さらに、彼らが制作した書き物、語られた言葉、音楽に近代社会 (近代の国民国家) が用意した容器からあふれ出るものであるとギルロイは強調する。先述したDJと観衆らの連帯はその典型的なものである。近代社会という容器からあふれ出したものに気づく必要がある。これこそ、ギルロイの強調点である。

　それゆえに、「黒人の音楽文化は、可能な限り単純な言葉で、あるがままの世界、つまり人種的に抑圧された世界が仮定上で存在する世界像を対峙することにより、現在を生き抜くために必要な多くの勇気を与えている」(Gilroy 1993a:133= 1997:178)。単純な言葉で紡ぎ出される黒人の音楽文化は、あるがま

まの世界・人種的に抑圧された世界(近代社会)と対峙する世界を作り出す。これこそ、第5章で見出したハーバーマス的公共圏とは異なったもう一つの公共圏ということになる。

　「物語ることと音楽を作ることはともにもう一つの公共圏に貢献しているし、このことはまた、あるコンテキストをもたらしている。つまりそのコンテキストにおいて、自伝的な自己のドラマ化と公的な自己構築のスタイルが、非従属的な人種的対抗文化を統合するような構成要素として形作られ、流通したのである」。(Gilroy 1993c:200＝2006:389)

　まとめよう。初期フレイレは「行動しつつ省察する存在」として人間を描き出した。それに対してギルロイは、イギリス黒人に焦点を当て、彼らが紡ぎ出す単純な言葉や音楽という形で表現する人間を描き出す。さらに言えば、本章の冒頭で述べた「ギターを練習する」「DJとしてターンテーブルを回す」といった文化的作業を通して彼らの言葉は紡ぎ出され、音楽は奏でられる。つまり、彼らは文化的作業を通して、もう一つの公共圏を作り出し、かつ新たな書き物、語られた言葉、音楽というメディア・コンテンツを形成する。ここには「文化的作業を通して政治的／文化形成的に表現する」黒人たちの姿、すなわち「行動しつつ省察する」人間とは異なった人間像を見出すことができる。むしろ、次のように言えよう。ギルロイが焦点を当てるのは、意識化(省察、振り返り、概念学習)が困難な人たちである。そして彼らによる文化形成の様相である。

　このようなメディア経験は日常にあふれている。例えば、コンサートに出かけることは即興的な一体感と連帯をもたらす。それは一方でメディア・コンテンツを構成している。コンサートの様子がDVDやテレビ、YouTube上でライブ中継、再生されることはその証拠である。視聴する側も単にコンサートに参加するだけではない。パブリック・ビューイング、友人らと共に視聴する、ケータイやタブレットを使用してベッドに横になりながら視聴するなど、従来のコンサート視聴とは異なった枠組みで再度コンサートを楽しむ機会は開かれ

ている。参加者はメディア・コンテンツを作り上げる当事者であると同時に、その送受信の枠組みへ介入できる存在である。もちろん、著作権の問題もあり、制作者（企画者）が有する枠組みへ生徒らが介入することには制限がある。しかしながら、その制約の下で参加者には介入の可能性がある。

　ここには、マスターマンや初期フレイレのように、抑圧状態（現実のヴェール）を意識化し、ヴェールを剥ぐような批判のあり方ではない。さらにはバッキンガムのように、メディア・コンテンツの制作を通して概念を修得し、現実の見方を変えていく批判のあり方でもない。身体を使用してメディアとの関係を構築し、文化的作業に従事することを通して、制度に介入する批判である。

2．メディア制作の教育実践をこえて

　バッキンガムの参加型メディア教育は、マスターマンとの対立関係で立ち上がってきた教育理論と言えよう。マスターマンが生徒による読解を中心にしてメディアの外部からメディアのイデオロギー性を暴こうとするのに対して、バッキンガムはその限定性を指摘した。具体的には、メディアのイデオロギー性に対峙する概念として生徒のメディアに対する自律性を唱えた。そして、生徒自身をメディア内存在と捉え、メディア・コンテンツを制作することを通した概念学習にその可能性を見出している。概念学習は、解釈・認識レベルでメディアの理解を変える。これがバッキンガムの主張である。

　そもそもバッキンガムは次のように考えている。「メディア言語を学ぶには、往々にして、特定のテキストの詳細な分析を必要とする。それにはテキストがどのように構成、編集されているのかを詳細に調べることで、『見慣れたものを見慣れないものへとする』ことが必要である。例えば、テレビの広告からストーリーボードを作り[1]、映像を構成要素に分解して物理的に『解体』することが必要だろう」（Buckingham 2003c:57＝2006:74）。見慣れたものを見慣れないものへと変えるとはいかなることだろうか。ストーリーボードの作成や詳細なテキストの分析がその具体策である。しかしながら、それによって何がも

たらされるのだろうか。

　第4章で取り上げたアイデンティティ・ポスターの教育実践で敷衍しよう。ここでは写真を使ったメディア・コンテンツの制作が行われていた。バッキンガムによれば、「写真を撮ることは、ショットの中での対象の構成、フレーミング、カメラアングル、照明、焦点等に係る一連の言語学的選択のすべてを含んでいる」(Buckingham 2003c:57=2006:75)。アイデンティティ・ポスターは、この写真に文字のテキストや他のイメージ（例えばレイアウトやモンタージュ写真）を組み合わせる。

　このことは、写真の意味を定義づけ、さらなる選択を生徒が行うことになる。バッキンガムは言う。「こういった選択は考えずになされているかもしれない。メディア教育の目的の一つは、子どもが自分で行った選択について振り返りを行い、その結果についてよりよく考えるようになることである」(Buckingham 2003c:57=2006:75)。メディア教育が求めているのは、振り返りを通して「よりよく考える」ようにすることである。フレイレの言葉を借りれば、意識化ということになる。「もし子どもが自分たちの行ったことを振り返ることができなければ、経験したことを一般化し、将来起こりうる状況に当てはめて考えることはできない」(Buckingham 2003c:133=2006:165)。選択を意識化することは振り返りを通して行われ、経験の一般化をもたらすことになる。これがバッキンガムの見解である。

　考えずに行っているものをより考えるようにする。これこそ、見慣れたものを見慣れないものにする具体的な内実と言えよう。そしてバッキンガムが「より考え」「見慣れないもの」に変える必要があると考えたのは、自らの選択である。すなわち、自らの選択をより考えるようにすることこそ、バッキンガムにとってメディア教育の目的である。ここで言う選択とは、自らが日常生活で行っているカメラ利用などだけを指していない。むしろ、メディアの視聴や接触も含めたメディア経験を指している。自らがいかにメディアを視聴し、接触しているのか。このようなメディア経験におけるあらゆる選択をより考えるようにする。これがメディア教育に求められることである。

しかしながら、「よく考え」「見慣れないものにする」という試みがあくまで認識・解釈レベルに焦点を当てた（現実Ⅰ）ものであることは看過できない。果たして生徒らは参加型メディア教育に参加することで、この認識・解釈レベル（現実Ⅰレベル）で現実へ介入しているだけなのだろうか。ギルロイが描き出したのは、認識・解釈レベルではなく、現実構成レベル（現実Ⅱ）でイギリス黒人たちが制度へ介入している様相である。後期フレイレの意識化概念を手がかりに導出した「編集者」としての生徒という生徒像は、メディア内存在としてメディア・コンテンツを制作する。そして、同時に解釈・認識レベル（現実Ⅰレベル）ではなく、現実構成レベル（現実Ⅱレベル）でもう一つの公共圏を作り出していく。バッキンガムの言葉に引き付けるならば、選択の意識化が参加型メディア教育の目的ではない。例えば、写真を撮る際に行う様々な選択——対象構成、フレーミング、カメラアングル等——自体が現実を構成する。つまり、選択の意識化ではなく、選択する行為それ自体こそ本研究が示す参加型メディア教育の目的である。

　バッキンガムもギルロイも共に、物質レベルにおいてメディアと生徒の関係が結ばれていること、それが生徒による教育や学習を通して実現していることに注目する。しかしながら、ギルロイや後期フレイレに依拠して本研究が描き出したのは次のことである。参加型メディア教育の実践に際して、生徒たちが行う選択は自らのメディア経験を意識化することにとどまらない。むしろ、編集者の作業がメディア・コンテンツを制作し、コンテンツにアレンジを加えて文化を形成するのと同様に、参加型メディア教育における生徒の学びは、身体を使用してメディアと関係を結び、メディア・コンテンツを作り上げていく。そして、DJらと共にイギリス黒人たちは、送受信の枠組みを作り変えていった。それと同様に、参加型メディア教育における生徒の学びは、文化的作業を通して、もう一つの公共圏において規範意識を社会的に構築する可能性もある。つまり、政治的／文化形成的プロジェクトとしての参加型メディア教育は、文化的作業を通してメディア・コンテンツともう一つの公共圏を作り出す。

小 括

　本章は、参加型メディア教育の構造を明らかにすることを通して、ここでの学びが単にメディア経験における選択の意識化ではなく、現実構成レベルにおける制度への介入になる可能性を明らかにした。具体的に言えば、参加型メディア教育において生徒たちは、身体を使用した文化的作業を通して、メディアと関係を結び、メディア・コンテンツを制作する。そして同時にこのことは、イギリス黒人が現実構成レベルでもう一つの公共圏を作り上げたように、「編集者」としての生徒にも同様の可能性があることを示している。生徒たちはクラスメイトや教師らとの共同作業を通して、情報の送受信の枠組みへ介入する。

　以上のことから、メディア教育における学習は読解を通したメディア批判でも、振り返りを重視した概念学習に還元できるものではない。それは、生徒が情報の送受信の枠組みである制度へ介入し、現実構成レベルでメディア・コンテンツを制作し、同時にもう一つの公共圏を作り上げていく営みである（253頁 関係図6）。

注
1) ストーリーボードとは絵コンテを意味している。本来ならば、ストーリーボードはテレビ番組や映画、テレビの広告の制作前に設計図として作成する。メディア教育、とりわけバッキンガムの試みは、逆に制作し終えた作品から設計図を作成することを実践し、見慣れた映像を見慣れないストーリーボードへ変えようとする。

終　章
参加型メディア教育の可能性と課題
―新たなメディア教育のために―

本章は、第1章から第7章までの考察結果を総括し、バッキンガムの参加型メディア教育の特徴を整理する。そして、これまでの考察を踏まえて参加型メディア教育の可能性と課題を明示し、メディア教育の新たな方向性を示す。

第1節　総括―参加型メディア教育の特徴―

1．イギリスのメディア教育におけるバッキンガムの位置

　マスターマンをはじめ多くのメディア教育学者は、リーヴィスとD.トムソンにイギリスにおけるメディア教育の源流を求めてきた。彼らが共に、メディアやポピュラー文化を教材として活用し、それぞれジャーナリスト教育（リーヴィス）、政治的プロパガンダを問題視するからである（D.トムソン）。その他にも、生徒の経験と既有の知識・技術を重視し、社会批判を唱えるニイルらイギリスにおける新教育運動、労働者階級における文化の自律性を説いたホガートにも、参加型メディア教育との連続性を確認できる。しかしながら、バッキンガムの試みとこれらとの連続性は部分的なものであり、その文脈やメディア教育を必要と考える理由も異なっている。

　そこで、バッキンガムが活躍した1970年代後半から1990年代における社会状況に注目した。1980年代を中心に政権を担ったサッチャーは、戦略的にメディアを利用して、従来の保守党と労働党の対立を前提とした政治風土を揺るがし、既存の労働者階級というカテゴリーを組み替えようとした。そのため、マスターマンをはじめとしたメディア教育学者はサッチャリズムに対する抵抗を掲げ、メディア批判を重視する。しかしながら、皮肉にもサッチャー政権において、メディア教育のカリキュラム化は進行する。具体的には、1990年サッチャーが政権を退いた年にメディア教育は11歳から14歳の英語科ナショナル・カリキュラム「読解」領域に位置づく。それに伴い、BBC等が新たな教育

方法、新たな教材を次々と提供した。メディア教育学者は、「抵抗としてのメディア教育」から「制度としてのメディア教育」へとシフトチェンジを求められた。そしてデジタル技術の普及は「情報提供者―情報受信者」という図式では理解不能なコミュニケーションをもたらした。また、この時期はパンクロックの登場やレゲエの浸透など若者たちが伝統文化に抵抗し新たな文化を形成した時期でもある。

　バッキンガムはそのような時流にのる形でマスターマン批判の急先鋒として頭角を現すことになる。複雑かつ矛盾した社会的な諸条件が偶発的かつ政治的に結びつく中で、バッキンガムはメディア教育論を展開した。

2．メディアの教材利用と文化形成の連続性

　上述したような社会状況を考える時、ホールは重要な存在である。バッキンガムも含め多くのメディア教育学者は、リーヴィスらと同様に、ホールも保護の対象（映画）を特定し、美学的なメディア理解を行ったと見做している。ホールらが1960年代に行った「ポピュラー芸術」運動はその典型である。

　ここでホールの理論展開に焦点を当てよう。ホールが「ポピュラー芸術」運動を展開した時期は、テレビ黎明期に当たる。マクルーハンが1964年の『メディア理解』においてテレビの可能性を宣言した。ホールらによる『ポピュラー芸術』も同年に出版されている。さらに、ホールが『ポピュラー芸術』を出版した1964年に労働党は政権を奪取した。中等教育学校の改革が遂行され、その制度は単線化へと進んだ。これまでの制度なら別々の学校に通っていた生徒たちが同じ教室で学ぶようになった。教師らには階級の混在した教室における授業実践が要求された。そのため、彼らの共通項として存在するメディア、とりわけテレビは教師にとって無視できるものではなかった。

　初期のホールは、テレビの時代の到来、中等教育学校の改革と呼応して、メディアの教材化を図った。当初、彼はウィリアムズが考える唯物論的なメディア観の応用を模索した。しかしながらその後、1970年代から1980年代にかけて

若者たちの文化形成を解釈するようになる。例えば、パンクはワッペンの代わりに安全ピンを破れた服に着用する。この現象からホールが見出したのは、物質レベルでメディアと関係を結び、独自の文化を形成する若者たちの姿であった。物質レベルにおけるメディアと生徒（若者）の関係とは次のような関係である。例えば、本を読む読者は単に内容を理解するだけではなく、パラパラめくりや目の動きに合わせたページめくりなど物質レベルで本と関係を結ぶ。このレベルの関係にホールは焦点を当てる。

　この時期のホールは、美学的な識別能力の育成だけではなく、ウィリアムズから唯物論的メディア観を踏襲し、学習を通して物質レベルでメディアと関係を結ぶ若者たちに注目した。そして、メディアの批判的利用（メディア学習）を通して積極的に文化形成に関与する若者の姿を見出す。パンクの文化形成はメディア学習を内包している。若者たちは、学習を通してメディアと物質レベルの関係を構築し、それをベースに文化形成へ関与する。ここにテキスト（教材）分析をこえる意味で参加型メディア教育の原型を見出すことができる。

3．バッキンガムにおける抑圧／自律の二元論とその学校教育論としての可能性

　バッキンガム・マスターマン論争は、メディアと生徒の関係を論争の出発点とする。バッキンガムは、メディア特性論（メディアはイデオロギー性を有しているかどうか）、メディアと生徒の関係論（生徒がメディアのイデオロギー性に対して自律性を有しているか）を結びつけ、抑圧／自律の二元論を構成した。つまり、抑圧／自律の二元論とはメディアと生徒の関係を抑圧的と捉えるか、それとも自律的と捉えるかにメディア教育の原理を見出す議論のことである。そしてバッキンガムは、次のようにこの二元論を変更していく。

　第一に、バッキンガムは抑圧／自律の二元論をマスターマン批判に利用する。バッキンガムによれば、マスターマンにとって教師はメディアのイデオロギー性を読み解く存在であり、その影響の外に配置されている。その結果、生徒の読みは教師のそれと同一化することを強いられる。第二に、バッキンガム

は抑圧／自律の二元論を教育方法論の差異として利用する。マスターマンのメディア教育がメディア批判（読むこと）を重視するのに対して、自らはメディア制作（書くこと）を重視する。このようにバッキンガムは抑圧／自律の二元論を原点にして、マスターマンとの差異を二分法で展開していく。

　1990年代終わりから2000年代初めにかけて、バッキンガムとマスターマンは共に、抑圧／自律の両義性を強調するようになる。その要因の一つはメディア教育のカリキュラム化が定着したことだろう。例えばBBCは、この動向に呼応して、豊富なメディア・コンテンツを教材として提供し、教員研修にも参画して教育方法にも関与する。マスターマンにとっては批判の対象であるメディアがメディア教育と協力関係を結んでしまったと言えよう。

　しかしながら、マスターマンはメディアの抑圧から生徒を解放することを求める。このことは、メディアと生徒の関係が抑圧関係であることを前提とするため、彼が唱えるようになった抑圧／自律の両義性と矛盾し、隘路に陥ってしまう。それに対してバッキンガムは、メディアと生徒の関係が抑圧／自律の両義性を有するがゆえに、メディア制作の授業実践へ参加できる（すべき）と考える。メディアと生徒の関係は、所与のもの（抑圧あるいは自律）としてあるわけではない。メディア制作を通して、生徒らは漸進的にメディアとの関係を構築する。バッキンガムは若者による批判的なメディア利用（メディア学習）だけでなく、教師の働きかけや教師とのかかわり（メディア教育）を重視するのである。

4．メディアの拘束に対する抵抗可能性

　ジェンキンスによればメディア教育は、個人の自己表現に必要なスキルではなく、現実や他者とかかわる社会的スキルを育成すべきと説く。バッキンガムも生徒たちがメディア制作を行う際、創造性という個人的でロマンティックな概念ではなく、社会的な対話という形式の重要性を強調する（Buckingham, Grahame and Sefton-Green 1995:13）。

　そして、この社会的な対話を実現するために必要なことが、生徒による振り

返りを重視した概念学習である。生徒らはメディア制作を通して、例えば制作、言語、表象、オーディエンスといった諸概念を学んでいく。この学びによって、生徒は、受け取る知識に対してコンスタントに疑問を投げかけ、自らの経験をすすんで振り返るようになる。概念学習は、諸概念の獲得を通して現実構成のプロセスを認識し直す学びと言えよう。バッキンガムによる参加型メディア教育は、振り返りを重視した概念学習によって、メディアと生徒の関係を更新し続けることを可能にする。そして生徒は、それを通して、抑圧からの解放ではなく、社会的に現実を構成する。ここにバッキンガムの参加型メディア教育の可能性がある。

しかしながら、今井康雄の試みを手がかりにすれば、生徒は常にすでに（マス）メディア内存在であり、生徒たちが作り出す社会的現実も言語をプロトタイプとするメディア内部で構成されていると解釈できる。今井はコミュニケーションを媒介する存在としてメディアを捉える（今井 2004）。このメディア観にしたがえば、まず言語を中心としたメディアを介したコミュニケーションが先行し、教育行為、経験、主体等は後続してメディアによって構築されると解釈できよう。

この視点からバッキンガムの試みを解釈するならば次のようになる。バッキンガムはメディア内存在として教師、生徒を捉え、生徒のメディア経験が常にすでにメディア内部で生じていることを強調する。しかしながら、バッキンガムは例外的に生徒による振り返りをメディアの外部に設定してしまう。つまり、振り返りを特別視する。その結果、メディアが振り返りも含めた人間の意識を構築していることを十分に検討できていない。

そこでホールを中心としたオーディエンス研究に注目した。彼らにしたがえば、一方でメディアは様々な枠組み——流通ルート、スポンサーの意図など——に制約されて情報を発信する。他方で、オーディエンスもメディアの浸透や家族構成、ライフスタイルに応じてその情報を解釈し意味を付与する。オーディエンスはメディアからの情報を手がかりに意味を付与するため、不均衡な関係を強いられている。しかしながら同時に、その情報を受信するまでに

様々な枠組み、すなわち制度へ介入することができる。とりわけ参加型メディア教育においては、実際に授業内で社会的現実を構成する。このことは、情報の送受信の枠組み（制度）を作り変える可能性を有する（政治的プロジェクト）。そして同時に、コンテンツ制作と結びつく（文化形成的プロジェクト）。

5. 参加型メディア教育の政治的展開
―イギリス黒人の文化形成とバッキンガムによる教育実践の再解釈―

　政治的プロジェクトとしてのメディア教育の可能性を検討した。ここで言う政治的プロジェクトとは、情報の送受信の枠組みに権力性を見出し、その枠組みと折衝する試みのことである。

　まず、ハーバーマスの公共圏概念に注目した。彼によれば、18世紀のコーヒーハウスやサロンにおいては、個人的な利害関係や利潤、政治的な立場の差異をこえて、公衆らが公共的な討論を行っていた。ここにハーバーマスは公共圏の「原風景」を見出す。言語に依拠した政治主体（シティズンシップ）の構築という意味で、ハーバーマス理論とシティズンシップ教育には連続性がある。この政治主体は、言語を使用したコミュニケーションを通して、単に意思疎通を図るだけではなく、規範意識を構築し、公共圏を作り出す。しかしながら、言語を中核に据えた公共圏の構築を構想する限り、少数派（移民や母国語の異なる児童・生徒）の排除という困難がつきまとう。そこで、ハーバーマスの視座にしたがいつつも、言語以外のメディアを使用した政治的なプロジェクトを模索する必要がある。

　バッキンガムによる人種の表象をめぐる教育実践を取り上げよう。英語の授業で、14歳の男子6人が11歳向けにホームコメディーの予告編を制作した。ここではジェンダー、人種の偏見に満ちたキャスティングが行われた。当然であるが、クラスメイトや教師らは彼らの作品を批判した。中には自らの人種を自嘲的に演じる生徒もいたため、この作品は悪ふざけの類と解釈された。しかしながら、制作活動、クラスメイトや教師との対話を通して、制作者たちは自らの偏見に気づき始めた。なぜだろうか。

ホール後のカルチュラル・スタディーズをリードするギルロイによれば、イギリス黒人らは、楽器、アナログレコードなどの物質を使用して文化を形成する。例えばDJらが表現者であるためには、ターンテーブルにアナログレコードをのせて回しつつ、観衆（消費者）と共にリズムに合わせる必要がある。表現者であるDJらと観衆（消費者）の関係は対話的であり、観衆も参加者としての役割を担う。

この観点からバッキンガムの教育実践を解釈すると、バッキンガムも十分に捉えきれていない参加型メディア教育の側面が明らかになる。メディア教育において、生徒らは自らのメディア経験やメディア利用を振り返るだけではない。生徒らはメディアを使用した作業を行っている。イギリス黒人と同様に、生徒らもメディア制作という共同作業を通して規範意識を構築する可能性がある。参加型メディア教育には言語を介したコミュニケーションを通して形成されるハーバーマス的な公共圏とは異なった、共同かつ文化的作業を介したもう一つの公共圏を構築する可能性がある。

6．参加型メディア教育の文化形成的展開
　　―フレイレの理論展開とバッキンガムによる教育実践の再解釈―

文化形成的プロジェクトとしてのメディア教育の可能性を検討した。ここで言う文化形成的プロジェクトとは、生徒らによるメディア制作が単なる擬似体験ではなく、現実構成となる試みのことである。

ジルーとバッキンガムは、メディア（ポピュラー文化）に対する生徒の能動的接触を認める。バッキンガムは、抑圧／自律の二元論に依拠し、自らを自律の立場、ジルーを抑圧の立場へと位置づけるため、この共通点を看過している。

ここで、バッキンガムのスタンスをより明示するため、フレイレの意識化概念と理論展開に注目した。『被抑圧者の教育学』に代表される初期において、フレイレは抑圧の意識化を説いていた。意識化とは、「何よりもまず現実の明瞭な知覚を妨げる障害について、人間の蒙を啓くことである」（Freire 2000 (1970):64=1984:117）。これに対してフェミニストらは、教師と被抑圧者は同じ

現実、同じ抑圧、同じ解放を共有していないと批判し、意識化概念を拡大しようとする。例えばフックスは、抑圧者と被抑圧者の対立関係に基づく解放ではなく、その対立関係から排除された黒人女性も参加することを通した教育実践を説く。

このような批判を受けて、フレイレは「現実のヴェール」、つまり抑圧を剝ぐだけでは不十分であり、生徒らの参加を求めるようになる。生徒らはその参加を通して教えた内容の底にある意味を自分のものにする。教える行為の成立には、学ぶ内容・対象の根基にまで踏み込んで学ぶことを学ぶ必要がある（Freire 2014 (1994):70 =2001:113）。これが後期フレイレの主張である。

その観点から、バッキンガムによる11歳から12歳の生徒らによる広告制作の実践を検討した。まず5時間をかけて、生徒個人、グループ、そして教師主導で広告分析を行う。例えば、グループワークにおいて生徒は、「広告のターゲットはだれか」などを検討している。その後、生徒らは8時間を使用して、1分間の少年用ヘアケア商品の広告を制作する。

バッキンガムは、この実践を通して生徒がオーディエンス等の諸概念を修得したと解釈する。しかしながら同時に、バッキンガム自身が認めるように生徒らは、広告分析に必要なことのほとんどをすでに修得していた。つまり、彼らはフレイレが言う「現実のヴェール」（抑圧）を剝いでいる。ここで生徒は、単にシミュレーションを通した概念学習（現実認識）だけではなく、メディア内部から現実へ介入し、メディア・コンテンツを編集している。生徒は「編集者」の役割を担っている。

7．政治的／文化形成的参加型メディア教育としての可能性

そもそもバッキンガムの参加型メディア教育を受けた生徒の多くは、イギリスの支配的な学校文化からこぼれ落ちた成績の悪い生徒であった（Stafford 1990:83）。同時に、彼らはメディア（ポピュラー文化）を学校にもち込んでくる。ジルーが言うようにラディカルな教育理論家たちはポピュラー文化を看過して

きた (Giroux and Simon 1992 (1989):180)。つまり彼らは、イギリスの支配的な学校文化から疎外され、同時にラディカルな教育理論からも疎外された存在である。

　もちろん、振り返りと概念学習は、参加型メディア教育の中核に位置づく。しかしながら、ギルロイやフックス、後期フレイレが焦点を当てたのは、むしろその振り返りや概念学習を行うことが困難な人たちであった。そしてギルロイはイギリス黒人（白人の労働者階級でもなく、移民に代表される黒人でもない）、フックスは黒人女性（白人女性でもなく、黒人男性でもない）が共同的かつ文化的作業を通して公共圏や文化形成へ参加する姿を描き出した。この視座に基づくならば、生徒らは共同かつ文化的な作業を通してメディアと異なる枠組みで情報を送受信し、現実を構成できる。参加型メディア教育には政治的／文化形成的プロジェクトが並列する二層構造を見出すことができる。

　バッキンガムの参加型メディア教育の核心はその学習論にある。具体的には、生徒がメディア・コンテンツの制作を通して概念を修得し、支配的なメディア現実を相対化する。振り返りや概念学習を重要視する意味で、意識化はバッキンガムの学習概念の中心に位置づく。しかしながら、生徒は参加型メディア教育を通して言語に限定されないメディアを使用し、文化的作業を経験する。それらを通してお互いに呼応し合い情報の送受信の枠組みへ介入し、新たな現実を構成する。参加型メディア教育の学びは、単なる体験や認識にとどまらず、支配的なメディア経験とは異なった現実構成の経験をもたらす。

第2節　新たな示唆

　「学ぶことの技法が小手先のテクニックで決定され、また、スキルは評価可能、測定可能であることが求められている。（中略）そして、教育が個々人によってはいいものであっても、公（パブリック）にとっていいかど

うかということに対して十分に認識されていないということがあります」。(市田他 2009:107 – ギルロイの発言)

　バッキンガムは生徒の授業参加、メディア制作の教育論をなぜ唱えたのだろうか。1980年代におけるマスターマンとの論争にその原点を見出すことができよう。彼はマスターマンが唱えるメディア批判、より厳密に言えばマスターマンのメディアに対する敵対的スタンスを疑問視する。生徒はメディアに対してより自律性を有している、と。重要なことは、この対立が本質的なものではないことである。彼らは抑圧／自律の二元論を共有し、両者ともにメディアからの自律を説き、そのためにメディア教育の必要性を唱えた。さらに言えば、初期フレイレ、ジルー、バッキンガム、マスターマンはいずれも、抑圧／自律の二元論を共有しているという見方もできる。ここにはメディア（ポピュラー文化）から、あるいは社会からの抑圧が存在するという前提がある。教育方法は様々であるが、彼らは生徒の意識化による抑圧からの解放を求めている。確かにバッキンガムは、解放から参加への転換を唱えた。しかしながら、意識化の重要性も唱え続けた。振り返りによる概念学習は、その典型である。

　鍵となるのは意識化という概念であり、彼らの学習論の根幹には抑圧の意識化という教育思想を見出すことができる。ジルー、マスターマンはフレイレに対して肯定的な評価を行い、バッキンガムはフレイレをほとんど取り上げていない。しかしながら、振り返りを通した概念学習を重視していることからも分かるように、バッキンガムはマスターマンからフレイレの意識化の重要性を継承している。一見、体験学習を推進し、メディア・コンテンツを制作する教育実践を推奨しているが、バッキンガムのメディア制作の意図はあくまで振り返りを通した概念学習の実施にあった。それによって可能となるのは、何よりもメディアが提供する現実から、生徒がいかに抑圧されているのかを意識化することである。第4章で明らかにしたように、彼自身は、メディア固有の拘束に対する抵抗の方法を現実構成に見出している。フレイレの言葉を使用して、このことを説明するならば、現実の認識から一歩踏み込んで現実構成を唱えてい

ると説明できよう。

　確かに、現在ではYouTubeをはじめ誰もがケータイの端末さえあれば動画を制作し、インターネット上にその動画をアップロードすることができる。つまり、バッキンガムがメディア制作の教育論を唱え始めた1980年代後半、現職教員と教育実践を次々と提案した1990年代、そしてそれらの成果を参加型メディア教育としてまとめた上げた2000年代とは異なったメディア環境を生徒らは生きている。

　しかしながら、その中でも生徒らの一部はメディアを通して／メディアにおいて抑圧されつつ、その中で文化形成を行っている。抑圧を受けつつ、そしてそのことを十分認識した上でいかに振る舞うか。バッキンガム自身が考え続けてきた問いは、上述のようなメディア環境であっても問うべきものである。具体的には、メディアが多様になればなるほどバランスの取れたカリキュラムの下で、メディア教育は体系的に進められるべきである。

　そして、現実構成の経験も、単に日常生活のメディア経験のみに集約されるべきではない。授業内でのメディア利用、教師によって準備された教材、教師の働きかけ、生徒同士の討論を通した現実構成は、日常のメディア経験を相対化する意味で、現代社会に生きる生徒らに不可欠な経験として組織されるべきである。誰もが社会的現実を構成するソーシャル・メディア時代だからこそ、参加型メディア教育は学校教育を中心に展開されるべきと言えよう。バッキンガムによる参加型メディア教育の可能性は、概念学習を通してメディアが提供する現実を再構成し、社会的に現実を構成することにある。

　本研究はあくまでマスメディアとしてのメディアに焦点を当て、メディア利用と文化形成の問題を検討してきた。言語や芸術、演劇といったイギリス社会の中で伝統を有し、生活の中に深く根付いている広義のメディア観を採用したわけではない。なぜなら、バッキンガム自身は自らの辞書を引き、メディアを「影響や情報を運び伝える物質あるいは経路」(Buckingham 2003c:3=2006:8) と定義しつつも、参加型メディア教育において、生徒が制作するのはマスメディア情報を中心としたメディア・コンテンツだからである。

しかしながら、言語論的転回以降の教育理論に確認できるような広義のメディア観にしたがえば、バッキンガムの参加型メディア教育の課題を見出すこともできる。それは、振り返りを特別視することにある。それによって、振り返りも含めた人間の意識そのものがメディアによって構築されていることをバッキンガムは看過してしまう。メディア内存在としての生徒が授業内で行う活動の含意を検討することに参加型メディア教育の課題はある。

　本研究は参加型メディア教育における振り返り、そしてそれに基づく概念学習の重要性を踏まえつつ、新たなメディア教育のためにギルロイとフックス（後期フレイレ）の考えに注目した。一方でギルロイにしたがえば、DJはターンテーブルを回し、音楽とダンスを駆使して観衆と共に政治的連帯を作り出す。ギルロイは、ここにハーバーマス的な公共圏とは異なるもう一つの公共圏の存在を見出す。他方でフックスは、教える行為にパフォーマティブな側面を見出し、生徒がアクティブな参加者として参加する授業を提唱する。これらを手がかりにすれば、生徒たちが行うメディア制作の教育実践は、メディア内存在の生徒（「編集者」としての生徒）がメディア・コンテンツを制作する意味で文化形成的プロジェクトに関与している。さらに言えば、その授業を通じてメディア情報の送受信の枠組み（制度）を認識するだけでない。実際にその枠組みへ介入し、別の政治的連帯を作り出す。その意味で、政治的プロジェクトにも関与している。本研究は参加型メディア教育における学びに、文化的作業を通した政治的／文化形成的プロジェクトという二層構造を見出した。

　例えば黒人たちの音楽（メディア・コンテンツ）は、一見商業主義にまみれ、もう一つの公共圏どころか商業主義や資本主義に支えられた文化産業の産物に過ぎないと見做すこともできよう。しかしながら、再度思い出すべきはイギリス黒人が有する二重の疎外である。彼らは、イギリス内部で疎外されている労働者階級から、そして移民に象徴される外部からやってきた黒人からも疎外された。つまり、従来のいずれのカテゴリーからも疎外された存在である。そのため彼らが制作したメディア・コンテンツは、国家や特定の団体からの保護もなく、特定の人種や特定の階級が有する特有の文化でもなかった。いずれから

も疎外されているため、その流通ルート、視聴行動を支えたのは資本しかなかったと考えられる。

　メディア制作の教育実践で制作された作品にも同様の機制を見出すことができないだろうか。一見バッキンガムの試みは、新教育において重視された経験学習の延長、あるいはメディア教育のカリキュラム化に伴う、政治迎合的な教育実践と判断することもできる。しかしながら、この教育実践に参加する生徒らはイギリスの支配的な学校文化とラディカルな教育理論家からも疎外されていた。彼らは、この制約の中で、自らメディア・コンテンツを制作し、情報の送受信の枠組み、つまり制度へ介入する可能性を模索している。このことは単に労働者階級のみに言えることではない。メディア教育のカリキュラム化に伴い、中産階級の生徒に対しても、参加型メディア教育は展開された。振り返りを通した概念学習の重要性を認めつつも、その前段階として、物質レベルでメディアと関係を取り結ぶ文化的作業が必要である。本研究が導出したこの考えは、中産階級の生徒に向けても一定のインパクトがあったと考えることができる。

　メディア教育が意識化としての学習をこえて、現実構成としての学習を実現するためには、フックス（後期フレイレ）、ギルロイが指摘するように参加という形式を採用して教育実践を構想する必要がある。バッキンガムの試みは実践的にはこの要求へ応えるものであった。しかしながら、彼は「フレイレの呪縛」の内部にいる。ここで言う「フレイレの呪縛」とは、抑圧という現実を認識（意識化）することを通した解放を目指す教育言説を意味している。フレイレ自身がフェミニストとの対話を通して、その呪縛から解かれたように、参加型メディア教育もまた、ギルロイとフックス（後期フレイレ）との対話を通して、政治的／文化形成的プロジェクトとして再構成すべきである。メディア教育は、管理（保護、ルールの修得）、意識化（リテラシーの修得やコンテンツの制作）でもなく、メディア内存在としての生徒が現実構成のあり方を構築する試みとして再定義できる。それによって「フレイレの呪縛」を解き、参加型メディア教育に参加する生徒らはより直接的に現実変革へ関与できるのである。

最後に本研究で残された課題をあげる。第一に、本研究が焦点を当てた時期についてである。本研究は1980年代のバッキンガム・マスターマン論争から始め、2000年代のバッキンガムによるメディア教育の理論構築に焦点を当てた。そのため、2010年代におけるバッキンガムの消費文化に関する論考、そして現在彼が展開しているソーシャル・メディアに関する考察を十分に検討することができなかった。もちろん、管見の限りバッキンガムが2010年代に劇的な理論展開を行ったと捉えることはできそうにない。さらに、1990年代に確認できたような教育実践への傾斜が確認できるわけでもない。むしろ、これまでの視座にしたがって、その考察の範囲を消費文化、ソーシャル・メディアへと広げていると判断することができよう。振り返りを通した概念学習を中心とした意識化の学習が必要であることを訴え続けている。しかしながら、消費文化を考察対象とすることで、概念学習を中心とした意識化の学習はその有効性をより拡大した可能性がある。そのため、本研究が概念学習の前段階として配置した文化的作業の位置づけもまた変化する可能性がある。具体的には、授業へ参加させる前提条件としての文化的作業（メディア制作）ではなく、別の位置づけになる。バッキンガムがなぜ今になって消費文化、ソーシャル・メディアの問題へ焦点を当て始めたのか。その意義と限界を明確にする課題が残されている。

　第二に、バッキンガムの参加型メディア教育へ至る系譜についてである。本研究はホールの「ポピュラー芸術」運動から始め、ギルロイにたどり着く系譜へバッキンガムのメディア教育論を位置づけ検討した。これらの作業によって、上述したような参加型メディア教育と称することのできるメディア教育の特徴、その可能性と限界を明示することができた。しかしながら、同時にバッキンガムの論争相手であるマスターマンのメディア教育に注目するならば、この系譜には収まりきれないもう一つのメディア教育の特徴、可能性と限界を明らかにすることができるかもしれない。見通しだけを述べるならば、ウィリアムズの文学論・テレビ論を出発点として、イーグルトンへたどり着く系譜にマスターマンの試みを位置づけることができるのではなかろうか。ここでは、本

研究がイギリスのメディア教育——とりわけイングランド——の文脈に依拠したのに対して、ウィリアムズの出身地であり、マスターマンが大学時代を過ごしたウェールズ、さらにはイーグルトンがその批評活動において重視したアイルランド等の文脈をその射程におさめることができるだろう。今後の課題としたい。

　第三に、教育実践の構想についてである。本研究では基本的にバッキンガムによる教育実践の再解釈に注力しており、新たな教育実践を提示することができていない。もちろん、ソーシャル・メディア時代において一定の枠組みの中で日々情報を送受信する生徒らに対して、参加型メディア教育がいかに貢献できるのかを教育実践レベルで検討すべきである。日々変わっていくメディアに振り回されず、教育学における理論＝実践問題の伝統に根づいた検討が必要である。教育実践における「有効性」のみを追求するのではなく、政治的／文化形成的プロジェクトとして参加型メディア教育を具体化することも今後の課題としたい。

参考文献

1) 主要引用・参考文献

Buckingham, D. (1986) Against Demystification: A Response to 'Teaching the Media', *Screen* 27 (5), 80-95.

―――― (1987) *Public Secrets: EastEnders and Its Audience*, BFI.

―――― (1993a) *Changing Literacies: Media Education and Modern Culture*, Tufnell Press

―――― (1993b) Conclusion: Re-Reading Audience, D. Buckingham ed., *Reading Audiences: Young People and the Media*, Manchester University Press, 202-218.

―――― (1993c) Introduction: Young People and the Media, D. Buckingham ed., *Reading Audiences: Young People and the Media*, Manchester University Press, 1-23.

―――― (1996) Critical Pedagogy and Media Education: A Theory in Search of a Practice, *Curriculum Studies* 28 (6), 627-650.

―――― (1998) Media Education in the UK: Moving Beyond Protectionism, *Journal of Communication* 48 (1), 33-43.

―――― (2000) *After the Death of Childhood: Growing Up in the Age of Electronic Media*, Polity.

―――― (2003a 1st. publish 1998) Introduction: Fantasies of Empowerment? Radical Pedagogy and Popular Culture, D. Buckingham ed., *Teaching Popular Culture: Beyond Radical Pedagogy*, Routledge, 1-17.

―――― (2003b) Media Education and the End of the Critical Consumer, *Harvard Educational Review* 73 (3), 309-327.

―――― (2003c) *Media Education: Literacy, Learning and Contemporary Culture*, Polity.〔=(2006)(鈴木みどり他訳)『メディア・リテラシー教育―学びと現代文化』世界思想社〕。

―――― (2003d 1st. publish 1998) Pedagogy, Parody and Political Correctness, D. Buckingham ed., *Teaching Popular Culture: Beyond Radical Pedagogy*, Routledge, 63-87.

―――― (2003e) Questioning the Media: A Guide for Students, UNESCO, 1-15. http://www.media-diversity.org/en/additional-files/documents/A%20Guides/Questioning%20the%20Media-%20A%20guide%20for%20students%20[EN].pdf （2019年6月14日閲覧）。

―――― (2003f 1st. publish 2000) *The Making of Citizens: Young People, News, and Politics*,

Routledge.

―― (2005) *The Media Literacy of Children and Young People: A Review of the Research Literature on Behalf of Ofcom*, Centre for the Study of Children, Youth and Media Institute of Education, University of London,1-71.

―― (2006 1st publish 1993) *Children Talking Television: The Making of Television Literacy*, Routledge Falmer.

―― (2007) Selling Childhood?: Children and Consumer Culture, *Journal of Children and Media*, 1 (1), 15-24.

―― (2008) Children and Media: A Cultural Studies Approach, K. Drotner and S. Livingstone eds., *The International Handbook of Children, Media and Culture*, Sage, 219-236.

―― (2010) Interview by Dee Morgenthaler, Friday, Oct. 29. Voices of Media Literacy: International Pioneers Speak: David Buckingham Interview Transcript, Center for Media Literacy, 1-8.
http://www.medialit.org/sites/default/files/Voices_of_ML_David_Buckingham.pdf （2019年6月14日閲覧）。

―― (2011) *The Material Child: Growing up in Consumer Culture*, Polity.

―― (2013) Challenging Concepts: Learning in the Media Classroom, P. Fraser et al. eds., *Currrent Perspectives in Media Education: Beyond the Manifesto*, Palgrave Macmillan, 24-40.

―― (2014) The Success and Failure of Media Education, *Media Education Research Journal* 4(2), 5-18.
http://merj.info/wp-content/uploads/2014/01/MERJ_4-2-Editorial.pdf（2019年6月14日閲覧）。

Buckingham, D. and I. Harvey (2001) Imagining the Audience: Language, Creativity and Communication in Youth Media Production, *Journal of Educational Media* 26 (3), 173-184.

Buckingham, D and J. B. Martínez (-Rodríguez) (2013) Interactive Youth: New Citizenship Between Social Networks and School Settings, *Comunicar* 40, XX, 10-13.

Buckingham, D. and J. Sefton-Green (1994) *Cultural Studies Goes to School: Reading and*

Teaching Popular Media, Taylor & Francis.

―――― (2001 1ˢᵗ publish 1997) Multimedia Education: Media Literacy in the Age of Digital Culture, R. Kubey ed., *Media Literacy in the Information Age: Current Perspectives*, Transaction Publishers, 285-305.

―――― (2003) Gotta Catch 'em All: Structure, Agency and Pedagogy in Children's Media Culture, *Media, Culture & Society* 25 (3), 379-399.

Buckingham, D., J. Grahame and J. Sefton-Green (1995) *Making Media: Practical Production in the Media Education*, The English and Media Centre.

Buckingham, D. and K. Jones (2001) New Labour's Cultural Turn: Some Tensions in Contemporary Educational and Cultural Policy, *Journal of Education Policy* 16 (1), 1-14.

Buckingham, D. and M. Scanlon (2003) *Education, Entertainment and Learning in the Home*, Open University Press.

Buckingham, D., P. Fraser and N. Mayman (1990) Stepping into the Void: Beginning Classroom Research in Media Education, D. Buckingham ed., *Watching Media Learning: Making Sense of Media Education*, The Falmer Press, 19 -59.

2) 関連文献

Arendt, H. (1993 1ˢᵗ publish 1960) The Crisis in Culture: Its Social and Its Political Significance, H. Arendt, *Between Past and Future: Eight Exercises in Political Thought*, Penguin Books, 197-226.〔=(1994)(齋藤純一他訳)「文化の危機―その社会的・政治的意義」H. アーレント(引田隆也他訳)『過去と未来の間』みすず書房、265-306〕。

Block L. and D. Buckingham (2010 1ˢᵗ publish 2007) *Global Children, Global Media: Migration, Media and Childhood*, Palgrave Macmillan.

Bragg, S. (2007) What Kevin Knows: Students' Challenges to Critical Pedagogical Thinking, A. Nowak et al. eds., *Rethinking Media Education: Critical Pedagogy and Identity Politics*, Hampton Press, 57-73.

Bazalgette, C. (1989) *Primary Media Education: A Curriculum Statement*, BFI.

―――― (1991) *Media Education: Teaching English in the National Curriculum*, Hodder &

Stoughton.

Centre for Contemporary Cultural Studies (2005 1st publish 1982) *The Empire Strikes Back: Race and Racism in 70s Britain*, Routledge.

Duncan, B. (2007) Global Teens: Marketing, Politics and Media Education, A. Nowak et al. eds., *Rethinking Media Education: Critical Pedagogy and Identity Politics*, Hampton Press, 97-111.

Department of Education and Science and the Welsh Office (1990) *English in the National Curriculum* (No.2) HMSO.

Dewey, J. (2008 1st publish 1902) The School and Society, *The Child and the Curriculum Including, The School and Society*, Cosimo Classics, 1-159. 〔＝(1998)(市村尚久訳)「学校と社会」『学校と社会・子どもとカリキュラム』講談社学術文庫、57-258〕。

Dworkin, D. (1997) *Cultural Marxism in Postwar Britain: History, the New Left and the Origins of Cultural Studies*, Duke University Press.

Eagleton, T. and M. Beaumont (2009) *The Task of the Critic: Terry Eagleton in Dialogue*, Verso. 〔＝(2012)(大橋洋一訳)『批評とは何か──イーグルトン、すべてを語る』青土社〕。

Ellsworth, E. (1989) Why Doesn't This Feel Empowering? : Working Through the Repressive Myths of Critical Pedagogy, *Harvard Educational Review* 59 (3), 297-324.

Ferguson, B. (1981) Practical Work and Pedagogy, *Screen Education* 38, 41-55.

Ferguson, R. (1998) *Representing 'Race'*, Arnold.

Freire, P. (1985) *The Politics of Education: Culture, Power, and Liberation*, Bergin & Garvey.

────(1996 1st publish 1970) *Pedagogy of the Oppressed*, Penguin Books. 〔＝(2011)(三砂ちづる訳)『新訳被抑圧者の教育学』亜紀書房〕。

────(1997) A Response, J. W. Fraser et al. eds., *Mentoring the Mentor: A Critical Dialogue with Paulo Freire*, Peter Lang, 302-329.

────(2000 1st publish 1970) *Cultural Action for Freedom 2000 Edition*, Harvard Educational Review Monograph Series, No.1, Revised Edition. 〔＝(1984)(柿沼秀雄訳)『自由のための文化行動』亜紀書房〕。

────(2005 1st publish 1974) *Education for Critical Consciousness*, Continuum. 〔＝(1982)

（里見実他訳）『伝達か対話か——関係変革の教育学』亜紀書房〕。

―――― (2014 1st. publish 1994) *Pedagogy of Hope: Reliving Pedagogy of the Oppressed*, Bloomsbury.〔=（2001）（里見実訳）『希望の教育学』太郎次郎社エディタス〕。

Freire, P. and D. Macedo (2001 1st. publish 1987) *Literacy: Reading the Word and the World*, Routledge.

Gee, J.P. (2009 1st. publish 2004) *Situated Language and Learning: A Critique of Traditional Schooling*, Routledge.

Gilroy, P. (1993a) It Ain't Where You're from, It's Where You're at: The Dialectics of Diaspora Identification, P. Gilroy, *Small Acts: Thoughts on the Politics of Black Cultures*, Serpent's Tail, 120-145.〔=（1997）（藤永泰政訳）「どこから来たかじゃねえんだよ、どこにいるかなんだ——ディアスポラ的アイデンティティ形成の弁証法」『現代思想』第25巻11号、青土社、170-187〕。

―――― (1993b) *Small Acts: Thoughts on the Politics of Black Cultures*, Serpent's Tail.

―――― (1993c) *The Black Atlantic: Modernity and Double Consciousness*, Harvard University Press.〔=（2006）（上野俊哉他訳）『ブラック・アトランティック——近代性と二重意識』月曜社〕。

―――― (2002 1st. publish 1987) *There Ain't No Black in the Union Jack: The Cultural Politics of Race and Nation*, Routledge.〔=（2017）（田中東子他訳）『ユニオンジャックに黒はない——人種と国民をめぐる文化政治』月曜社〕。

―――― (2004 1st. publish 2000) *Between Camps: Nations, Cultures and the Allure of Race*, Routledge.

―――― (2016 1st. publish 2003) Between the Blues and the Blues Dance: Some Soundscapes of the Black Atlantic, M. Bull et al. eds., *The Auditory Culture Reader* (2nd. Edition), Bloomsbury, 323-333.

Giroux, H. (1988) *Teachers as Intellectuals: Toward a Critical Pedagogy of Learning*, Bergin & Garvey.〔=（2014）（渡部竜也訳）『変革的知識人としての教師——批判的教授法の学びに向けて』春風社〕。

―――― (1992) *Border Crossings: Cultural Workers and the Politics of Education*, Routledge.

―――― (1997) Is There a Place for Cultural Studies in Colleges of Education?, H. Giroux et al. eds., *Education and Cultural Studies: Toward a Performative Practice*, Routledge,

231-248.
　――― (2000) *Stealing Innocence : Corporate Culture's War on Children*, Palgrave.
　――― (2006) Consuming Social Change: The United Colors of Benetton, C. Robbins ed., *The Giroux Reader, Paradigm Publishers*, 69-88.
Giroux, H. and R. Simon (1992 1st publish 1989) Popular Culture as a Pedagogy of Pleasure and Meaning: Decolonizing the Body, H. Giroux *Border Crossings: Cultural Workers and the Politics of Education*, Routledge, 180-206.
Grahame, J. (1995) Original Copy: Re-Selling Sounds, D. Buckingham, J. Grahame and J. Sefton Green, *Making Media: Practical Production in Media Education*, The English and Media Centre, 105-139.
Hall, S. (1986 1st publish 1980) Cultural Studies: Two Paradigms, R. Collins et. al.,eds., *Media, Culture and Society: A Critical Reader*, Sage, 33-48.
　――― (1988a) *The Hard Road to Renewal : Thatcherism and the Crisis of the Left*, Verso.
　――― (1988b 1st publish 1982) The Rediscovery of 'Ideology': Return of the Repressed in Media Studies, M. Gurevitch et. al., eds., *Culture, Society, and the Media*, Routledge, 56-90.
　――― (1992 1st publish 1980) Encoding/Decoding, S. Hall et. al., eds., *Culture, Media, Language*, Routledge, 128-138.
　――― (1996) The Formation of a Diasporic Intellectual: An Interview with Stuart Hall by Kuan-Hsing Chen, D. Morley and K. Chen eds., *Stuart Hall: Critical Dialogues in Cultural Studies*, Routledge, 484-503.〔＝(1996)(小笠原博毅訳)「あるディアスポラ的知識人の形成」『思想』(859号)、岩波書店、6-30〕。
　――― (2007 1st publish 1973) Encoding and Decoding in the Television Discourse, A. Gray et. al., eds., *CCCS Selected Working Papers Volume 2*, Routledge, 386-398.
Hall, S., C. Critcher, T. Jefferson, J. Clarke and B. Roberts (2002 1st publish 1978) *Policing the Crisis: Mugging, the State, and Law and Order*, Palgrave Macmillan.
Hall, S. and P. Whannel (1964) *The Popular Arts*, Hutchinson Educational.
Hall, S. and T. Jefferson (2006 1st publish 1975) *Resistance Through Rituals: Youth Subcultures in Post-War Britain* (2nd Edition), Routledge.
Hebdige, D. (1988 1st publish 1979) *Subculture: The Meaning of Style*, Routledge.〔＝(1986)

(山口淑子訳)『サブカルチャー ──スタイルの意味するもの』未來社〕。

Habermas, J. (1983) *Moralbewußtsein und Kommunikatives Handeln*, Suhrkamp.〔=(2000)(三島憲一他訳)『道徳意識とコミュニケーション行為』岩波書店〕。

── (1999 1st publish 1996) *Die Einbeziehung des Anderen: Studien zur Politischen Theorie*, Suhrkamp.〔=(2004)(高野昌行訳)『他者の受容──多文化社会の政治理論に関する研究』法政大学出版局〕。

── (2013 1st publish 1990) *Strukturwandel der Öffentlichkeit*, Suhrkamp〔=(1994)(細谷貞雄他訳)『公共性の構造転換──市民社会の一カテゴリーについての探究 第2版』未來社〕。

Hobbs, R. (1998) The Seven Great Debates in the Media Literacy Movement, *Journal of Communication* 48 (1), 16-32.

── (2001 1st publish 1997) Expanding the Concept of Literacy, R. Kubey ed., *Media Literacy in the Information Age: Current Perspectives*, Transaction Publishers, 163-183.

── (2007) *Reading the Media: Media Literacy in High School English*, Teachers College Press.

Hoggart, R. (2009 1st publish 1957) *The Uses of Literacy: Aspects of Working-Class Life*, Penguin Books.〔=(2003 1st publish 1974)(香内三郎訳)『読み書き能力の効用』晶文社〕。

hooks, b. (1982 1st publish 1981) *Ain't I a Woman: Black Women and Feminism*, South End Press.〔=大類久恵他訳)(2010)『アメリカ黒人女性とフェミニズム──ベル・フックスの「私は女ではないの?」』明石書店〕。

── (1994) *Teaching to Transgress: Education as the Practice of Freedom*, Routledge.〔=里見実他訳)(2006)『とびこえよ、その囲いを──自由の実践としてのフェミニズム教育』新水社〕。

Illich, I. (2002 1st publish 1970) *Deschooling Society*, Marion Boyars.〔=(1977)(東洋他訳)『脱学校の社会』東京創元社〕。

Jenkins, H. (2009) *Confronting the Challenges of Participatory Culture: Media Education for the 21st Century*, MIT Press.

── (2013) From New Media Literacies to New Media Expertise, P. Fraser et al. eds., *Currrent Perspectives in Media Education: Beyond the Manifesto*, Palgrave Macmillan,

110-127.

Jeong, H.S. (2001) *Theory, Practice and 'Empowerment' in Media Education: A Case Study of Critical Pedagogy*, PhD Diss., University of London, 1-360.

Lankshear, C. (1997) *Changing Literacies*, Open University Press.

Lankshear, C. and P. McLaren (1993) Introduction, C. Lankshear and P. McLaren eds. *Critical Literacy: Politics, Praxis and the Postmodern*, State University of New York Press, 1-56.

Leavis, F.R. (1968 1st. publish 1940) Retrospect of a Decade, F.R Leavis ed., *A Selection from Scrutiny Volume 1*, Cambridge University Press, 175-177.

――― (1979 1st. publish 1943) *Education and the University*, Cambridge University Press.

Leavis, F.R. and D. Thompson (1977 1st. publish 1933) *Culture and Environment: The Training of Critical Awareness*, Greenwood Press.

Lemish, D. (2003) Glocalising Media Education: A Pedagogy of Plenty, T. Lavender et al. eds., *Global Trends in Media Education: Policies and Practices*, Hampton Press, 173-180.

Luke, C. (2003) Critical Media and Cultural Studies in New Times, T. Lavender eds., *Global Trends in Media Education: Policies and Practices*, Hampton Press, 105-117.

Masterman, L. (1980) *Teaching about Television*, Macmillan.

――― (1986) A Reply to David Buckingham, *Screen* 27 (5), 96-100.

――― (1989 1st. publish 1985) *Teaching the Media*, Routledge.〔＝（2010）（宮崎寿子訳）『メディアを教える―クリティカルなアプローチへ』世界思想社〕。

――― (2001 1st. publish 1997) A Rationale for Media Education, R. Kubey ed., *Media Literacy in the Information Age: Current Perspectives*, Transaction Publishers, 15-68.

――― (2003) Visions of Media Education: The Road from Dystopia, B. Duncan and K. Tyner eds., *Visions/ Revisions: Moving Forward with Media Education*, National Telemedia Council, 55-63.

――― (2010) Interview by Dee Morgenthaler, Nov. 3. Voices of Media Literacy: International Pioneers Speak : Len Masterman Interview Transcript, Center for Media Literacy, 1-11.

http://www.medialit.org/sites/default/files/VoicesMediaLiteracyLenMasterman_1.pdf（2019年6月14日閲覧）。

Marsh, J. and E. Millard (2000) *Literacy and Popular Culture: Using Children's Culture in the Classroom*, Paul Chapman Publishing.

Martinez-de-Toda, J. (2003) The Active Approach in Media Education, T. Lavender et al. eds., *Global Trends in Media Education: Policies and Practices*, Hampton Press, 149-172.

McLaren, P. (1998) Revolutionary Pedagogy in Post- Revolutionary Times: Rethinking the Political Economy of Critical Education, *Educational Theory* 48 (4), 431-462.

McLaren, P. and R. Hammer (1995) Media Knowledges, Warrior Citizenry and Postmodern Literacies, P. McLaren et al. eds., *Rethinking Media Literacy: A Critical Pedagogy of Representation*, Peter Lang Publishing, 171-204.

McLuhan, M. (1965 1st. publish 1964) *Understanding Media: The Extensions of Man*, McGraw Hill.〔=（1987）（栗原裕他訳）『メディア論──人間の拡張の諸相』みすず書房〕。

Morley, D. (1980) *The Nationwide Audience: Structure and Decoding*, BFI.

─── (2005 1st. publish 1986) *Family Television: Cultural Power and Domestic Leisure*, Routledge.

Mulhern, F. (1981 1st. publish 1979) *The Moment of 'Scrutiny'*, Verso.

Prensky, M. (2007 1st. publish 2001) *Digital Game-Based Learning*, Paragon House.

Procter, J. (2004) *Stuart Hall*, Routledge.〔=（2006）（小笠原博毅訳）『ステュアート・ホール』青土社〕。

Stafford, R. (1990) Redefining Creativity: Extended Project Work in GCSE Media Studies, D. Buckingham ed., *Watching Media Learning: Making Sense of Media Education*, The Falmer Press, 81-100.

Stanley, W. (1992) *Curriculum for Utopia: Social Reconstructionism and Critical Pedagogy in the Postmodern Era*, State University of New York Press.

The Advisory Group on Citizenship (1998) Education for Citizenship and the Teaching of Democracy in Schools, Final Report of the Advisory Group on Citizenship, *Qualifications and Curriculum Authority*, 1-86.〔=（2012）（鈴木崇弘他訳）「シティズンシップのための教育と学校で民主主義を学ぶために」長沼豊他編『社会を変える教育──英国のシティズンシップ教育とクリック・レポートから』キーステージ21、111-209〕。

Thompson, D. (1944 1st publish 1943) *Voice of Civilisation: An Enquiry into Advertising*, Frederick Muller.
――― (1964) Introduction, D. Thompson ed., *Discrimination and Popular Culture*, Penguin Books, 9-22.
Turner, G. (2003 1st publish 1990) *British Cultural Studies: An Introduction*, Routledge.〔＝(1999)（溝上由紀他訳）『カルチュラル・スタディーズ入門―理論と英国での発展』作品社〕。
Weiler, K. (1991) Freire and a Feminist Pedagogy of Difference, *Harvard Educational Review* 61（4）, 449-474.
Williams, R. (1973 1st publish 1968) *Drama from Ibsen to Brecht*, Penguin Books.
――― (1990 1st publish 1974) *Television: Technology and Cultural Form*, Routledge.
――― (2013 1st publish 1961) *The Long Revolution*, Parthian.〔＝(1983)（若松繁信他訳）『長い革命』ミネルヴァ書房〕。
Willis, P. (1980 1st publish 1977) *Learning to Labour: How Working Class Kids Get Working Class Jobs*, Gower.〔＝(1996)（熊沢誠他訳）『ハマータウンの野郎ども―学校への反抗、労働への順応』ちくま学芸文庫〕。
浅井和行 (2015)『メディア・リテラシーの育成に関する研究―小学校新教科のカリキュラム開発』学位請求論文、関西大学大学院総合情報学研究科。
浅井和行他 (2009)「イギリス・カナダ・オーストラリアにおけるメディア・リテラシー教育カリキュラムの比較研究」『教育メディア研究』Vol.15 No.2、35-49。
アドルノ, T. (2011 1st publish 1963)（原千史訳）「テレビと教育」, T. アドルノ（原千史他訳）『自律への教育』中央公論新社、71-95。
市川秀之 (2013)『ヘンリー・ジルーのクリティカル・ペダゴジーの批判的継承』学位請求論文、名古屋大学大学院教育発達科学研究科、1-119。
――― (2015)「クリティカル・ペダゴジーにおけるアート―理論的意義と問題」『日本デューイ学会紀要』第 56 号、1-10。
市田良彦他 (2009)「音楽とコンヴィヴィアリティ―文化政治は終わったのか？」小笠原博毅編『黒い大西洋と知識人の現在』松籟社、97-147。
伊藤守 (2014)「オーディエンス概念からの離陸―群衆からマルチチュードへ、移動経験の理論に向けて」伊藤守他編著『アフター・テレビジョン・スタディーズ』

せりか書房、304-327。

今井康雄（1998）『ヴァルター・ベンヤミンの教育思想―メディアのなかの教育』世織書房。

―――（2003）「子どもの美的経験の意味」佐藤学他編『子どもたちの想像力を育む―アート教育の思想と実践』東京大学出版会、27-53。

―――（2004）『メディアの教育学―「教育」の再定義のために』東京大学出版会。

―――（2011）「『教育批判』の意味―ベンヤミンの『暴力批判論』を手がかりに」『近代教育フォーラム』20号、143-160。

―――（2014a）「学習の経験とメディアの物質性―「示すこと」の教育理論に向けて」『教育哲学研究』109号、1-7。

―――（2014b）「ナチズム期映画教育論における「モノ」と「メディア」」『教育哲学研究』110号、1-28。

―――（2014c）「教育におけるモノとメディア」『東京大学大学院教育学研究科基礎教育学研究室研究室紀要』第40号、3-35。

今津孝次郎他（2001）「特集〈メディアと子ども〉情報教育と映像メディアリテラシー」」『教育学研究』第68巻第1号、16-26。

ウィリアムズ,R.（2013 1st publish 1958）（川端康雄訳）「文化とはふつうのもの」R.ウィリアムズ（川端康雄他訳）『共通文化にむけて－文化研究Ⅰ』みすず書房、8-36。

―――（2016 1st publish 1983）（山田雄三訳）「成人教育と社会変化」R.ウィリアムズ（川端康雄他訳）『想像力の時制－文化研究Ⅱ』みすず書房、229-246。

上杉嘉見（2008）『カナダのメディア・リテラシー教育』明石書店。

上地完治（1997）「ジルーの批判的教育学に関する一考察―『差異』と公共領域」『教育哲学研究』第75号、47-59。

―――（2005）「社会構成的な道徳教育の創造へ向けて」『琉球大学教育学部紀要』第67巻、129-142。

―――（2011）「道徳授業における『教え込み』と可謬主義―伊藤啓一氏への応答を通して」『道徳教育方法研究』第17号、1-10。

上地完治他（2014）「子どもたちに考えさせる道徳授業づくりに関する実践的考察―資料『はしのうえのおおかみ』の教材研究を通して」『琉球大学教育学部教育実践総合研究センター紀要』第21号、121-134。

上野俊哉（1999）『ディアスポラの思考』筑摩書房。
―――（2002）「ディアスポラ理論における歴史の文体―『もう一つの公共圏』から『様々なキャンプ』へ」上村忠男他編『歴史を問う3　歴史と空間』、191-234。
上野俊哉他（2006）「訳者解説」P.ギルロイ（＝上野俊哉他訳）『ブラック・アトランティック―近代性と二重意識』月曜社、436-460。
大田直子（2004）「市民社会における教育の品質保証メカニズムの歴史（序論）―ベンサムの国家公務員採用試験制度案」藤田英典他編『教育学年報10　教育学の最前線』世織書房、477-493。
―――（2010）『現代イギリス「品質保証国家」の教育改革』世織書房。
大嶽秀夫（2007）『新左翼の遺産―ニューレフトからポストモダンへ』東京大学出版会。
大類久恵（2010）「監訳者あとがき」b.フックス（大類久恵他訳）『アメリカ黒人女性とフェミニズム―ベル・フックスの「私は女ではないの？」』明石書店、320-329。
大久保正弘（2012）「わが国における Citizenship Education の導入の可能性について―英国の事例と比較分析から」長沼豊他編『社会を変える教育 Citizenship Education―英国のシティズンシップ教育とクリック・レポートから』キーステージ21、19-109。
小笠原博毅（1997）「文化と文化を研究することの政治学―ステュアート・ホールの問題設定」『思想』873号、岩波書店、41-66。
小笠原道雄編著（1985）『教育学における理論＝実践問題』学文社。
小柳和喜雄他（2002）「英国のメディア教育の枠組みに関する教育学的検討―メディア・リテラシーの教育学的系譜の解明を目指して」『教育方法学研究』第28巻、199-210。
カナダ・オンタリオ州教育省（1992 1st publish 1989）（FCT訳）『メディア・リテラシー―マスメディアを読み解く』リベルタ出版。
ギルロイ,P.（2009）（小笠原博毅訳）「文明主義に抗う」市田良彦他編『黒い大西洋と知識人の現在』松籟社、33-67。
―――（2012）（鈴木慎一郎訳）「Could You Be Loved?」赤尾光春他編『ディアスポラの力を結集する―ギルロイ・ボヤーリン兄弟・スピヴァク』松籟社、71-97。
黒柳修一（2011）『現代イギリスの教育論―系譜と構造』クレス出版。

グリーン,A.(2000 1st publish 1997)(大田直子訳)『教育・グローバリゼーション・国民国家』東京都立大学出版会。

児島明(2006)『ニューカマーの子どもと学校文化―日系ブラジル人生徒の教育エスノグラフィー』勁草書房。

小林大祐(1999)「ジルーにおける境界教育学の理論的枠組－大衆文化の位置づけをめぐって」『東京大学大学院教育学研究科研究室紀要』第25号、67-77。

佐伯胖(1998)「高度情報化と教育の課題」佐伯胖他編『情報とメディア(岩波講座現代の教育 第8巻)』岩波書店、3-23。

佐藤卓己(2008)『テレビ的教養――一億総博知化への系譜』NTT出版。

佐貫浩(2002)『イギリスの教育改革と日本』高文研。

サンダーソン,M.(2010 1st publish 1999)(安原義仁他訳)『イギリスの経済衰退と教育―1870-1990s』晃洋書房。

鈴木正幸(1985)『イギリス近代教育思想の源流』福村出版。

鈴木みどり(1997)「メディア・リテラシーとは何か」鈴木みどり編『メディア・リテラシーを学ぶ人のために』世界思想社、2-22。

―――(2001)「日本におけるメディア・リテラシーの展開―メディア社会のデモクラシーへ向けて」鈴木みどり編『メディア・リテラシーの現在と未来』世界思想社、2-25。

シャノン,C.E.他(2009 1st publish 1948)(植松友彦訳)『通信の数学的理論』ちくま学芸文庫。

清水知子(2013)『文化と暴力―揺曳するユニオンジャック』月曜社。

清水睦美(2006)『ニューカマーの子どもたち―学校と家族の間の日常世界』勁草書房。

スティング,S.(2001 1st publish 1999)(今井康雄訳)「文字と主体」Ch.ヴルフ編(高橋勝他訳)『教育人間学入門』玉川大学出版部、46-72。

砂川誠司(2009)「メディア・リテラシーの授業における感情を伴う〈振り返り〉の必要性―D. Buckinghamの学習モデルの検討を通して」『国語科教育』第66号、35-42。

―――(2011)『国語科におけるメディア・リテラシー観の探究』学位請求論文、広島大学大学院教育学研究科、1-261。

チェン, L.（1999 1st publish 1993）（渡辺雅男訳）『イギリスのニューレフト―カルチュラル・スタディーズの源流』彩流社。

土橋臣吾（2003）「アクターとしてのオーディエンス」小林直毅他編『テレビはどう見られてきたのか』せりか書房、49-67。

ナイチンゲール, V.（2007 1st publish 2003）（児島和人訳）「今日のオーディエンス」K. ロス他（児島和人他訳）『メディアオーディエンスとは何か』新曜社、1-15。

日英教育学会編（2017）『英国の教育』東信堂。

バッキンガム, D.（2006）（鈴木みどり他訳）「日本語版刊行に際して」、D. バッキンガム（鈴木みどり他訳）『メディア・リテラシー教育―学びと現代文化』世界思想社、i-ii。

浜井祐三子（2004）『イギリスにおけるマイノリティの表象―「人種」・多文化主義とメディア』三元社。

早川操（1994）「変革的リテラシーの展望」田浦武雄編『アメリカ教育の文化的構造』名古屋大学出版会、146-162。

―――（1995）「教育的アナキズムの展開―解放とエンパワーメントをめざす批判的教授学」杉浦宏編『アメリカ教育哲学の動向』晃洋書房、301-317。

ベンヤミン, W.（1995 1st publish 1916）（浅井健二郎訳）「言語一般および人間の言語について」浅井健二郎他訳『ベンヤミン・コレクション（１）近代の意味』ちくま学芸文庫、9-36。

ホール, S.（1999）（本橋哲也訳）「旅するカルチュラル・スタディーズ―国際的対話の諸条件」花田達朗他編『カルチュラル・スタディーズとの対話』新曜社、563-613。

マクルーハン, M.（2003 1st publish 1960）（後藤和彦訳）「壁のない教室」M. マクルーハン他編（大前正臣他訳）『マクルーハン理論―電子メディアの可能性』平凡社、105-109。

松岡靖（2000）「アメリカの批判的教育学理論によるP. フレイレの『対話のペダゴジー』の受容―H. ジルーの批判教授学を中心に」『名古屋大学大学院教育発達科学研究科紀要（教育科学）』第47巻 第2号、43-54。

松下良平（1995）「ポストモダン教育学の倫理―ジルーとその周辺」杉浦宏編『アメリカ教育哲学の動向』晃洋書房、331-347。

水越伸（2002）『新版デジタル・メディア社会』岩波書店。
─── (2001)「メルプロジェクトのはじまり─ゆるやかなコミュニケーション改革の対抗力」『現代思想』第29巻 第1号、青土社、206-217。
水越敏行他編（1996）『変わるメディアと教育のありかた』ミネルヴァ書房。
宮澤康人（2007）「〈教育メディア〉の比較史のすすめ」教育史学会編『教育史研究の最前線』日本図書センター、225-231。
村岡健次（2004）「近代イギリス民衆教育史の再検討─宗教教育の視角から」藤田英典他編『教育学年報10 教育学の最前線』世織書房、139-154。
モーレー, D. (1999)（藤田真文訳）「カルチュラル・スタディーズとテレビ視聴者」花田達朗他編『カルチュラル・スタディーズとの対話』新曜社、415-443。
毛利嘉孝（1997）「暴力と音楽─ポール・ギルロイの音楽論」『現代思想』第25巻第11号、青土社、202-213。
─── (1998)「インディペンダント・インタヴェンシャン─ホールの70年代」『現代思想』第26巻第4号、青土社、208-221。
─── (2003a)「『イラク攻撃』、『テレビ』、そして『オーディエンス』」小林直毅他編『テレビはどう見られてきたのか』せりか書房、180-205。
─── (2003b)「テレビ・オーディエンス研究の現代的地平」小林直毅他編『テレビはどう見られてきたのか』せりか書房、208-229。
─── (2012)『増補 ポピュラー音楽と資本主義』せりか書房。
森田伸子（2005）『文字の経験─読むことと書くことの思想史』勁草書房。
森本洋介（2014）『メディア・リテラシー教育における「批判的」な思考力の育成』東信堂。
文部科学省（2017）「日本語指導が必要な児童生徒の受入状況等に関する調査」。http://www.mext.go.jp/b_menu/houdou/29/06/__icsFiles/afieldfile/2017/06/21/1386753.pdf（2019年5月25日閲覧）。
矢野智司（2002）『動物絵本をめぐる冒険─動物‐人間学のレッスン』勁草書房。
─── (2014)『幼児理解の現象学─メディアが開く子どもの生命世界』萌文書林。
山﨑洋子（1998）『ニイル「新教育」思想の研究─社会批判にもとづく「自由学校」の地平』大空社。
山田雄三（2005）『感情のカルチュラル・スタディーズ─「スクリューティニ」の時

代からニュー・レフト運動へ』開文社出版。
———（2013）『ニューレフトと呼ばれたモダニストたち—英語圏モダニズムの政治と文学』松柏社。
吉見俊哉（1998）「メディア・リテラシーと学びの実践」佐伯胖他編『岩波講座現代の教育第1巻いま教育を問う』岩波書店、237-262。
———（2001）「経験としての文化　言語としての文化—初期カルチュラル・スタディーズにおける『メディア』の位相」吉見俊哉編『メディア・スタディーズ』せりか書房、22-40。
———（2003）『カルチュラル・ターン、文化の政治学へ』人文書院。
渡邉満（1999）「コミュニケーション的行為理論による道徳教育の可能性」『兵庫教育大学研究紀要　第一分冊』19巻、93-101。
———（2015）「シティズンシップ教育とこれからの道徳教育—鍵的課題としての討議過程創出という課題」小笠原道雄編『教育的思考の作法5　教育哲学の課題「教育の知とは何か」—啓蒙・革新・実践』福村出版、282-298。

3）参考・引用 e-mail
David Buckingham, e-mail message to author, June, 6, 2017.
David Buckingham, e-mail message to author, November, 2, 2017.
David Buckingham, e-mail message to author, January, 24, 2018.
David Buckingham, e-mail message to author, September, 28, 2018.
David Buckingham, e-mail message to author, October, 15, 2018.
David Buckingham, e-mail message to author, November, 30, 2018.

4）参考・引用インタビュー
David Buckingham, interview by author, London in UK, February, 20, 2018.
David Buckingham, interview by author, Hiroshima in Japan, October, 12, 2018.

関連年表

	イギリスを中心とした社会情勢	カルチュラル・スタディーズの流れ	メディア教育の流れ
1950年代			
		1951年 ○ホール：ローズ奨学金でオックスフォード大学へ	
			1954年 ○バッキンガム：誕生
	1955年 ○労働党、選挙敗北 ○保守党イーデン政権誕生		
	1956年 ○フルシチョフによるスターリン批判 ○ハンガリー事件 ○イギリス、フランスによるスエズ侵攻	1956年 ○ギルロイ：誕生 ○『リーズナー』『ニューリーズナー』を発行 ○オックスフォード学内左派『ユニヴァーシティズ・アンド・レフト・レビュー』を発行	
	1957年 ○保守党マクミラン政権誕生	1957年 ○ホガート『リテラシーの使用』	
	1959年 ○マリー・クワントミニスカートをデザイン		

	イギリスを中心とした社会情勢	カルチュラル・スタディーズの流れ	メディア教育の流れ
1960年代	○スウィング・ロンドン時代	1960年 ○『ニューレフトレヴュー』を発行 1961年 ○ウィリアムズ『長い革命』	1960年 ○マクルーハン「壁のない教室」
	1962年 ○ビートルズ『ラブ・ミー・ドゥー』でデビュー 1963年 ○保守党ヒューム政権誕生 ○ローリングストーンズ『カム・オン』でデビュー ○エリック・クラプトン、ルースターズに参加 ○ヴィダルサスーンボブを提案、流行		
	1964年 ○労働党ウィルソン政権誕生	1964年 ○ホールがバーミンガム大学へ異動 ○ホールとワネルの共著『ポピュラー・アーツ』を出版	1964年 ○マクルーハンが『メディア理解』を出版
	1965年 ○総合制中等学校制度の導入		
		1968年 ○ホールがバーミンガム大学現代文化センター長に就任	

関連年表　243

	イギリスを中心とした社会情勢	カルチュラル・スタディーズの流れ	メディア教育の流れ
1970年代	○インディペンデント・レーベル創成期 ○黒人音楽＝海賊ラジオで試聴 1970年 ○保守党ヒース政権誕生 1971年 ○移民法改正 1972年 ○ハンズワース事件 1974年 ○労働党ウィルソン政権誕生 1975年 ○国民投票EC（欧州共同体）への加盟継続の是非→継続 1976年 ○労働党キャラハン政権誕生 1979年 ○サッチャー政権誕生	 1973年 ○ホールが「テレビ言説におけるエンコーディング／デコーディング」論文を発表 1975年 ○バーミンガム大学現代文化研究センター共同研究『儀礼を通した抵抗』を発表 1978年 ○バーミンガム大学現代文化研究センター共同研究『危機を取り締まる』を発表 1979年 ○ホールがバーミンガム大学を退職。オープン・ユニバーシティーへ異動	1970年 ○フレイレ『被抑圧者の教育学』 1972年 ○バッキンガムがケンブリッジ大学入学 1975年 ○バッキンガムがケンブリッジ大学卒業 1976年 ○バッキンガムがロンドン大学で教員養成資格（PGCE）を修得

	イギリスを中心とした社会情勢	カルチュラル・スタディーズの流れ	メディア教育の流れ
1980年代		1980年 ○ホールが論文「カルチュラル・スタディーズ：二つのパラダイム」発表 ○ホールが論文「エンコーディング／デコーディング」発表 ○モーレーが『ネーションワイド・オーディエンス』出版	1980年 ○マスターマンが『テレビを教える』
	1981年 ○アメリカにレーガン政権誕生 ○チャールズ、ダイアナ婚約		1981年 ○フックスが「私は女じゃないの」発表
	1982年 ○フォークランド紛争	1982年 ○ホールが論文「イデオロギーの再発見」発表 ○バーミンガム大学現代文化研究センター共同研究『帝国の逆襲』を出版	1982年 ○バッキンガムがセントラル・ロンドン・ポリテクニックで映画研究を行い、修士号を修得
	1983年 ○サッチャー総選挙圧勝 ブレア初当選		
			1984年 ○バッキンガムがロンドン大学教育学研究所勤務
			1985年 ○マスターマンが『メディアを教える』出版
			1986年 ○バッキンガム／マスターマン論争
		1987年 ○ギルロイが『ユニオンジャックに黒がない』を出版	1987年 ○バッキンガムが『パブリック・シークレット』を出版

関連年表　245

	イギリスを中心とした社会情勢	カルチュラル・スタディーズの流れ	メディア教育の流れ
		1988年 ○ホールが『刷新に向けた厳しい道のり』を出版。サッチャリズムを分析	
	1989年 ○アメリカにてレーガン退陣		
1990年代	1990年 ○サッチャー退陣 ○保守党メジャー政権誕生		
			1991年 ○ワイラーによるフレイレ批判
		1992年 ○ジルーが『越境』を出版	
	1993年 ○英国独立党（UKIP）誕生	1993年 ○ギルロイが『ブラックアトランティック』を出版	1993年 ○バッキンガムが博士（教育学）（ロンドン大学）を取得 論文タイトル「幼少中期と青年期におけるテレビ・リテラシーの発達」
	1994年 ○ブレア（41歳）労働党党首「ニューレイバー」を提唱		1994年 ○バッキンガムが『カルチュラル・スタディーズが学校へやってくる』を出版 ○フレイレが『希望の教育学』を出版 ○フックスが『とびこえよ、その囲いを』を出版
	1995年 ○Windows95発売		1995年 ○バッキンガムが『メディアを作る』を出版

	イギリスを中心とした社会情勢	カルチュラル・スタディーズの流れ	メディア教育の流れ
	1996年 ○チャールズ、ダイアナ離婚	1996年 ○ホール、モーレーら来日東京大学にてカルチュラル・スタディーズ、シンポジウム ○雑誌『思想』『現代思想』カルチュラル・スタディーズ特集	
	1997年 ○労働党圧勝（659議席中418議席を獲得）ブレア（43歳）政権誕生	1997年 ○ジルーが『教育とカルチュラル・スタディーズ』を出版	1997年 ○マスターマン：論文「メディア教育の合理性」発表
	1998年 ○『クリック・レポート』を報告。シティズンシップ教育提言	1998年 ○雑誌『現代思想』ホール特集	
2000年代		2000年 ○ギルロイが『キャンプの間』を出版 2002年 ○バーミンガム大学現代文化研究センター共同研究『危機を取り締まる』再版	2000年 ○バッキンガムが『市民を作る』を出版 2003年 ○バッキンガムが『メディア教育』を出版 ○バッキンガムを中心にユネスコ報告書『メディアを問う』を発表
	2005年 ○キャメロン（39歳）で保守党党首		

関連年表

	イギリスを中心とした社会情勢	カルチュラル・スタディーズの流れ	メディア教育の流れ
	2007年 ○ブレア辞任、ブラウン（労働党）政権誕生	2006年 ○バーミンガム大学現代文化研究センター共同研究『儀礼を通した抵抗』再版 2007年 ○カルチュラル・スタディーズ黎明期（バーミンガム大学現代文化研究センター時代）の論集発行	2009年 ○ジェンキンスが『参加型文化の課題と向き合う』を出版
2010年代	2010年 ○キャメロン政権誕生（自由民主党との連立）戦後初の連立政権 2015年 ○キャメロン政権誕生（単独） 2016年 ○国民投票によって、イギリスEU離脱を決定 ○保守党メイ政権誕生 2019年 ○保守党ジョンソン政権誕生	2014年 ○ホールが死去	2011年 ○バッキンガムがロンドン大学を退職 ○バッキンガムが『マテリアル・チャイルド』を出版 2012年 ○バッキンガムがラフバラー大学へ勤務 2014年 ○バッキンガムがラフバラー大学退職

本書の関係図

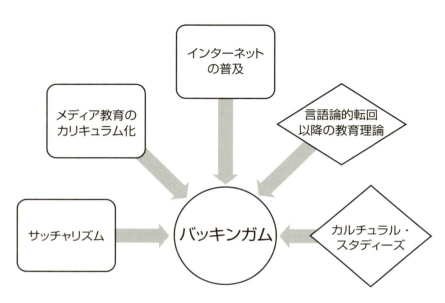

関係図1　バッキンガムの位置づけ（序章）

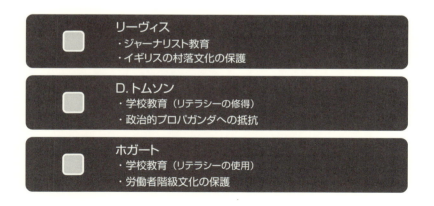

関係図2　リーヴィス、D.トムソン、ホガートの関連（第1章）

関係図3　ホールとバッキンガムの連続性（第1章～第2章まで）

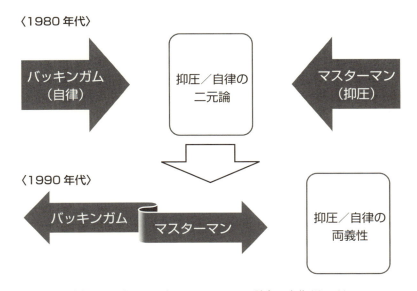

関係図4　バッキンガム・マスターマン論争の変化（第3章）

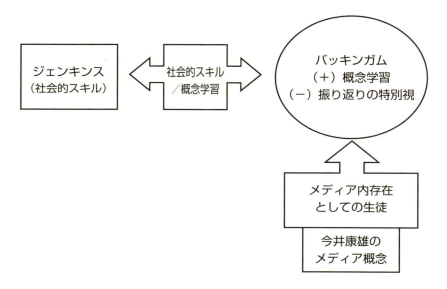

関係図5　バッキンガムの可能性と課題(第4章)

```
          バッキンガム
      (振り返り中心のメディア教育)
                 ↓

    ギルロイ              フレイレ

・制度への介入          ・現実の変革
・もう一つの公共圏      ・抑圧からの解放
・政治的プロジェクト       →参加による現実構成
                       ・文化形成的プロジェクト

              ↓

      政治的／文化形成的参加型メディア教育
```

関係図6　参加型メディア教育の新たな展開可能性（第5章〜第7章）

謝　辞

　本書は、2018年1月に広島大学へ提出した博士論文『イギリスのメディア教育論に関する研究―D.バッキンガムによる参加型メディア教育の理論と実践―』を一部加筆・修正したものである。初出は以下のとおりであるが、これらからは大幅に修正している。

（1）（2007）「大衆文化の〈教材化〉に関する考察―ジルーとバッキンガムの議論から」『教育学研究ジャーナル』第3巻、39-47。
（2）（2012）「マスメディアの拘束に対するメディア教育の可能性について―D.バッキンガムのメディア教育を中心に」『教育哲学研究』105号、109-127頁。
（3）（2016）「道徳教育における話し合い活動の可能性と課題―ハーバーマス受容、ニューカマー、メディア教育の関連から―」『道徳教育方法研究』第21号、31-40。
（4）（2017）「メディア制作教育論の歴史的な意味―D.バッキンガムを中心に」『子ども学論集』3号、37-50。
（5）（2017）「D.バッキンガムにおける抑圧／自律の二元論とその学校教育論としての可能性―L.マスターマンのメディア教育論との比較から」『年報カルチュラル・スタディーズ』5号、79-96。
（6）（2019）「政治的プロジェクトとしてのメディア教育：P.ギルロイからの示唆」『広島文化学園学学芸学部紀要』9号、15-27。
（7）（2019）「メディア利用のイデオロギー性と抵抗可能性―メディアのイデオロギー性へいかに抵抗するか」坂越正樹監修、丸山恭司、山名淳編『教育的関係の解釈学』東信堂、210-222。

課題は数多く残っているものの、このような形にまとめることができたのは、たくさんの人たちに支えられたからに他ならない。
　中でも、大学院時代から指導を引き受けて下さり、学位論文審査の主査の労をお取りくださった坂越正樹先生（現在：広島文化学園大学）に心から感謝申し上げたい。「出来の悪い弟子」であったと思う。それゆえ、ドイツ教育学研究の伝統を有する研究室に、イギリスの、しかもメディア教育に関する学位論文を出してしまったのだろう。それにもかかわらず、およそ20年、熱心に、温かく、そして厳しくご指導いただいた。学恩に深甚の感謝を捧げたい。「地に足をつけて尚く志をもって」。広島大学の研究室を去るときに先生から頂いたこの言葉を今後も大切にしたいと思う。
　また副査を引き受けてくださった丸山恭司先生（広島大学大学院）からもおよそ20年間、ご指導をいただいた。夜中まで1対1でご指導を頂いたこともあった。先輩と後輩が次々と研究業績を重ねていく一方で、何度出しても私の論文は「掲載不可」であった。そのとき、丸山先生は「いい論文を書いてください」とだけ言って、出来の悪い論文に丁寧なコメントを何度もくださった。この積み重ねが本書につながったと思う。これまでの師恩に対して衷心からお礼を申し上げたい。
　同様に副査を引き受けてくださった山田浩之先生（広島大学大学院）からは、ゼミで発表する機会をいただき、教科書の執筆にも誘っていただいた。博士論文の審査でも、鋭くかつ有意義な質問を次々と下さり、博士論文は先生の質問に答えることで進んだとも言える。心から感謝したい。
　小笠原道雄先生（広島大学名誉教授）にも深甚の感謝を申し上げたい。昨年まで勤務していた広島文化学園大学で11年間、先生のすぐそばでご指導を頂くことができた。お会いするたびに、私にも分かるような言葉にかえて、広島大学教育学講座の伝統をご教示くださった。それを通して、先生は研究成果の出ない私を励ましてくれていたにちがいない。そしてこの教えは、本書で示した渡邉満先生（広島文化学園大学）、今井康雄先生（日本女子大学）、上地完治先生（琉球大学）の研究を踏まえたバッキンガム解釈へとつながっている。

そのほかにも、広島大学教育哲学研究室の先輩・後輩からは、論文の構想、論文の内容についてたくさんのご助言とご指導をいただいた。心から感謝申し上げるとともに、今後もご指導ご鞭撻をお願いしたい。中でも、大学院時代を共に過ごした同世代の先輩・後輩とは、ともに食事をし、夜通し語り合った。そんな贅沢で楽しい時間を共有してくれたことに感謝したい。

　そして、バッキンガム先生に感謝したい。博士論文の骨子をお送りしたら、丁寧に読んでいただき、ロンドンで3時間に渡って論文についてコメントを頂いた。イギリスのメディア教育の歴史をしっかりとおさえること。これこそ、バッキンガム先生が終始一貫して私にくれたアドバイスである。また、2018年10月に来日した際には、広島まで足を運んでくださり、2回の講演を引き受けて下さった。そこでバッキンガム先生は、ソーシャル・メディア時代、デジタル資本主義という新しい概念を使用して、本書で取り上げた2000年代前半までの諸概念をソーシャル・メディア時代に当てはめ、再検討している。その成果もいつか日本の読者へ紹介できればと思う。その一部は『情報メディアリテラシー教育研究』創刊号に掲載されている。

　さらにバッキンガム先生の来日の際には、坂本旬先生（法政大学）、水越伸先生（東京大学）にも大変お世話になった。お二人が主催する講演にも直接誘っていただき、今後のメディア教育について、貴重なご意見や情報を頂いた。また、同じくメディア教育を研究する砂川誠司さん（愛知教育大学）、研究仲間の中村暢さん（熊本市立隈庄小学校）、先輩であり友でもある松原岳行さん（九州産業大学）の名前も上げさせていただく。今後もこのような交流を通じて、研究を進めて行きたい。その他にも、昨年まで勤務していた広島文化学園大学、現在の勤務先である島根県立大学の先生方、そして共に学んだ（学んでいる）学生たちに感謝申し上げる。

　なお、本書の出版は、科学研究費補助金・研究成果公開促進費（課題番号19HP5197）の支援によって可能となった。また、出版情勢が厳しいにもかかわらず、明石書店には本書の出版を引き受けていただいた。代表取締役社長大江道雅様、取締役編集部長安田伸様、編集部森富士夫様に心より感謝申し上げたい。

最後に家族へ

　まずは岐阜の父と母、そして妻に感謝したい。父と母からはいつも温かい言葉と共に多くの励ましをもらった。また妻には、普段から子育て、家庭のことをすべて任せてしまっている。それにもかかわらず、温かく、笑顔の絶えない家庭を作ってくれた。妻にそっくりの息子2人と4人で今後も歩んでいきたいと思う。

　次に父と母へ。子どものころ、世の中は、1人1台テレビの時代になりつつあった。でも、わが家は毎晩家族みんなでテレビを見て、みんなでゲラゲラ笑い、1日を終えていた（モーレーの言葉を借りれば、テレビによる家庭生活の構造化なのだろうが…）。時代とかけ離れたこの風景は、3人の息子たちが家を離れてからも、父が病を患ってからも、つまりインターネット時代、ソーシャル・メディア時代になっても続いたようだ。晩年の父は悪性のリュウマチ、がん、肺気腫という病を患い、立ち上がるだけで激痛が走り、呼吸することすら困難だった。ほとんど動くことができず、酸素吸入器を装着し、リビングでテレビを見ていた。本書は、ソーシャル・メディア時代に、マスメディア時代の参加型メディア教育を問うた。それは、父が最期までテレビを、母と一緒に見るテレビを愛したからかもしれない。本書は、批判、振り返りも困難な、父も含めた社会的弱者にとっての、メディア経験（特にテレビ視聴）の意味（可能性）を示すものだったのかもしれない———本書を父に捧げる。

〔索引〕

ア行

アーレント(Hannah Arendt) 64-67
アルチュセール(Louis Althusser) 73
イーグルトン(Terry Eagleton) 60, 76, 221, 222
イギリス黒人 30, 76, 137, 138, 149-153, 155, 156, 159-161, 190-193, 196, 199, 200, 203, 204, 213, 214, 216, 219
意識化 30, 164, 172-174, 176, 178-180, 182, 185, 195, 200-204, 214-217, 220, 221
市川秀之 172
イデオロギー 11, 17-20, 27, 36, 70, 81, 85-88, 96-99, 114, 115, 118, 130, 149, 150, 167-172, 186, 201, 210
今井康雄 15, 29, 37, 106, 119, 120-125, 127, 129, 132-134, 212
意味の標準化 18
イリイチ(Ivan Illich) 93
ヴィゴツキー(Lev Semenovich Vygotsky) 126
ウィリアムズ(Raymond Williams) 29, 31, 43, 54, 67-71, 73-76, 78-81, 100, 101, 129, 150-152, 157, 158, 209, 210, 221, 222, 243
上杉嘉見 18, 21, 36, 37
上地完治 144-147, 154, 186
上野俊哉 81, 156, 157, 190
エンコーディング 71, 72, 75, 76, 87, 88, 129, 158
エンパワーメント 25, 101, 122, 168, 174, 186
オーディエンス 13, 14, 18, 24-27, 49, 72, 79, 85, 93, 97, 112, 114-118, 124, 125, 129-133, 154-156, 158, 181, 195, 212, 215

小笠原博毅 50, 158
小柳和喜雄 22
オンタリオ 11, 15, 21, 36

カ行

介入 26, 30, 70, 94, 100, 131-133, 138, 180, 181, 184, 185, 194-196, 198, 201, 203, 204, 213, 215, 216, 219, 220
概念学習 92, 112, 113, 115, 117, 126, 133, 155, 159, 183, 185, 196, 200, 201, 204, 212, 215-221
解放 10, 46, 89, 97-102, 122, 168, 174-176, 178, 186, 187, 193, 211, 212, 215, 217, 220
快楽 114, 140, 141, 166, 167, 170-172
学校教育論 29, 84, 88, 93, 99, 100, 102, 128, 164, 168, 186, 210
カナダ 11, 15, 21, 22, 27, 31, 36, 37, 52, 66
可謬主義 144
カリキュラム 12-14, 29, 44, 49, 51-53, 61, 84, 95, 98, 101, 102, 109, 113, 120, 138-140, 208, 211, 218, 220
カルチュラル・スタディーズ 13-16, 22-27, 29, 31, 34, 36, 37, 40, 47, 53, 54, 60, 68, 73, 74, 81, 100, 124, 129, 142, 148-150, 152, 214, 242, 243, 247, 248
関係論 86, 87, 102, 110, 158, 168, 210
感情構造 67-71, 73, 74, 78, 80
感情的傾斜 167, 170-172
記号論 73, 79, 129
教育思想 22, 37, 94, 176, 217
教育実践 10-13, 15, 18-24, 26-28, 30, 36, 49, 52, 54, 65, 66, 71, 74, 92-96, 102, 103, 106, 107, 110, 112, 113, 117, 123, 126, 127, 132,

259

133, 137, 138, 145, 153-155, 160, 161, 163, 164, 166, 175-177, 180-183, 185, 193-196, 201, 202, 213-215, 217-222
教育哲学 15, 45, 46, 119, 121, 124, 129, 132, 143, 144, 165, 172, 182
境界教育学 164-167, 169, 174
教材利用 29, 58, 75, 79, 80, 121-123, 127, 209
ギルロイ（Paul Gilroy） 15, 30, 138, 148, 150-153, 155-161, 190-193, 196, 199, 200, 203, 214, 216, 217, 219, 220, 221, 242, 245-247
グラハム（Jenny Grahame） 93
グラムシ（Antonio Gramsci） 73, 171
クリック・レポート 139-142, 148, 247
言語 13-15, 21, 23, 29, 30, 45, 54, 72, 92, 106, 111, 115-117, 120-125, 127, 133, 134, 138, 142, 143, 146-148, 153, 154, 158-162, 165, 171-173, 186, 194, 198, 199, 201, 202, 212-214, 216, 218, 219
言語論的転回 13-15, 127, 219
現実構成 10, 30, 117, 119, 123, 127, 130-133, 173, 180, 181, 184, 185, 194, 203, 204, 212, 214, 216-218, 220
「現実のヴェール」 178, 179, 181, 199, 215
公共圏 30, 138, 141-143, 148, 152, 155, 156, 159-161, 190, 192-194, 196, 197, 200, 203, 204, 213, 214, 216, 219
コード 39, 48, 70-74, 80, 130, 156, 159-161, 165, 191, 192, 194, 214
黒人女性 165, 175, 176, 190, 192, 193, 199, 215, 216
小林大祐 167, 171
コミュニケーション・メディア 123, 124, 127
コンテンツ制作 91, 133, 164, 184, 195, 196, 213

サ行

サッチャー（Margaret Thatcher） 11-14, 49-52, 55, 88, 95, 96, 101, 138, 151, 165, 208, 244-246
サッチャリズム 49-53, 96, 138, 208, 246
参加型文化 29, 106-108, 111, 113, 133, 134
ジェンキンス（Henry Jenkins） 29, 37, 106-111, 113, 133, 134, 211, 248
実践（経験活動） 90, 92, 108
実践的作業 10, 31, 107, 109, 126, 127, 193
シティズンシップ 12, 16, 55, 138-141, 145-148, 159, 160, 213, 247
シミュレーション 91, 92, 108, 110-123, 134, 195, 197, 215
社会的スキル 110, 111, 113, 211
シャノン＝ウィーバー・モデル 81
準備 54, 77, 100, 127, 134, 154, 170, 218
ジルー（Henry Giroux） 15, 30, 37, 164-174, 182, 183, 184, 185, 186, 193, 214, 215, 217, 246, 247
ジルー批判 170
人種 24, 29, 76, 78, 80, 88, 148-153, 155, 156, 161, 176, 177, 192, 194, 199, 200, 213, 210
新聞 10, 12, 16, 39, 43, 44, 48, 84, 90, 91, 100, 116, 131, 132, 140
「進歩的な」教育戦略 45
スキンヘッズ 48, 54, 76, 77
『スクリューティニ』 16, 17, 38, 39, 41, 54
鈴木みどり 15-17
砂川誠司 22, 23
政治的プロジェクト 30, 131, 133, 138, 160, 193, 195-197, 213, 219
制度 23, 36, 37, 46, 47, 52, 65, 72, 81, 94, 95, 102, 114, 115, 118, 128, 130-133, 138, 192, 194-196, 198, 201, 203, 204, 209, 213, 219, 220, 243
生徒の自律性 19, 20, 27, 87, 97, 100, 114, 124
ソーシャル・メディア（SNS） 31, 54, 101, 134,

196, 218, 221, 222
ソープオペラ　24, 25, 31, 115

タ行

対抗文化　14, 48, 53, 65, 76-78, 80, 95, 200
ダンカン（Barry Duncan）　36
チャンネル　49, 52, 69
中等教育学校改革　65, 78, 80
DJ　156-159, 191, 192, 194, 196, 199, 200, 203, 214, 219
DVD　200
抵抗理論　164, 165, 167, 186
テキスト分析　18, 25, 52, 70, 71, 89-92, 97, 104, 122, 141, 169, 171, 172, 181, 186
デコーディング　71, 72, 75, 76, 87, 88, 129, 158
デジタル　49, 52, 95, 106, 111, 112, 134, 209
テディ・ボーイズ　48, 54
デューイ（John Dewey）　45, 46, 93, 94, 164
テレビ　10-12, 18, 22, 24, 25, 29, 31, 34, 35, 48, 49, 51, 52, 61, 62, 66, 69-74, 78, 80, 81, 84-86, 88, 90, 91, 96, 100, 104, 115, 116, 118, 129, 130, 132, 134, 140, 154, 172, 180, 200, 201, 205, 209, 221
道徳教育　143, 146
特性論　86, 87, 102, 168, 210
トムソン, D.（Denys Thompson）　39-47, 52, 53, 61, 63, 208
トムソン, E.P.（Edward Palmer Thompson）　31, 60

ナ行

「謎解き」　91, 169, 179, 181, 182
ニイル（Alexander Sutherland Neill）　46, 47, 54, 208
二層構造　30, 194, 196, 197, 216, 219

日本語指導が必要な児童生徒　147-149, 162
ニュー・カマー　138, 146-149, 159, 160, 162
ニュー・レフト　16, 17, 31, 59-61, 68, 76

ハ行

ハーバーマス（Jürgen Habermas）　30, 37, 138, 141-144, 146-148, 158-161, 192, 194, 200, 213, 214, 219
ハーバーマス批判　146, 147
バーミンガム大学現代文化研究センター（CCCS）　16, 43, 75, 129, 149, 244, 245, 247, 248
バッキンガム・マスターマン論争　84, 97, 98, 168, 210, 221
早川操　165, 186
パンク　48, 54, 76, 77, 79, 171, 172, 209, 210
ハンズワース事件　75, 76, 78, 192, 244
BFI（英国映画研究所）　51, 52, 61, 95, 96
ビートルズ（The Beatles）　54, 65, 243
BBC（英国放送協会）　24, 48, 51, 52, 95, 104, 208, 211
ファーガソン, B.（Bob Ferguson）　126
ファーガソン, R.（Robert Ferguson）　18, 20
不均衡な制度的関係　128, 131-133
フックス（bell hooks）　30, 31, 175-177, 191-193, 196, 199, 215, 216, 219, 220, 245, 246
物質レベル　78, 79, 100, 101, 103, 123, 128, 158, 160, 203, 210, 220
振り返り　22, 23, 107, 109, 112, 113, 125-128, 132-135, 138, 154, 155, 159, 160, 173, 183, 190, 197, 198, 200, 202, 204, 211, 212, 216, 217, 219-221
ブレア（Tony Blair）　138, 139, 245-248
フレイレ（Paulo Freire）　15, 30, 37, 163, 164, 172-185, 187, 190, 196, 198-203, 214-217, 219, 220, 244, 246
文化形成　30, 58, 77-80, 101, 110, 113, 131,

索引　261

133, 137, 138, 155, 157, 159-161, 164, 183-185, 190, 193-197, 200, 203, 209, 210, 213-215, 216, 218, 219, 220, 222

文化形成的プロジェクト　30, 131, 133, 164, 184, 190, 193, 195-197, 203, 213, 214, 216, 219, 220, 222

文化的作業　30, 157, 158, 160, 161, 190, 191, 194, 197, 200, 201, 203, 204, 214, 216, 219, 220, 221

文化の識別　61, 64-66, 78

分析（調査活動）　90, 92, 108

「編集者」　182, 184, 185, 190, 193, 194, 197, 203, 204, 215, 219

ベンヤミン（Walter Benjamin）　120, 121, 132

防衛　44-47

ホール（Stuart Hall）　11, 15, 24, 29, 31, 46, 50, 53, 54, 58-67, 69-80, 84, 87, 88, 100, 101, 121, 127, 129, 130, 132, 149-152, 155, 157, 158, 209, 210, 212, 214, 221, 242-248

ホガート（Richard Hoggart）　31, 40, 43, 44, 47, 52-54, 61, 63, 69, 74, 208, 242

保護主義　25, 38, 40, 44, 45, 47, 66, 169

保守党　11, 49, 52, 138, 151, 208, 242-244, 246-248

「ポピュラー芸術」運動　53, 58, 59, 61, 62, 64, 66, 76, 80, 129, 157, 158, 209, 221

ポピュラー文化　20, 26, 30, 31, 34, 36, 38, 40, 44, 45, 52, 53, 61, 63-67, 73, 90-92, 108, 109, 141, 164, 166-173, 182-184, 193, 208, 214, 215, 217

マ行

マクルーハン（Marshall McLuhan）　66, 67, 81, 209, 243

マスターマン（Len Masterman）　14, 16, 19-22, 27, 29, 40, 41, 46, 47, 49-52, 62, 63, 66, 78-80, 84-90, 94-99, 101, 102, 106, 109, 110, 113-115, 118, 119, 121, 122, 124, 125, 127, 129, 130, 140-142, 148, 152, 168-171, 181, 185, 198, 201, 208-211, 217, 221, 222, 245, 247

マスターマン批判　52, 90, 114, 170, 185, 209, 210

宮澤康人　119, 120

民主化　44, 46, 65

メディア学習論　101, 128, 129

メディア制作教育論　3, 10, 13, 15, 89, 90, 91-97, 102

メディア内存在　14, 29, 101, 106, 122, 124, 127, 132, 133, 160, 182-184, 201, 203, 212, 219, 220

メディア批判教育論　89, 90, 94-96, 101, 102, 113, 118, 121

メディア・リテラシー　10-12, 15-17, 21, 23, 31, 36-39, 89, 90, 94-96, 101, 102, 109-113, 118, 121-123, 198

メディア利用　66, 76, 78-80, 156, 161, 211, 214, 218

もう一つの公共圏　30, 155, 159-161, 190, 192-194, 196, 197, 200, 203, 204, 214, 219

毛利嘉孝　76

モーレー（David Morley）　24, 129, 130, 132, 245, 247

モッズ　48, 54

モノ　72, 78, 79, 124, 125, 157, 158, 161

森本洋介　21, 22, 37, 81, 198

ヤ行

矢野智司　120, 121

山田雄三　16, 17, 31, 39

YouTube　196, 200, 218

ユネスコ　13, 16, 35, 36, 247

抑圧／自律の二元論　29, 84, 87-90, 94, 98, 99,

102, 110, 114, 168, 170, 185, 196, 210, 211, 214, 217

読み手　16, 17, 126, 129, 154, 169, 184

ラ行

リーヴィス（Frank Raymond Leavis）　31, 38-42, 44-47, 52-54, 61-63, 65, 79, 208, 209

リテラシー　10, 11-13, 15-17, 21-23, 31, 34-40, 42-44, 52, 89, 90, 94-96, 101, 102, 109-113, 118, 121-123, 140, 169, 198, 220

両義性　97-100, 102, 103, 110, 114, 122, 124, 128, 166, 211

労働者階級　11, 14, 38, 40, 43, 44, 47, 53, 54, 59, 63, 65, 67, 76-78, 80, 149, 151, 152, 155, 156, 192, 193, 208, 216, 219, 220

労働党　11, 31, 52, 59, 65, 138, 139, 151, 208, 209, 242-244, 246-248

ローリングストーンズ（The Rolling Stones）　65, 243

ロッカーズ　48, 54

ロンドン大学　10, 18, 34, 35, 61, 150, 244, 245, 246, 248

ワ行

ワイラー（Kathleen Weiler）　174, 175, 177, 246

渡邉満　143, 145-147, 154

著者紹介
時津 啓（ときつ・けい）
1974年長崎県生まれ。長崎大学教育学部を卒業後、広島大学大学院教育学研究科教育科学専攻博士課程前期修了。その後NHK記者を経て、2007年、広島大学大学院教育学研究科教育人間科学専攻博士課程後期単位取得退学。2008年より、広島文化学園大学社会情報学部講師、2013年、広島文化学園大学学芸学部准教授、教授を経て、現在は島根県立大学人間文化学部教授。博士（教育学）。

主な論文・著書
「マスメディアの拘束に対するメディア教育の可能性について—D.バッキンガムのメディア教育を中心に」（『教育哲学研究』105号、2012年）。「道徳教育における話し合い活動の可能性と課題—ハーバーマス受容、ニューカマー、メディア教育の関連から」（『道徳教育方法研究』第21号、2016年）。「D.バッキンガムにおける抑圧／自律の二元論とその学校教育論としての可能性—L.マスターマンのメディア教育論との比較から」（『年報カルチュラル・スタディーズ』5号、2017年）。「メディア利用のイデオロギー性と抵抗可能性—メディアのイデオロギー性へいかに抵抗するか」（共著、坂越正樹監修、丸山恭司、山名淳編『教育的関係の解釈学』東信堂、2019年）。D.バッキンガム「デジタル資本主義時代のメディア・リテラシー教育」（共訳、『メディア情報リテラシー研究』創刊号、2019年）

参加型メディア教育の理論と実践
――バッキンガムによるメディア制作教育論の新たな展開をめざして

2019年11月15日　初版第1刷発行

　　著　者　　　　時　津　　啓
　　発行者　　　　大　江　道　雅
　　発行所　　　　株式会社　明石書店
　　　〒101-0021　東京都千代田区外神田 6-9-5
　　　　　　　　　電　話　03（5818）1171
　　　　　　　　　ＦＡＸ　03（5818）1174
　　　　　　　　　振　替　00100-7-24505
　　　　　　　　　http://www.akashi.co.jp

　　装丁　　明石書店デザイン室
　　印刷　　株式会社文化カラー印刷
　　製本　　本間製本株式会社

（定価はカバーに表示してあります）　　　　ISBN978-4-7503-4927-5

|JCOPY|　〈出版者著作権管理機構　委託出版物〉
本書の無断複製は著作権法上での例外を除き禁じられています。複製される場合は、そのつど事前に、出版者著作権管理機構（電話 03-5244-5088、FAX 03-5244-5089、e-mail: info@jcopy.or.jp）の許諾を得てください。

表象の政治学

テレビドキュメンタリーにおける「アイヌ」へのまなざし

世界人権問題叢書91

崔 銀姫 [著]

◎四六判／上製／480頁　◎4,800円

戦後60年間、数多く作られたアイヌ関連のドキュメンタリーは「アイヌ」の何を明らかにし、どのようなイメージを視聴者に与え、また変容してきたのか。「アイヌ」を創ってきた戦後の公共の放送空間を膨大なドキュメンタリーの分析とあわせ言説と表象から読み解く。

―――――●【内容構成】●―――――

序　章　日本のテレビ放送におけるアイヌの表象

第Ⅰ部　連続する「救済」のまなざし

第一章　「観光アイヌ」とは何か――まなざしの歴史的な変容をめぐって
第二章　帰属意識とは何か――一九六〇年代と二〇〇〇年代の番組比較

第Ⅱ部　主体化する「他者」

第三章　儀礼と記憶
　　　　――『幻のイオマンテ～七五年目の森と湖のまつり』（一九八四年放送）を中心に
第四章　アイヌ文化の復元における「幻想」と「差延」
　　　　――『イタオマチプよ海をめざせ』（一九八九年放送）を中心に

第Ⅲ部　グローバル化の中の「アイヌ」

第五章　樺太とディアスポラ・アイヌ
　　　　――『失われた子守歌（イフンケ）』（一九九一年放送）を中心に
第六章　一世紀を隔てた「アイヌ」の表象
　　　　――『アイヌ太平洋を渡る～アメリカ』（一九九六年放送）を中心に
終　章　テレビドキュメンタリーと他者性――アイヌ表象をめぐって

〈価格は本体価格です〉

中国共産党とメディアの権力関係 改革開放期におけるメディア批判報道の展開
王冰
●4800円

「ポスト真実」と対テロ戦争報道 メディアの日米同盟を検証する
永井浩
●2800円

日本のテレビドキュメンタリーの歴史社会学
崔銀姫
明石ライブラリー160
●4000円

戦争報道論 平和をめざすメディアリテラシー
永井浩
●4000円

近現代日本政治と読売新聞 ジャーナリズムの使命を問い直す
高橋義雄
●2500円

ポピュリズムの理性
エルネスト・ラクラウ著　澤里岳史、河村一郎訳　山本圭解説
●3600円

左派ポピュリズムのために
シャンタル・ムフ著　山本圭、塩田潤訳
●2400円

右翼ポピュリズムのディスコース 恐怖をあおる政治はどのようにつくられるのか
ルート・ヴォダック著　石部尚登、野呂香代子、神田靖子編訳
●3500円

アメリカ黒人女性とフェミニズム ベル・フックスの「私は女ではないの?」
ベル・フックス著　大類久恵監訳　柳沢圭子訳
世界人権問題叢書73
●3800円

ジェンダー白書8 ポップカルチャーとジェンダー
北九州市立男女共同参画センター・ムーブ編
●1500円

ヨーロッパからみた独島 フランス・イギリス・ドイツ・ロシアの報道分析
関有基、崔在熙、崔豪根、関庚鉉著　舘野哲訳
●5800円

マスメディア 再生への戦略 NPO・NGO・市民との協働
世古一穂、土田修
●2200円

新版 差別論 偏見理論批判
佐藤裕
明石ライブラリー166
●2800円

阪神大震災とマスコミ報道の功罪【オンデマンド版】 記者たちの見た大震災
小城英子
●2300円

在日コリアン弁護士から見た日本社会のヘイトスピーチ 差別の歴史からネット被害・大量懲戒請求まで
金竜介、姜文江、在日コリアン弁護士協会編
●2200円

ヘイトクライムと修復的司法 被害からの回復にむけた理論と実践
マーク・オースティン・ウォルターズ著　寺中誠監訳　福井昌子訳
●4600円

〈価格は本体価格です〉

映画で読み解く現代アメリカ オバマの時代
越智道雄監修　小澤奈美恵、塩谷幸子編著
●2500円

認識・TAIWAN・電影 映画で知る台湾
野嶋剛
●1600円

現代広告事象論
田中水四門
●2800円

日中韓の相互イメージとポピュラー文化 国家ブランディング政策の展開
石井健一、小針進、渡邉聡著
●3800円

批判的リテラシーの教育 オーストラリア・アメリカにおける現実と課題
竹川慎哉
●4800円

カナダのメディア・リテラシー教育
上杉嘉見
●6200円

グローバル・ティーチャーの理論と実践 英国の大学とNGOによる教員養成と開発教育の試み
明石ライブラリー146　ミリアム・スタイナー編　岩崎裕保、湯本浩之監訳
●5500円

サイバーリスクから子どもを守る エビデンスに基づく青少年保護政策
OECD編著　齋藤長行著訳　新垣円訳
●3600円

ネパール女性の社会参加と識字教育 生活世界に基づいた学びの実践
長岡智寿子
●3600円

言語と教育 多様化する社会の中で新たな言語教育のあり方を探る
杉野俊子、田中冨士美、波多野一真編著
●4200円

言語と貧困 負の連鎖の中で生きる世界の言語的マイノリティ
松原好次、山本忠行編著
●4200円

グローバル化と言語政策 サスティナブルな共生社会・言語教育の構築に向けて
宮崎里司、杉野俊子編著
●2500円

「ことば」という幻影 近代日本の言語イデオロギー
イ・ヨンスク
●2500円

識字神話をよみとく 「識字率99%」の国・日本というイデオロギー
角知行
●2700円

ヴィゴツキー評伝 その生涯と創造の軌跡
明石ライブラリー165　広瀬信雄
●2700円

現代対話学入門 政治・経済から身体・AIまで
小坂貴志
●2700円

〈価格は本体価格です〉

シリーズ 子どもの貧困 【全5巻】

松本伊智朗【シリーズ編集代表】

◎A5判／並製／◎各巻 2,500円

① **生まれ、育つ基盤**
子どもの貧困と家族・社会
松本伊智朗・湯澤直美 [編著]

② **遊び・育ち・経験** 子どもの世界を守る
小西祐馬・川田学 [編著]

③ **教える・学ぶ** 教育に何ができるか
佐々木宏・鳥山まどか [編著]

④ **大人になる・社会をつくる**
若者の貧困と学校・労働・家族
杉田真衣・谷口由希子 [編著]

⑤ **支える・つながる**
地域・自治体・国の役割と社会保障
山野良一・湯澤直美 [編著]

〈価格は本体価格です〉

シリーズ 学力格差
【全4巻】

志水宏吉【シリーズ監修】
◎A5判／上製／◎各巻 2,800円

第1巻〈統計編〉
日本と世界の学力格差
国内・国際学力調査の統計分析から
川口俊明 編著

第2巻〈家庭編〉
学力を支える家族と子育て戦略
就学前後における大都市圏での追跡調査
伊佐夏実、前馬優策 編著

第3巻〈学校編〉
学力格差に向き合う学校
経年調査からみえてきた学力変化とその要因
若槻健、知念渉 編著

第4巻〈国際編〉
世界のしんどい学校
東アジアとヨーロッパにみる学力格差是正の取り組み
ハヤシザキ カズヒコ、園山大祐、シム チュン・キャット 編著

〈価格は本体価格です〉

21世紀型スキルとは何か　コンピテンシーに基づく教育改革の国際比較
松尾知明　●2800円

21世紀型スキルと諸外国の教育実践　求められる新しい能力形成
田中義隆　●3800円

キー・コンピテンシー　国際標準の学力をめざして
ドミニク・S・ライチェン、ローラ・H・サルガニク編　立田慶裕監訳　●3800円

キー・コンピテンシーの実践　学び続ける教師のために
立田慶裕　●3000円

ESDコンピテンシー　学校の質的向上と形成能力の育成のための指導方針
トランスファー21編著　由井義通、卜部匡司監訳　●1800円

未来をつくる教育ESD　持続可能な多文化社会をめざして
五島敦子、関口知子編著　●2000円

新たな時代のESD サスティナブルな学校を創ろう　世界のホールスクールから学ぶ
永田佳之編著・監訳　曽我幸代編著・訳　●2500円

ユネスコスクール　地球市民教育の理念と実践
小林亮　●2400円

アートの教育学　革新型社会を拓く学びの技
OECD教育研究革新センター編著　篠原康正、篠原真子、袰岩晶訳　●3700円

図表でみる教育 OECDインディケータ（2018年版）
OECD編著　矢倉美登里、稲田智子、大村有里、坂本千佳子、立柴勝、松尾恵子、三井穆子、元村まゆ訳　●8600円

21世紀のICT学習環境　生徒・コンピュータ・学習を結び付ける
OECD編著　国立教育政策研究所監訳　●3600円

移民の子どもと教育　統合を支える教育政策
OECD編著　布川あゆみ、木下江美、斎藤里美監訳　●3000円

トランスナショナル移民のノンフォーマル教育　女性トルコ移民による内発的な社会参画
丸山英樹　●6000円

こんなに違う！アジアの算数・数学教育　日本・ベトナム・インドネシア・ミャンマー・ネパールの教科書を比較する
田中義隆　●3400円

多文化共生のためのテキストブック
松尾知明　●2400円

国際バカロレアの挑戦　グローバル時代の世界標準プログラム
岩崎久美子編著　●3600円

〈価格は本体価格です〉

エビデンスに基づくインターネット青少年保護政策
情報化社会におけるリテラシー育成と環境整備
齋藤長行
●5500円

多文化社会の社会教育
公民館・図書館・博物館がつくる「安心の居場所」
渡辺幸倫編著
●2500円

未来を創る人権教育
大阪・松原発　学校と地域をつなぐ実践
志水宏吉、島善信編著
●2500円

人口減少社会と高校魅力化プロジェクト
地域人材育成の教育社会学
樋田大二郎、樋田有一郎
●2400円

社会情動的スキル　学びに向かう力
OECD編著／ベネッセ教育総合研究所企画・制作
無藤隆、秋田喜代美監訳
●3600円

社会科教育と災害・防災学習
東日本大震災に社会科はどう向き合うか
日本社会科教育学会編
●2800円

自分の"好き"を探究しよう！
お茶の水女子大学附属中学校「自主研究」のすすめ
お茶の水女子大学附属中学校編
●1600円

教員政策と国際協力
未来を拓く教育をすべての子どもに
興津妙子、川口純編著
●3200円

新自由主義的な教育改革と学校文化
大阪の改革に関する批判的教育研究
濱元伸彦、原田琢也編著
●3800円

海と空の小学校から　学びとケアをつなぐ教育実践
自尊感情を育むカリキュラムマネジメント
沖縄　八重山学びのゆいまーる研究会、村上呂里、山口剛史、辻雄二、望月道浩編著
●2000円

色から始まる探究学習
アートによる自分づくり・学校づくり・地域づくり
「地域の色・自分の色」実行委員会、秋田喜代美編著
●2200円

ともに生きるための教育学へのレッスン40
明日を切り拓く教養
北海道大学教育学部、宮﨑隆志、松本伊智朗、白水浩信編
●1800円

「生きる力」を育むグローバル教育の実践
生徒の心に響く主体的・対話的で深い学び
石森広美
●2000円

教育のワールドクラス
21世紀の学校システムをつくる
アンドレアス・シュライヒャー著　OECD編／ベネッセコーポレーション企画・制作
鈴木寛、秋田喜代美監訳
●3000円

諸外国の教育動向　2018年度版
文部科学省編著
●3600円

批判的教育学事典
マイケル・W・アップル、ウェイン・アウ、ルイ・アルマンド・ガンディン編
長尾彰夫、澤田稔監修
●25000円

〈価格は本体価格です〉